GUIA DE UM ASTRONAUTA PARA VIVER BEM NA TERRA

GUIA DE UM ASTRONAUTA PARA VIVER BEM NA TERRA

O QUE O ESPAÇO ME ENSINOU SOBRE TALENTO, DETERMINAÇÃO E DESAFIOS

Tradução
Ana Carolina Ribeiro e Rodrigo Peixoto

CHRIS HADFIELD

AGIR

Título original: *An astronaut's guide to life on earth*

Esta edição é uma parceria com Little, Brown and Company, New York, NY, USA.

Editora Nova Fronteira Participações S.A.
Rua Nova Jerusalém, 345 – Bonsucesso – 21042-235
Rio de Janeiro – RJ – Brasil
Tel.: (21) 3882-8200 – Fax: (21)3882-8212/8313
www.ediouro.com.br

CIP-Brasil. Catalogação na publicação
Sindicato Nacional dos Editores de Livros, RJ

H129g Hadfield, Chris
Guia de um astronauta para viver bem na Terra: o que o espaço me ensinou sobre talento, determinação e desafios / Chris Hadfield; tradução Ana Carolina Bento Ribeiro, Rodrigo Peixoto. – 1. ed. – Rio de Janeiro: Agir, 2014.
il.

Tradução de: An astronaut's guide to life on earth
Inclui apêndice

ISBN 978-85-220-1582-5

1. Técnicas de autoajuda 2. Autoconfiança. I. Título.

14-10244 CDD: 158.1
CDU: 159.947

Para Helene, com amor.
Sua confiança, estímulo e ajuda infinita
fizeram esses sonhos se tornarem realidade.

SUMÁRIO

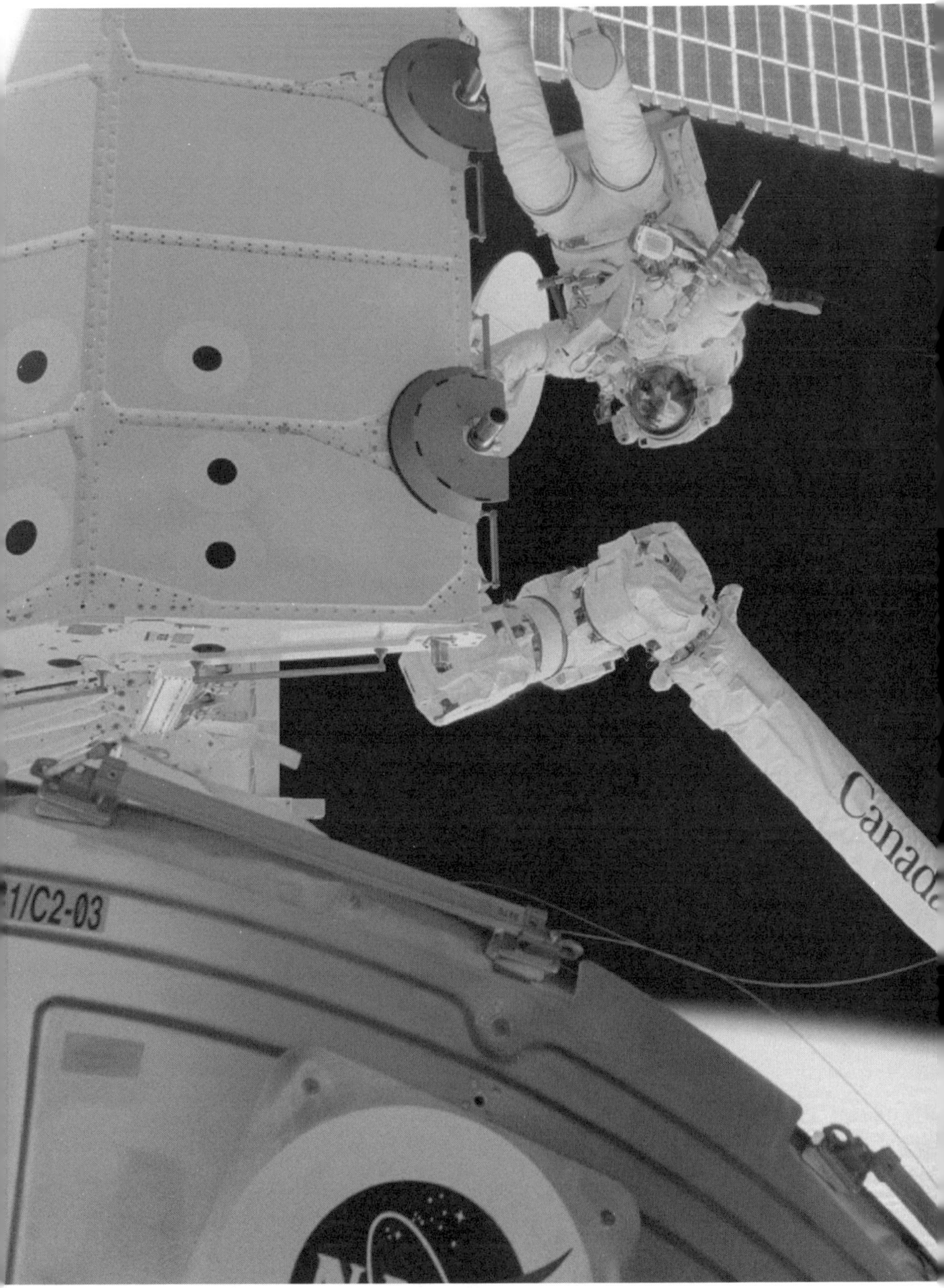

INTRODUÇÃO

MISSÃO IMPOSSÍVEL

As janelas de uma nave espacial às vezes enquadram milagres. A cada 92 minutos, outro nascer do Sol: um bolo de várias camadas que começa com laranja, depois uma grossa fatia de azul, e então a cobertura, mais densa e escura, decorada de estrelas. Os padrões secretos do nosso planeta são revelados: as montanhas se erguem grosseiramente de planícies regulares, as florestas são feridas verdes com topos de neve, rios brilham sob a luz do Sol, retorcendo-se e revirando-se como vermes prateados. Os continentes se espalham por inteiro, cercados por ilhas polvilhadas no mar como delicados caquinhos de cascas de ovos quebradas.

Ao flutuar na câmara de descompressão antes da minha primeira caminhada no espaço, eu sabia que estava prestes a testemunhar uma beleza ainda mais rara. Vagar pelo lado de fora, completamente imerso no espetáculo do universo enquanto me agarrava a uma nave espacial orbitando a Terra a 30 mil quilômetros por hora — eu sonhei com esse momento e o persegui durante a maior parte da minha vida. Mas, diante dessa perfeição, encarei um dilema meio ridículo: qual a melhor maneira de sair? A escotilha era pequena e circular, mas com todas as minhas ferramentas coladas ao meu peito e uma mochila enorme — com tanques de oxigênio e eletrônicos — presa às minhas costas, eu era um quadrado. Um astronauta quadrado para um buraco circular.

O momento cinematográfico que eu vislumbrara ao me tornar astronauta, aquele em que uma trilha sonora soava enquanto eu elegantemente me lançava na tinta negra do espaço infinito, não aconteceria. Em vez disso, eu teria que me contorcer para fora de um jeito esquisito e com muita paciência, focando menos na mágica do que no lado mundano: tentando evitar que o meu traje espacial rasgasse ou ficasse emaranhado no meu cabo, apresentando-me ao universo atado como um bezerro laçado.

Cuidadosamente, empurrei-me para fora, a cabeça primeiro, para ver o mundo de um jeito que apenas algumas dezenas de humanos já viram, vestindo um robusto equipamento, com seu próprio sistema de propulsão e um manete para que, se todo o resto falhasse, eu pudesse acionar os meus propulsores — impulsionados por um tanque pressurizado de nitrogênio — e me encaminhar de volta à segurança. Um apogeu da experiência, um caminho inesperado.

Astronauta quadrado, buraco redondo. Essa é a história da minha vida, de verdade: descobrir como chegar aonde eu quero ir quando simplesmente passar pela porta parece impossível. No papel, a trajetória da minha carreira parece preestabelecida: engenheiro, piloto de caça, piloto de teste, astronauta. O caminho típico para alguém nesse tipo de trabalho, reto como uma régua. Mas não foi bem assim. Houve curvas acentuadas e becos sem saída em todo o percurso. Eu não estava destinado a ser um astronauta. Eu tive que me transformar em um.

Comecei aos nove anos, quando a minha família passava o verão em nossa casa de veraneio em Stag Island, Ontário. O meu pai, um piloto comercial, passava a maior parte do tempo distante, voando, mas a minha mãe era presente, lendo sob a sombra fresca de um grande carvalho sempre que não estava correndo atrás de nós cinco. O meu irmão mais velho, Dave, e eu nos movimentávamos bastante, praticando esqui aquático de manhã, fugindo das tarefas da casa para andar de caiaque e nadar à tarde. Não tínhamos televisão, mas nossos vizinhos sim, e, bem tarde, na noite de 20 de julho de 1969, caminhamos furtivamente pela clareira que separava as casas e enchemos a sala de estar deles com quase todo mundo da ilha. Dave e eu nos encarapitamos no encosto do sofá e esticamos os nossos pescoços para ver a tela. Devagar, metodicamente, um homem desceu a perna de uma espaçonave e cautelosamente pisou na superfície da Lua. A imagem era granulosa, mas eu sabia exatamente o que estávamos vendo: o impossível tornado possível. A sala irrompeu em admiração. Os adultos apertaram as mãos, as crianças pularam e gritaram.

De alguma forma, sentíamos que estávamos lá com Neil Armstrong, mudando o mundo.

Mais tarde, andando de volta para a nossa casa, olhei para a Lua. Ela não era mais um globo distante e incompreensível, mas um lugar onde pessoas caminhavam, conversavam, trabalhavam e dormiam. Naquele momento, eu soube o que queria fazer da minha vida. Eu iria seguir os passos tão ousados que víramos havia poucos instantes. Caminhando decidido em volta de um foguete, explorando o espaço, rompendo as fronteiras do conhecimento e da capacidade humana — eu sabia, com uma clareza absoluta, que eu queria ser um astronauta.

Eu também sabia, como toda criança do Canadá, que aquilo era impossível. Astronautas eram americanos. A Nasa só aceitava candidaturas de cidadãos dos Estados Unidos e o Canadá nem sequer tinha uma agência espacial. Mas... um dia atrás teria sido impossível caminhar na Lua. Neil Armstrong não deixou aquilo pará-lo. Talvez algum dia fosse possível que eu fosse para lá também, e se aquele dia chegasse, eu queria estar pronto.

Eu tinha idade suficiente para entender que estar pronto não era uma simples questão de brincar de "missão espacial" com os meus irmãos em nossos beliches, debaixo de um pôster da Lua da revista *National Geographic*. Mas não havia um curso em que eu pudesse me matricular, nenhum manual que pudesse ler, nem mesmo alguém a quem pudesse fazer perguntas. Decidi que havia apenas uma opção. Eu tinha que imaginar o que um astronauta faria se ele tivesse nove anos e fazer a mesma coisa. Começaria imediatamente. Um astronauta comeria legumes ou batatas fritas? Dormiria tarde ou acordaria cedo para ler um livro?

Eu não disse aos meus pais, aos meus irmãos ou às minhas irmãs que queria ser astronauta. Aquilo suscitaria quase a mesma reação que anunciar que eu queria ser um astro de cinema. Mas, daquela noite em diante, o meu sonho deu uma direção à minha vida. Mesmo aos nove anos, eu reconhecia que tinha muitas escolhas e que minhas decisões importavam. O que faria a cada dia determinaria o tipo de pessoa que eu me tornaria.

Sempre gostei da escola, mas, na volta das férias, lancei-me nela com um novo propósito. Eu estava em um programa extraclasse naquele ano e no próximo, em que éramos ensinados a pensar mais crítica e analiticamente, a questionar em vez de apenas tentar dar as respostas corretas. Memorizávamos poemas de Robert Service, recitávamos o alfabeto francês o mais rápido que conseguíamos, resolvíamos quebra-cabeças complicados, simulávamos a bolsa de valores (por causa de um pressentimento, comprei ações de uma companhia de sementes — o que não se mostrou muito lucrativo). Aprendíamos como aprender, de verdade.

Não é difícil se esforçar quando você quer algo com a mesma vontade que eu tinha de ser um astronauta, mas ajuda bastante crescer em uma fazenda que produz milho. Quando eu tinha sete anos, nos mudamos de Sarnia para a fazenda dos meus pais em Milton, não tão longe do aeroporto de Toronto de onde meu pai voava. Ambos cresceram em fazendas e viam o tempo de repouso na agenda dos pilotos como uma maravilhosa oportunidade de trabalhar duro enquanto levavam adiante a tradição familiar. Por trabalhar na terra e cuidar de cinco crianças, eles eram muito ocupados para dar muita atenção a qualquer um de nós. Eles simplesmente esperavam que, se quiséssemos algo de verdade, nos esforçaríamos para conquistá-lo — depois de terminarmos as nossas tarefas domésticas.

Pressupunha-se que fôssemos responsáveis pelas consequências das nossas próprias ações. Um dia, no início da minha adolescência, passei, muito confiante, com o trator sobre uma cerca plantada — me exibindo para mim mesmo, basicamente. No exato momento em que me senti como o melhor motorista de tratores dos arredores, prendi a lança de tração atrás do veículo em um pedaço da cerca, quebrando a peça. Fiquei muito furioso e com vergonha, mas o meu pai não era do tipo que dizia: “Está tudo bem, filho, vá brincar. Eu assumo aqui.” Ele era do tipo que dizia em tom severo que era melhor eu aprender a consertar a peça e então voltar imediatamente ao campo para terminar o meu trabalho. Ele me ajudou com o conserto, recoloquei a peça e continuei. Mais tarde, naquele mesmo dia, quando quebrei a peça de novo, exatamente da mesma maneira, ninguém precisou gritar comigo. Então pedi para o meu pai me ajudar a consertar a peça de novo e voltei ao trabalho uma terceira vez, bem mais cauteloso.

Crescer em uma fazenda foi ótimo para me dar paciência, o que era necessário na nossa localidade rural. Para chegar às aulas extraclasses, todos os dias eu precisava fazer uma viagem de ônibus de duas horas só de ida. Quando cheguei ao ensino médio e só precisava ficar no ônibus duas horas por dia, contando ida e volta, senti-me sortudo. O lado positivo é que há muito tempo eu desenvolvera o hábito de usar o tempo da viagem para ler e estudar — continuava tentando fazer as coisas que um astronauta faria, apesar de não ser um exercício implacavelmente obsessivo. Eu estava tão determinado que, caso algum dia fosse para o espaço, eu também queria me divertir. Se as minhas escolhas me faziam infeliz, eu não podia continuar. Eu não tinha o gene do martírio.

Felizmente, os meus interesses se encaixavam exatamente naqueles dos astronautas das naves Apollo da época. A maioria deles era piloto de caça e de testes; e eu também amava aviões. Quando tinha 13 anos, assim como o meu irmão Dave fizera e os meus irmãos e as minhas irmãs mais novos fariam mais tarde, juntei-me aos Cadetes do Ar — uma espécie de cruzamento entre escoteiros e Força Aérea: você aprendia sobre disciplina militar e liderança e era ensinado a voar. Aos 15 anos, consegui minha licença para pilotar planadores e, aos 16, comecei o aprendizado para pilotar aviões motorizados. Eu amava a sensação, a velocidade, o desafio de tentar executar manobras com certo grau de elegância. Queria ser um piloto melhor não apenas porque aquilo se encaixaria no possível cenário de me tornar astronauta, mas porque eu amava voar.

É claro que eu também tinha outros interesses: ler ficção científica, tocar violão, praticar esqui aquático. Também competia no esqui e o que eu amava nas corridas era a mesma coisa que amava em pilotar: aprender a administrar velocidade e propulsão de maneira eficaz para assim conseguir abrir caminho, concentrando-me na próxima curva, descida ou planeio, mas ainda estar no controle o suficiente para não cair. No final da adolescência, até me tornei instrutor, mas, ainda que esquiar o dia inteiro fosse uma forma ridiculamente divertida de ganhar dinheiro, eu sabia que passar alguns anos vagabundeando na neve não me ajudaria a ser um astronauta.

Durante todo esse processo, nunca senti que seria um fracassado se nunca chegasse ao espaço. Já que as chances de virar astronauta não existiam, eu sabia que seria bem tolo ligar meu senso de valor próprio àquilo. A minha atitude parecia mais: "Provavelmente não vai acontecer, mas devo fazer coisas que me mantenham na direção certa se for o caso — e devo ter certeza de que essas coisas me interessam, então, aconteça o que acontecer, ficarei feliz."

Naquela época, muito mais do que hoje, o caminho que levava à Nasa era o serviço militar. Então, depois do ensino médio, decidi me candidatar à escola militar. Pelo menos, eu teria uma boa educação e uma oportunidade de servir ao meu país (além disso, seria pago para ir à escola). Lá, me formei em engenharia mecânica, pensando que se não desse certo como piloto militar, talvez pudesse ser engenheiro — sempre gostei de descobrir como as coisas funcionavam. E enquanto eu estudava e trabalhava com números, os meus olhos às vezes se levantavam em direção à foto do ônibus espacial que eu tinha pendurado sobre a minha escrivaninha.

No Natal de 1981, seis meses após a minha formatura, fiz algo que provavelmente influenciou o curso da minha vida mais do que qualquer outra coisa. Casei. Helene e eu namorávamos desde o ensino médio; ela já tinha se formado na faculdade e era uma estrela em ascensão na seguradora em que trabalhava — era tão bem-sucedida que conseguimos comprar uma casa em Kitchener, Ontário, antes mesmo de nos casarmos. Durante os nossos dois primeiros anos de casados, ficamos separados por quase um ano e meio. Fui para Moose Jaw, Saskatchewan, para começar um curso básico de pilotagem de jatos com a Força Aérea canadense. Helene deu à luz nosso primeiro filho, Kyle, e começou a criá-lo sozinha em Kitchener, pois uma recessão impossibilitou a venda da nossa casa; chegamos muito perto da falência. Helene deixou o emprego e ela e Kyle se mudaram para Moose Jaw para viver em uma casa na base — e eu fui enviado para Cold Lake, Alberta, para aprender a pilotar caças, primeiro do modelo CF-5, e depois CF-18. Em outras palavras, aquilo era o clássico começo que solidifica ou destrói um casamento, e o estresse não diminuiu quando, em 1983, o governo canadense recrutou e selecionou os seus seis primeiros astronautas. O meu sonho finalmente parecia um pouco mais possível. Daquele ponto em diante, eu estava ainda mais motivado a focar na minha carreira; uma das razões para o nosso casamento ter dado certo é que Helene apoia bastante o conceito de dar tudo para conquistar um objetivo.

Muitas pessoas que nos conhecem notam que não é nada fácil ser casado com alguém brilhante, altamente motivado e que gosta de estar no controle, que vê mudanças de casa como um esporte, e tenho que confessar que não é fácil mesmo — ser casado com Helene às vezes é difícil para mim. Ela é intimidadoramente capaz. Lance-a de paraquedas em qualquer cidade do mundo e dentro de 24 horas ela terá arrumado todo um apartamento, mobiliado com coisas que ela escolheu numa grande loja, feliz da vida, e terá conseguido entradas para um show esgotado. Ela criou os nossos três filhos, muitas vezes como uma mãe solteira devido à quantidade de tempo que eu passava fora, enquanto se empenhava em vários empregos exigentes, desde administrar sistemas de processamento de dados de uma grande empresa a trabalhar como chef de cozinha profissional. Ela atinge a excelência em tudo o que faz, é exatamente o tipo de pessoa que você quer no comando enquanto persegue um grande objetivo e também tenta ter uma vida. Se para conquistar as duas coisas não é necessário um exército, sem dúvida é necessária uma equipe.

Isto ficou extremamente claro para mim quando estava terminando meu treinamento de piloto de caças e me disseram que eu seria enviado para a Alemanha. Helene estava no fim da gestação do nosso segundo filho, e nos sentíamos animados com a perspectiva de nos mudarmos para a Europa. Em nossas cabeças, já estávamos passando férias em Paris com os nossos filhos trilíngues e maravilhosamente bem-educados quando chegou a notícia de que houvera uma mudança de planos. Iríamos para Bagotville, Quebec, onde eu pilotaria caças CF-18 para o Comando de Defesa Aeroespacial Norte-Americano (Norad), interceptando aeronaves soviéticas que percorressem o espaço aéreo canadense. Ser enviado a um novo esquadrão era uma grande oportunidade, e Bagotville tem várias vantagens, mas é uma cidade muito fria no inverno — e não é a Europa em nenhuma estação. Os três anos seguintes foram muito difíceis para a nossa família. Ainda estávamos cambaleando financeiramente, eu pilotava caças (o que não era uma ocupação pouco estressante) e Helene ficava em casa com dois garotinhos barulhentos — Evan nasceu alguns dias antes de nos mudarmos para Bagotville — sem perspectivas profissionais reais. Então, quando Evan completou sete meses, descobrimos que ela estava grávida de novo. Na época, pareceu menos um feliz acidente do que a gota d'água. Olhei em volta, tentando vislumbrar como a vida seria para nós aos 45 anos, e achei que seria realmente difícil se eu continuasse a pilotar caças. Os comandantes do esquadrão trabalhavam duro para ganhar não muito mais do que eu, a quantidade de trabalho era enorme, quase não havia reconhecimento e nada nem remotamente fácil naquele trabalho. Além de tudo, ser piloto de caças era perigoso. Perdíamos pelo menos um amigo a cada ano.

Então, quando ouvi dizer que a companhia aérea Air Canada estava contratando, decidi que era hora de ser realista. Trabalhar para uma companhia aérea nos proporcionaria uma vida mais fácil, cujo ritmo eu já conhecia bem. Cheguei a fazer um curso para conseguir minha licença de piloto civil, e então Helene interveio. Ela disse: "Você não quer ser piloto comercial. Você não seria feliz e aí eu não seria feliz. Não desista de ser astronauta — não posso deixar você fazer isso consigo mesmo ou com a gente. Vamos esperar só um pouquinho mais e ver o que acontece."

Então permaneci no esquadrão e, no fim das contas, tive um gostinho do que era ser piloto de testes: quando um avião saía da manutenção, eu fazia o voo para testá-lo. Fiquei aficionado. Pilotos de caça vivem para voar, mas, mesmo amando voar, vivi para entender os aviões: por que eles fazem certas coisas, como fazê-los funcionarem ainda melhor? Por que alguém desistiria da glória de ser um piloto de caça para ser, essencialmente, um engenheiro? Mas a parte do trabalho que envolvia engenharia era exatamente o que me atraía, além da oportunidade de tornar aeronaves de alta performance mais seguras.

O Canadá não tem a sua própria escola de pilotos de teste, mas em geral envia dois pilotos por ano para estudar na França, no Reino Unido ou nos Estados Unidos. Em 1987, ganhei na loteria: fui selecionado para uma escola francesa no Mediterrâneo. Alugamos a casa perfeita lá, que veio completa, com um carro. Empacotamos nossas coisas, tivemos festas de despedida. E aí, duas semanas antes de enfiar nossos três filhos no avião — Kristin tinha uns nove meses — houve algum tipo de briga no alto-escalão dos governos canadense e francês. A França deu a minha vaga a um piloto de outro país. Dizer que isso foi uma grande decepção pessoal e um enorme revés profissional é minimizar o caso. Ficamos acabados. E chegamos a um beco sem saída.

Como descobri repetidas vezes, as coisas nunca são tão ruins (ou tão boas) quanto parecem no momento. Em retrospecto, um desastre desolador pode se revelar um golpe de sorte do destino, e foi assim com a perda da vaga na França naquela primavera. Alguns meses depois, fui selecionado para ir à Escola de Pilotos de Teste da Força Aérea americana (TPS) na base aérea de Edwards, e nosso ano lá mudou tudo. Ele começou de forma perfeita: fomos para o ensolarado sul da Califórnia em dezembro, bem quando o inverno atacava Bagotville. Infelizmente, não podíamos ir para a nossa casa na base até que o caminhão com nossos móveis chegasse. Felizmente, ele demorou várias semanas, e nesse meio tempo conseguimos passar o Natal em um hotel na Disneylândia.

O ano seguinte, 1988, foi um dos mais sobrecarregados e um dos melhores da minha vida. Ir para a escola de pilotos de testes era como fazer um doutorado em pilotagem; em apenas um ano, voamos em 32 tipos diferentes de aviões e éramos testados todos os dias. Era muito difícil — e muito divertido: todos na turma eram vizinhos, tínhamos todos vinte e tantos ou trinta e poucos anos e gostávamos de nos divertir. O programa me agradava mais do que qualquer coisa que eu já tinha feito até então, por causa do foco nos aspectos analíticos da pilotagem, da matemática, da ciência — e da amizade. Na verdade, era a primeira vez que eu fazia parte de um grupo de pessoas tão parecidas comigo. A maioria de nós queria ser astronauta, e não precisávamos mais manter o nosso desejo em segredo. A TPS era uma linha direta para a Nasa; dois dos meus colegas de turma e bons amigos, Susan Helms e Rick Husband, chegaram lá e se tornaram astronautas.

Mas de forma alguma estava claro, no entanto, se a escola de pilotos de teste seria uma rota para a Agência Espacial canadense (CSA). Quando, ou mesmo se, a CSA selecionaria mais astronautas era uma boa pergunta. Apenas uma coisa era certa: os primeiros astronautas canadenses eram todos especialistas em ogivas — cientistas, não pilotos. Entretanto, naquele momento, já havia me comprometido a tentar seguir o caminho americano típico para me tornar astronauta. Talvez eu estragasse tudo na única agência espacial para a qual eu tinha o passaporte certo, mas também era tarde demais para desistir. Porém, pelo lado positivo, mesmo que nunca me tornasse astronauta, sabia que faria da minha vida algo válido se passasse o resto dela sendo piloto de testes.

Nossa turma fez uma visita ao Centro Espacial Johnson, em Houston, e fui a outros centros de teste de voo, como o de Cold Lake, Alberta e o Patuxent River Naval Air Station, em Maryland, onde conheci um piloto de testes canadense que estava lá como parte de um programa de intercâmbio regular. Por acaso, esse cara mencionou que o seu tempo ali acabaria em breve e ele retornaria para Cold Lake. Então, ele supôs que alguém seria enviado para substituí-lo, mas ainda não tinha certeza de quem. Quando contei isso a Helene mais tarde, ela me olhou, pensando: "Você está pensando o mesmo que eu?"

Sim, eu estava. O Pax é um dos poucos grandes centros de testes do mundo. Eles possuem recursos para fazer trabalhos de ponta como testar novos tipos de motores e novas configurações para aeronaves militares, não apenas para os Estados Unidos, mas para muitos outros países, da Austrália ao Kuwait. Não é de surpreender que, dado o relativo tamanho das forças armadas canadenses, Cold Lake testasse muito menos aviões e se concentrasse em modificações, não na expansão das capacidades fundamentais dos aviões. Adoramos morar em Cold Lake enquanto eu treinava para pilotar caças, mas passaríamos muitos anos lá depois que eu terminasse a escola de piloto de testes — por que não tentar dar uma passada em Pax primeiro? E havia algo mais: nos acostumamos com invernos amenos. Então liguei para o meu gerente de carreira (um oficial militar cujo trabalho é determinar quais vagas precisam ser preenchidas e quem será o melhor para preenchê-las) e disse: "Olha, as Forças Armadas economizariam US$ 50 mil se, em vez de nos mudar de volta a Cold Lake e mandar outra família para Pax River, vocês nos enviassem para Maryland." Ele foi irredutível. "De jeito nenhum. Vocês vão voltar." Bem, valeu tentar. Mas o fato era que o governo canadense tinha gastado cerca de US$ 1 milhão para me enviar para a escola de pilotos de testes. Eles tinham todo o direito de me dizer para onde ir.

Começamos a nos preparar para nos mudarmos de novo. Mas um mês depois recebi um telefonema do gerente de carreiras: "Tive uma grande ideia. Que tal mandarmos você direto para Pax River?" Provavelmente, o fato de eu ter me formado como o melhor aluno da TPS e liderado a equipe cujo projeto de pesquisa recebeu as melhores láureas não me prejudicou. Aquilo era algo muito importante para mim, pessoalmente, e eu também tive um orgulho nacional com o que aconteceu — um canadense era o melhor formando da escola de pilotos de testes da Força Aérea norte-americana! Fui até mesmo entrevistado por um repórter do jornal de Cold Lake. Ninguém no jornal conseguia pensar em um título para a matéria, então ligaram para o centro de testes e quem atendeu disse: "Apenas coloque 'Canadense é o melhor piloto de testes' ou algo parecido." Um amigo me enviou uma cópia da matéria, que era uma boa recordação e também um teste de realidade para o meu ego. A manchete dizia: "Canadense é o melhor piloto de testes ou algo parecido."

Helene e eu decidimos transformar a mudança para Pax River em férias de família. E então, em dezembro de 1988, enchemos o bagageiro da nossa van azul-clara com painéis que imitavam madeira nas laterais, um veículo horroroso que chamávamos de "a limusine" e dirigimos da Califórnia até Maryland. Éramos um jovem casal com três filhos pequenos, vendo os estados do sul dos Estados Unidos pela primeira vez: fomos ao SeaWorld, exploramos cavernas, passamos o Natal em Baton Rouge — foi uma grande aventura.

E assim foi também o tempo que passamos em Pax. Alugamos uma fazenda em vez de viver na base, o que foi uma boa mudança para todos. Depois de um tempo, Helene arranjou um emprego como corretora de imóveis, pois os horários eram meio flexíveis; Kyle, Evan e Kristin finalmente estavam na escola. E eu testava caças F-18, intencionalmente retirando-os de controle na subida, e então descobrindo como recuperá-los enquanto caíam em direção à Terra. No início, eu estava muito inseguro, já que havia passado toda a minha vida tentando controlar aviões, não tentando despedaçá-los, mas, quando ganhei confiança, comecei a testar diferentes técnicas. No final, estava aficionado na sensação: o quão fora de controle eu poderia deixar o avião? Naquele programa, desenvolvemos algumas boas técnicas de recuperação, técnicas inesperadas que acabaram salvando aviões e vidas de pilotos.

Enquanto isso, eu ainda pensava quais qualificações eram necessárias se a CSA voltasse a contratar algum dia. Um diploma avançado parecia algo essencial, então trabalhei noites e fins de semana para completar um mestrado em sistemas de aviação na Universidade do Tennessee, que tinha um ótimo programa de ensino à distância — eu só teria que aparecer para defender minha dissertação. No entanto, provavelmente a minha maior conquista em Pax River foi pilotar o primeiro teste de voo com um motor de propulsão de queima externa de hidrogênio, que faria um avião voar muito mais rápido que a velocidade do som. O artigo que Sharon Houck, a engenheira do voo de teste, e eu escrevemos sobre nossa pesquisa ganhou o primeiro prêmio da Society of Experimental Test Pilots. Para nós, foi como ganhar um Oscar, também pelo fato de a cerimônia ter sido em Beverly Hills e o público incluir pilotos lendários como Scott Crossfield, a primeira pessoa no mundo a voar a Mach 2, ou seja, numa velocidade duas vezes superior à do som.

Para coroar tudo isso, fui nomeado piloto de testes do ano da Marinha dos Estados Unidos em 1991. Meu tempo em Pax estava chegando ao fim e eu tinha conquistado o sonho americano — apesar de ser canadense. O meu plano era relaxar um pouco e aproveitar o nosso último ano em Maryland, passar mais tempo com as crianças e tocar um pouco mais de violão. Então a Agência Espacial canadense publicou um anúncio no jornal.

Contratam-se: astronautas.

Tive cerca de dez dias enlouquecedores para escrever e enviar o meu currículo. Helene e eu decidimos fazer dele o documento mais impressionante que surgiria da parte rural de Maryland. Certamente, foi um dos mais volumosos: havia páginas e mais páginas, listando tudo o que eu já fiz, cada honraria, prêmio e curso que consegui lembrar. Isso foi na época das impressoras matriciais; então decidimos que deveríamos imprimi-lo profissionalmente, em papel de alta qualidade. Helene decretou que ele também deveria ser encadernado. Aquilo poderia atrair a atenção deles! Um currículo profissionalmente encadernado, com a grossura aproximada a de uma lista telefônica. Mas não paramos por aí: pedi para um amigo francófono traduzir o negócio inteiro para o francês, e imprimimos e encadernamos essa versão separadamente. Revisamos ambos os documentos tantas vezes que eu sonhava com vírgulas erradas e discutimos seriamente se deveríamos ir de carro até Ottawa para ter certeza de que minha candidatura chegaria lá a tempo. Relutante, concordei em confiar nos correios — e então liguei para a CSA para me certificar que o pacote havia realmente chegado. Ele chegou, com 5329 outras candidaturas. Era janeiro de 1992. Os cinco meses seguintes foram os mais desconfortáveis da minha vida. Tentei continuar fazendo tudo certo, mas não havia resposta nem alguma maneira de saber se eu estava sendo bem-sucedido ou não.

Não tivemos notícias durante semanas, mas finalmente uma carta chegou: eu fui selecionado entre os quinhentos melhores! O próximo passo seria preencher alguns formulários de avaliação psiquiátrica. Fiz isso e a resposta foi: "Você terá notícias nossas, um sim ou um não, dentro de algumas semanas." As "algumas semanas" vieram e se foram. Silêncio total. Outra semana se arrastava. Será que pareci tão desequilibrado psicologicamente que eles estavam preocupados em me dizer que eu merecia um "não"? No fim das contas, não consegui mais aguentar a incerteza e telefonei para a CSA. O cara que atendeu disse: "Espere um instante, deixe-me olhar na lista. Hadfield. Hummmm... Ah, sim, aqui está Hadfield. Parabéns, o senhor passou para a próxima etapa." E não foi a última vez em que me perguntei se todo aquele processo não era na verdade um ardiloso teste de estresse desenvolvido para ver como os candidatos lidavam com a incerteza e a irritação.

Mas, nesse ponto, restavam cem candidatos. Pediram-me que eu fosse para Washington, para uma entrevista com um psicólogo industrial, que me encontrou no lobby de um hotel e anunciou: "Não alugamos uma sala nem nada, vamos apenas conversar no meu quarto." Enquanto subíamos, tudo o que pensei era que, se eu fosse uma mulher, não acharia aquilo nada bom. Quando chegamos ao quarto dele, ele me disse para ficar confortável e hesitei: cama ou cadeira — qual escolha diria a coisa certa sobre mim? Optei pela cadeira e respondi algumas questões que intencionavam, bastante obviamente, revelar pouco mais que psicoses severas. Se me lembro corretamente, ele perguntou se eu já quis matar a minha mãe.

Mais semanas de espera, e o telefone finalmente tocou: cinquenta candidatos receberam o sinal verde para ir a Toronto para mais entrevistas. Cinquenta! Nesse ponto, não me permitia acreditar que tinha uma chance de ser selecionado e decidi que era hora de contar ao meu gerente de carreira o que eu estava fazendo. Nos Estados Unidos, as forças armadas pré-selecionam candidatos; você se inscreve em seu serviço e eles decidem que nomes enviar para a Nasa, mas no Canadá as forças armadas não desempenhavam nenhum papel no processo. Acho que eles ficaram confusos quando telefonei e disse: "Devo dizer que me candidatei a astronauta, então você pode precisar me substituir em Pax River um pouco antes do planejado — ou não."

Não dava para ter certeza de mais nada depois de Toronto, onde passei por exames médicos iniciais que certificariam se eu era saudável, além de ter uma longa entrevista com algumas pessoas da CSA, inclusive Bob Thirsk, um dos primeiros astronautas canadenses. Voltei para Maryland, onde Helene estava animada e confiante, e tentei levar uma vida normal, mas não conseguia esquecer o que estava em jogo. Durante tanto tempo, me tornar um astronauta foi um conceito teórico, mas quando estava acontecendo de verdade — ou não — era terrivelmente estressante. Será que o menino de nove anos conseguiria realizar o seu sonho?

Então cheguei à última etapa. Vinte candidatos seriam reunidos em Ottawa no final de abril durante uma semana, para que pudessem nos observar e acompanhar de perto. Já estava me exercitando e comendo cuidadosamente, mas passei a levar tudo a sério de verdade. Queria ter certeza de que meu colesterol estava baixo — sabia que nos colocaríamos sob o microscópio, falando em termos médicos — e que eu era o retrato da boa saúde. Também pensei em cem coisas que eles poderiam me perguntar e pratiquei as minhas respostas. Depois, pratiquei em francês. Quando cheguei a Ottawa, o meu primeiro pensamento foi de que os meus concorrentes eram fortes. Os outros 19 candidatos eram impressionantes. Alguns tinham doutorados. Outros se formaram na escola militar, como eu. Outros ainda tinham créditos em páginas e páginas de publicações. Havia doutores, cientistas e pilotos de testes, e todos tentavam projetar um ar de magnificência casual. É claro que o cenário não poderia ser mais angustiante. Ninguém sequer sabia quantos de nós chegariam ao final. Seis? Um? Eu tentava parecer serenamente despreocupado enquanto sutilmente deixava claro que eu era a escolha óbvia, com todas as qualificações que eles procuravam. Eu torci por isso.

Foi uma semana cheia. Houve uma coletiva de imprensa simulada, para ver se éramos pessoas com habilidades para relações públicas ou podíamos ser treinados para isso. Houve exames médicos aprofundados, envolvendo muitas ampolas de fluidos corporais e uma grande quantidade de picadas e injeções. Mas o evento derradeiro foi uma entrevista de uma hora, que incluía chefões da CSA, pessoal de relações públicas e astronautas. Pensei nisso a semana toda: como me destacar sem ser um babaca? Quais eram as melhores respostas para perguntas óbvias? O que eu não deveria dizer? Estou certo de que fui o último entrevistado da semana, mas em todo caso os membros do painel estavam claramente acostumados ao estilo de entrevista uns dos outros e tinham o hábito de se dirigir a Mac Evans, que mais tarde se tornou o chefe da CSA. Quando chegava o momento de responder, eles diziam: “Mac, você quer se encarregar dessa?” Eu tinha me ligado um pouco àquelas pessoas naquela semana e quando alguém me perguntou algo muito difícil, simplesmente saiu da minha boca: “Mac, você quer se encarregar dessa?” Foi um risco e poderia ter soado arrogante, mas eles riram demais, o que me deu mais um minuto para pensar em uma resposta decente. No entanto, não dava para saber o que realmente se passava na cabeça deles. Não dava para saber se eles gostaram de mim mais ou menos do que de qualquer outro. Voltei para Maryland sem ter qualquer pista se eles me escolheriam ou não.

Ao partir, disseram que em um sábado de maio, os vinte candidatos receberiam um telefonema entre 13h e 15h, avisando se tinham sido selecionados ou não. Quando aquele sábado finalmente chegou, decidi que a melhor coisa a fazer para o tempo passar mais rápido era praticar esqui aquático com amigos que tinham um barco. Então Helene e eu voltamos para casa para almoçar e olhamos o relógio. Imaginamos que eles ligariam primeiro para as pessoas que eles contratariam, pois assim, se alguém recusasse, eles chamariam o próximo na lista. Estávamos certos: pouco depois das 13h, o telefone tocou e atendi na cozinha. Era Mac Evans, perguntando se eu queria ser astronauta.

É claro que eu queria. Eu sempre quis.

Mas a minha maior emoção não foi de alegria, nem de surpresa ou sequer de grande entusiasmo. Foi um enorme fluxo de alívio, como se uma grande represa interna ou pressão autoimposta finalmente tivesse explodido. Não decepcionei a minha família. Não decepcionei Helene. Aquilo em que trabalhamos tanto, por todo aquele tempo, realmente aconteceria. Mac me disse que eu podia contar para a minha família, desde que eles entendessem que precisavam manter segredo. Então, depois que Helene e eu absorvemos a notícia — até onde conseguimos —, liguei para a minha mãe e fiz ela jurar segredo. Ela ligou para as pessoas assim que desligamos, pois quando consegui falar com o meu avô, a notícia já não era novidade.

Nos meses seguintes, haveria excitação, uma reunião secreta com os outros três astronautas, e então festa e publicidade, até mesmo com pompa e circunstância. Mas no dia em que recebi a ligação da CSA senti como se, de repente e em segurança, tivesse atingido o topo de uma montanha que eu escalava desde criança, e agora estava olhando para baixo. Era impossível, mas aconteceu. Eu era um astronauta.

Só que eu ainda não era um astronauta. Tornar-se um astronauta, alguém confiável para tomar boas decisões quando as consequências realmente importam, exige mais que um telefonema. Na verdade, não é algo que outra pessoa pode dar. Leva anos de esforço sério e constante, pois você precisa constituir uma nova base de conhecimento, desenvolver as suas capacidades físicas e expandir incrivelmente as suas habilidades técnicas. Mas qual é a coisa mais importante que você precisa mudar? A sua mente. Você precisa aprender a pensar como um astronauta.

Eu estava apenas começando.

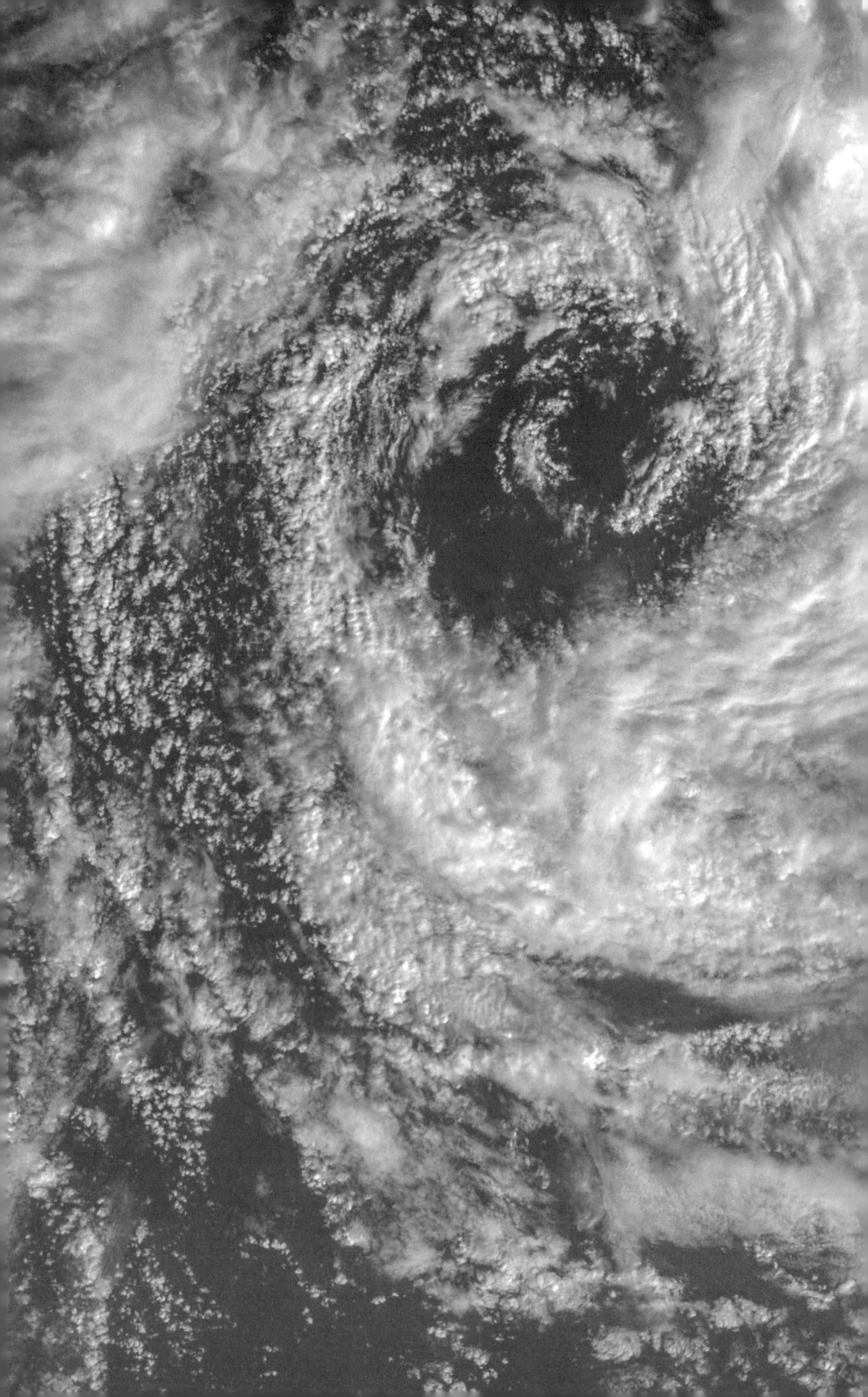

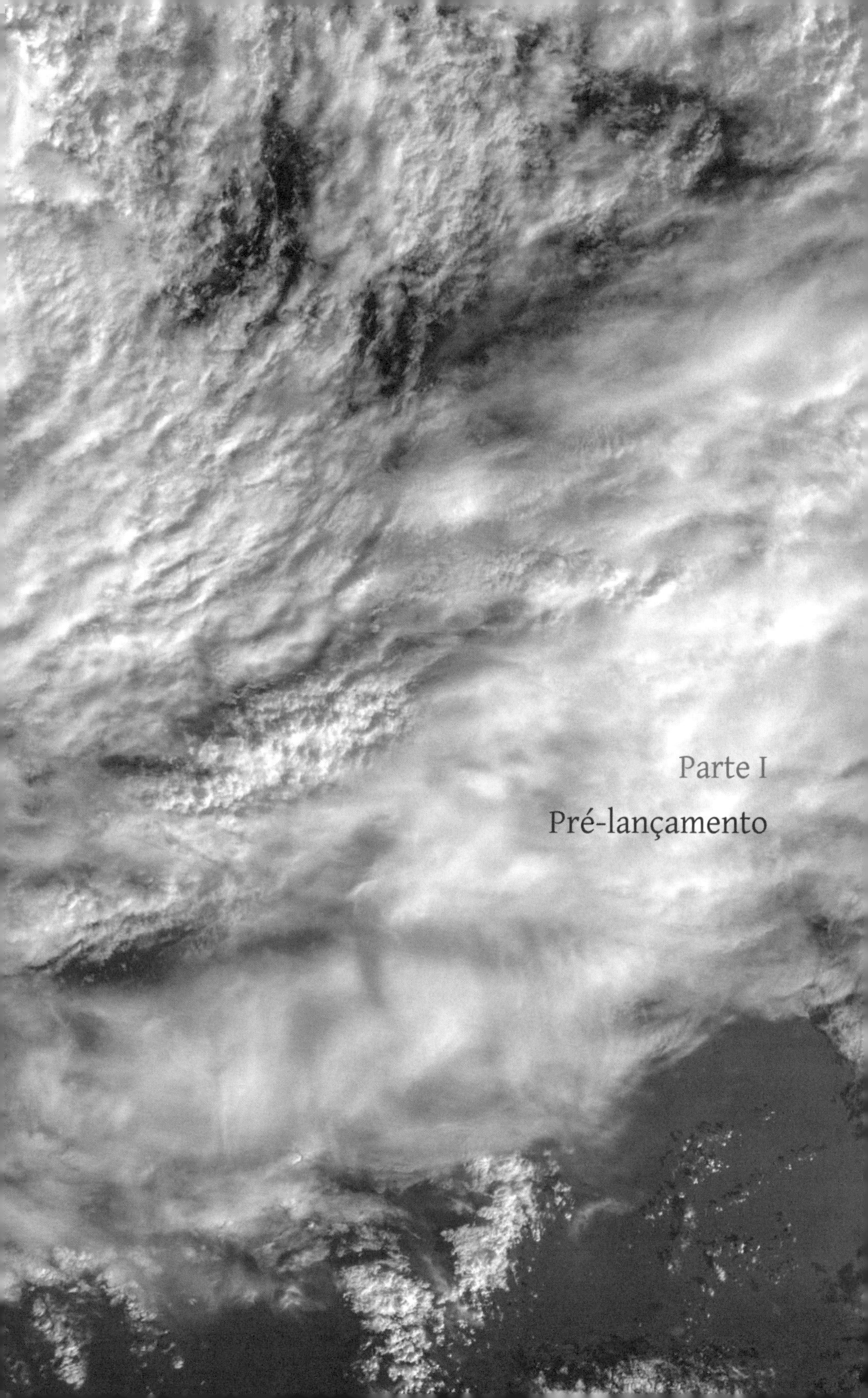

Parte I

Pré-lançamento

1

UMA VIAGEM QUE DURA A VIDA INTEIRA

Certa manhã, assim que acordei, fui tomado por um pensamento estranho: as meias que eu estava a ponto de vestir eram as mesmas que usaria quando deixasse a Terra. Tal perspectiva parecia real e surreal, como se fosse um sonho extremamente palpável. A sensação se intensificou na hora do café da manhã, quando repórteres lutavam para conseguir uma boa foto, como se eu fosse um condenado à morte comendo a última refeição. Da mesma maneira, um pouco mais tarde, durante os testes de pressurização, quando os técnicos me ajudavam a vestir o traje espacial feito sob medida, a alegria parecia forçada. Chegava a hora da verdade. A roupa tinha de funcionar perfeitamente, pois seria a responsável por me manter vivo e respirando caso a espaçonave perdesse a pressurização no vácuo do espaço... e não estávamos no meio de um teste.

Eu realmente deixaria o planeta naquele dia.

Ou não, pensei. Restavam algumas horas nas quais qualquer coisa poderia dar errado, obrigando o adiamento da partida. Tal pensamento, somado ao fato de eu estar usando uma fralda para o caso de ficarmos tempo demais esperando pelo lançamento, afastava o meu monólogo interno do fatídico e o aproximava do prático. Eu precisava me lembrar de muita coisa. Precisava estar focado.

Quando todos da equipe ficaram prontos, pegamos os elevadores do alojamento de tripulantes e descemos ao térreo, seguindo em direção à nossa nave espacial. Eis um daqueles momentos idealizados, com os quais eu sonhava desde criança, mas com um único senão: o elevador era lento, *muito* lento. Para descer do terceiro andar, demoramos praticamente o tempo necessário para cozinhar um ovo. Quando finalmente começamos a caminhar em direção ao enorme furgão Astro prateado que nos levaria à plataforma de lançamento, chegou o momento que todos conhecem: flashes espocavam na escuridão imediatamente anterior à aurora, a multidão gritava, nós acenávamos e sorríamos. No interior do furgão, víamos o foguete à distância, iluminado, brilhando, um obelisco. Na verdade, porém, tratava-se de uma bomba de 4,5 megatons repleta de combustível explosivo, e era exatamente por isso que todo mundo se afastava dela.

Na plataforma de lançamento, tomamos o elevador (que se movia em boa velocidade) e, um a um, engatinhamos para dentro da nave. Logo depois, a equipe de verificação final ajudou a prender firmemente o meu corpo no diminuto assento, e um deles me entregou um bilhete de Helene. Ela dizia me amar. Eu não poderia dizer que estava confortável. O traje espacial é volumoso e quente, a cabine é abarrotada, um inconfundível paraquedas em forma de travesseiro e um kit de sobrevivência foram desajeitadamente dispostos bem atrás das minhas costas, e eu estaria preso naquela posição por, no mínimo, algumas horas. Ainda assim, naquele momento, não seria capaz de me imaginar em outro lugar.

Quando a equipe de terra checou a cabine pela última vez, despediu-se e fechou a porta, chegou a hora dos testes de pressurização da cabine. Não há brincadeiras: todos pareciam superfocados. O que estava em jogo era o aumento das nossas chances de sobrevivência. Ainda assim, restava uma pitada de fantasia no ar, pois poderiam acontecer muitas coisas (uma falha na instalação elétrica, um problema no tanque de combustível) que nos obrigassem a retornar para uma nova e elaborada prova de roupas de astronautas.

No entanto, com o passar de cada minuto, tudo indicava que partiríamos para o espaço naquele mesmo dia. Enquanto seguíamos com o imenso *checklist* (revisar e zerar todos os avisos e alarmes, certificar que as múltiplas frequências utilizadas para a comunicação com o Centro de Lançamento e de Controle da Missão funcionavam), o veículo ganhava vida: o sistema era acionado, sirenes soavam indicando o lançamento. Quando as unidades auxiliares de força ganharam vida, a vibração do foguete ficou mais intensa. No meu fone de ouvido, escutei as checagens finais do painel de controle principal, a respiração dos meus colegas de tripulação, e depois a despedida sincera do diretor de lançamento. Olhei rapidamente para o meu *checklist*, umas cem vezes mais ou menos, para ter certeza de que me lembraria de todos os momentos cruciais que estavam a ponto de acontecer, do que deveria fazer caso as coisas começassem a dar errado.

Faltavam apenas trinta segundos e o foguete tremia como se fosse um ser vivo, parecendo ter vontade própria, e me permiti deixar de lado os pensamentos e me ater a um fato: decolaríamos. Mesmo que tivéssemos de abortar a missão após poucos minutos no ar, deixaríamos a plataforma de lançamento para trás, sem dúvida.

Seis segundos para o lançamento. Os motores ficaram mais suaves, os nossos corpos penderam para a frente, enquanto uma nova e enorme força inclinava o veículo, que guinou rapidamente para os lados e depois voltou à posição vertical, emitindo um som metálico. Nesse momento, seguiu-se uma vibração enorme, violenta, e tudo chacoalhou. Era como se estivéssemos presos numa enorme mandíbula de cão e, depois, fôssemos tomados pelo dono desse cão, gigante, invisível, e atirados em direção ao céu, para bem longe da Terra. Aquilo parecia mágica, era como vencer, era como sonhar.

Ao mesmo tempo, era como se um caminhão enorme, a toda velocidade, batesse na lateral do foguete. Aparentemente, tudo normal, exatamente como esperado. Por isso eu continuava atento a tudo, olhando para a minha mesa e para os *checklists*, depois para os botões e luzes sobre a minha cabeça, checando os computadores em busca de sinais de problemas, tentando não piscar. A torre de lançamento já estava longe, e subíamos, incrivelmente colados aos assentos, enquanto o veículo queimava combustível, ficava mais leve, e 45 segundos mais tarde ultrapassamos a velocidade do som. Trinta segundos depois, voávamos mais alto e mais rápido do que o Concorde jamais voou: na velocidade Mach 2, e aumentando. Fazendo uma comparação terrestre, era como estar no interior de um carro de corrida muito veloz. Dois minutos após o lançamento, estávamos viajando numa velocidade seis vezes superior à do som quando o sólido foguete expeliu o veículo e, mais uma vez, fomos lançados para a frente. Eu continuava completamente focado no meu *checklist*, mas, com o canto do olho, notei que a cor do céu mudava de azul claro para escuro, depois para preto.

Em seguida, de repente, veio a calmaria: alcançamos a velocidade Mach 25, velocidade orbital, e as engrenagens diminuíram seu ritmo. Percebi pequenos grãos de poeira flutuando lentamente para cima.

Resolvi deixar de lado meus *checklists* por alguns instantes e observar a poeira pairando no ar, depois subindo serenamente, em vez de cair no chão. Eu me senti uma criança, um feiticeiro, a pessoa mais feliz do mundo. Eu estava no espaço, sem peso, e cheguei lá em apenas oito minutos e 42 segundos.

E após mais ou menos milhares de dias de treinamento.

Esse foi o meu primeiro lançamento, no ônibus espacial *Atlantis*, há muitos anos: 12 de novembro de 1995. Mas a experiência permanece tão viva e próxima que parece um erro descrevê-la com os verbos no passado. O lançamento é sensorialmente inacreditável: tanta velocidade, tanta força e, depois, ab-ruptamente, a violência abre espaço à gentil lentidão de flutuar num colchão de ar.

Não acredito que seja possível se acostumar a uma experiência tão intensa nem ser *blasé* ao falar sobre ela. Na minha primeira missão, o astronauta mais experiente a bordo era Jerry Ross, que tinha feito várias viagens naquele ônibus espacial. Aquela era a sua quinta ida ao espaço (e ele voou duas vezes mais, transformando-se num dos dois únicos astronautas que viajaram sete vezes ao espaço — o outro foi Franklin Ramón Chang Díaz). Jerry é um homem quieto e competente, além de imensamente calmo e controlado, o que faz dele a personificação do arquétipo do astronauta confiável, leal, cortês e corajoso. Durante o nosso treinamento, quando eu não tinha certeza do que fazer, olhava para ele e repetia o que ele estava fazendo. No *Atlantis*, cinco minutos após a partida, percebi que ele fazia algo que eu nunca o vira fazer antes: o seu joelho direito tremia lentamente. Eu me lembro de pensar: "Nossa, algo realmente incrível deve acontecer, pois o joelho de Jerry está tremendo!"

Duvido que ele fosse consciente das suas reações físicas. Eu, certamente, não era. Estava muito focado na novidade do que acontecia ao meu redor para observar o meu interior. Na verdade, durante aquela primeira subida, chequei tabelas, fiz o meu trabalho, observei tudo o que deveria observar, quando de repente percebi que o meu rosto doía. E pensei: estou sorrindo tanto, mesmo sem me dar conta disso, que as minhas bochechas estão com câimbra.

Mais de 25 anos depois, de pé num campo aberto de Stag Island, olhei para o céu noturno e me vi lá em cima, em órbita, como um especialista da missão STS-74. O nosso principal objetivo era construir um módulo de acoplamento à *Mir*, a estação espacial russa. O plano era usar o braço robótico do ônibus espacial e retirar um módulo de acoplamento recém-construído do seu nicho, na área de carga do *Atlantis*, para depois instalá-lo no topo do ônibus espacial. Logo em seguida, aproximar-se para encaixá-lo na estação espacial, para que as viagens futuras em ônibus espaciais fossem mais seguras e para que fosse mais fácil embarcar na *Mir*.

Tratava-se de um desafio imensamente complicado, e não poderíamos prever se o plano funcionaria. Ninguém jamais havia tentado aquilo antes. Aliás, o nosso oitavo dia de missão não terminou muito bem. Na verdade, um equipamento-chave falhou num momento crucial e nada aconteceu como o planejado. Ainda assim, conseguimos construir o tal módulo de acoplamento, e ao deixar a estação eu senti (como toda a equipe) uma satisfação que beirava o júbilo. Tínhamos feito algo complicado e tínhamos feito bem. Missão cumprida. Sonho realizado.

Porém, ainda assim, aquilo não me saciava. Por um lado eu me sentia em paz: tinha viajado ao espaço e a experiência foi mais enriquecedora do que imaginei. Mas não tive muita responsabilidade lá em cima (ninguém tem muita responsabilidade em sua primeira viagem) nem contribuí tanto quanto gostaria. A diferença entre Jerry Ross e eu, quanto ao que poderíamos contribuir, era enorme. Nos treinamentos em Houston, não fui capaz de dissociar o vital do trivial, de diferenciar entre o que me manteria vivo no caso de uma emergência e o que era exótico e interessante, mas não crucial. Havia muito o que aprender, e eu simplesmente tentava enfiar tudo na minha cabeça. Durante a missão, continuei no modo receptivo: *conte-me tudo, continue me ensinando, quero absorver o máximo que puder.*

Portanto, mesmo tendo viajado 3,4 milhões de milhas, era como se eu não tivesse chegado ao meu destino. Eu continuava no processo de me tornar um astronauta.

A mera viagem num ônibus espacial não funciona como um passe de mágica. Hoje em dia, qualquer pessoa com dinheiro sobrando e boa saúde pode viajar ao espaço. Os participantes de viagens espaciais, normalmente chamados de turistas espaciais, pagam entre US$ 20 milhões e US$ 40 milhões para abandonar a Terra por um período médio de dez dias e viajar à Estação Espacial Internacional (ISS, na sua sigla em inglês) usando a Soyuz, a compacta nave espacial russa que, atualmente, é a única maneira de levar humanos até lá. A operação não é tão simples quanto embarcar num avião. Os interessados têm de passar por um treinamento de segurança que dura seis meses. Ainda assim, participar de um voo espacial não é o mesmo que ser um astronauta.

Um astronauta é alguém capaz de tomar boas decisões rapidamente, mesmo com informações incompletas, quando as consequências o exigem. Não me transformei num astronauta milagrosamente ao ter passado oito dias no espaço, mas fui obrigado a encarar o fato de que continuo sem saber o que não sabia. Ainda tenho muito o que aprender e devo aprender tudo isso no mesmo lugar em que todas as pessoas aprendem a ser um astronauta: aqui, na Terra.

Às vezes, quando as pessoas descobrem que sou astronauta, elas perguntam: "E o que você *faz* quando não está voando pelo espaço?" Elas imaginam que, entre uma missão e outra, ficamos sentados numa sala, em Houston, tentando recuperar o fôlego antes de um novo lançamento. Como as pessoas só ouvem falar em astronautas quando eles estão no espaço, ou quando estão a ponto de embarcar, tal ideia não é sem motivo. Eu sempre noto que as pessoas ficam desapontadas quando conto a verdade: nós passamos grande parte da nossa vida na Terra, em treinamentos.

Fundamentalmente, os astronautas são servidores públicos, empregados do governo destacados para missões complicadas em favor dos demais habitantes do nosso país. E tal responsabilidade deve ser encarada com seriedade. Milhões de dólares são investidos em nosso treinamento, e recebemos a custódia de equipamentos que valem bilhões. O nosso trabalho não é experimentar incríveis emoções pessoais no espaço, mas ajudar a fazer da exploração espacial uma atividade mais segura e cientificamente produtiva — não para nós mesmos, mas para os demais. Portanto, ainda que aprendamos as habilidades-chave que precisamos saber para esse tipo de viagem, como caminhar no espaço, por exemplo, passamos boa parte do tempo investigando problemas para outros astronautas, ajudando a superar reveses técnicos e também tentando desenvolver novas ferramentas e procedimentos a serem utilizados no futuro. Na maioria dos dias, nós treinamos, fazemos aulas (muitas aulas) e somos examinados. Durante as noites e nos fins de semana, estudamos. Além disso, temos tarefas para serem feitas em terra, oferecendo apoio a missões de outros astronautas, e tais trabalhos também são cruciais para o desenvolvimento das nossas habilidades pessoais.

Ao longo dos anos, tive vários papéis diferentes — de participante de comissões a chefe de operações da Estação Espacial Internacional, em Houston. O trabalho que mantive por mais tempo, e onde acho que mais contribuí, no entanto, foi como Capcom, ou comunicador de cápsula. O Capcom é o principal transmissor de informações entre o Centro de Controle de Missões (MCC, em inglês) e os astronautas em órbita. Tal função é um desafio sem fim, uma espécie de palavras-cruzadas, que se expande com mais rapidez do que podemos resolver.

O MCC, do Johnson Space Center (JSC), deve ser uma das salas de aula mais formidáveis e intelectualmente estimulantes do planeta. Todos os que estão naquela sala têm conhecimentos sobre uma determinada área adquiridos com muito esforço, e funcionam como aranhas, sendo incrivelmente sensíveis a qualquer vibração nas suas teias, sempre prontos a se debruçar sobre problemas e resolvê-los de maneira eficiente. Um Capcom nunca chega perto de tamanha profundidade de conhecimento técnico, mas é a voz da razão operacional. Estreei na função em 1996 e rapidamente descobri que, tendo viajado ao espaço ao menos uma vez, poderia intuir o que fazia sentido pedir a uma tripulação de espaçonave e, o que é igualmente importante, quando pedi-lo. No momento em que um especialista do Centro de Controle sugeria que a tripulação fizesse algo, eu ficava atento às dificuldades logísticas que alguém que nunca esteve no espaço poderia não considerar. Da mesma maneira, a tripulação sabia que eu seria capaz de simpatizar com eles e entender suas necessidades e desafios, pois já estive no lugar deles. O Capcom não é bem um intermediário, mas sim um intérprete que analisa constantemente uma série de fatores e dados inconstantes, tomando inúmeras decisões e fazendo pequenos julgamentos, e depois repassando tudo isso à tripulação e à equipe de Houston. É como ser treinador, capitão do time e animadora de torcida ao mesmo tempo.

Após quase um ano, eu era Capcom-chefe, e no total trabalhei em 25 viagens espaciais. O trabalho só tinha um porém: quando um lançamento era adiado (e eles normalmente acontecem no Cabo Canaveral, na Flórida, por conta do clima favorável do lugar), eu destruía os planos de férias em família. Infelizmente, os Capcom não podem trabalhar de casa. Mas eu enxergava isso como uma recompensa, como uma oportunidade atrás da outra de aprender. Aprendi a resumir e decifrar falas repletas de siglas, além das discussões técnicas que aconteciam sem interrupção no Centro de Controle, para oferecer a informação essencial à tripulação, sempre investindo na clareza e, espero, no bom humor. Quando não estava no JSC, eu estava treinando junto a tripulações para conhecer, em primeira mão, as suas forças e fraquezas individuais. Isso me ajudava a conseguir advogar de forma efetiva em nome deles, quando estavam no espaço, e também a me manter atualizado quanto aos treinamentos e uso dos equipamentos e computadores complexos. Após cada lançamento, com a placa indicando os nomes da tripulação sempre dependurada na parede do Centro de Controle, eu era capaz de erguer os olhos e não ver apenas um símbolo colorido de feitos coletivos, mas um símbolo pessoal de desafios superados, complexidades domadas e tarefas praticamente impossíveis cumpridas.

Quando voltei ao espaço, em abril de 2001, na missão STS-100, eu o fiz com um entendimento muito mais profundo do quebra-cabeça que é uma viagem espacial, e não apenas do meu pequeno papel nele. Não quero mentir dizendo que não teria aceitado uma proposta de viagem anterior (os astronautas americanos têm, compreensivelmente, prioridade na atribuição de postos em ônibus espaciais, já que o veículo foi feito nos Estados Unidos e pertence ao governo norte-americano). Porém, estar em terra durante seis anos, entre a minha primeira viagem e a segunda, sem dúvida fez de mim um astronauta muito melhor e mais capaz de contribuir na Terra e fora dela.

Comecei a treinar para a STS-100 exatos quatro anos antes de sermos destacados para o lançamento. O nosso destino, a Estação Espacial Internacional, ainda nem existia. As primeiras peças da Estação começaram a ser enviadas em 1998. O nosso principal objetivo era levar ao espaço e instalar o Canadarm2, um enorme braço robótico externo para a captura de satélites e espaçonaves, movimentando suprimentos e pessoal e, o mais importante, conectando o restante da Estação Espacial Internacional. O ônibus espacial continuaria levando módulos e laboratórios ao espaço, e o Canadarm2 ajudaria a colocá-los onde deveriam estar. Era a ferramenta de construção mais cara e sofisticada do mundo, e levá-la ao espaço e trabalhar com ela exigiria não apenas uma EVA (atividade extraveicular, ou passeio espacial), mas duas. E eu seria o EV1, o principal "passeador no espaço", embora nunca antes tivesse estado fora de uma espaçonave.

Andar no espaço é como escalar uma pedra, levantar peso, consertar um pequeno motor e dançar um complicado *pas de deux* ao mesmo tempo, e sempre enfiado numa roupa volumosa que castiga as juntas, as pontas dos dedos e a clavícula. Na gravidade zero, muitas atividades fáceis ficam incrivelmente complicadas. Girar uma chave inglesa para afrouxar um parafuso, por exemplo, pode ser como tentar trocar um pneu usando patins de gelo e luvas de goleiro. Cada caminhada no espaço, portanto, é coreografada à exaustão num esforço de vários anos, envolvendo centenas de pessoas e muito trabalho persistente e não reconhecido, para garantir que todos os detalhes (e todas as contingências) tenham sido pensados. Um superplanejamento é necessário, pois toda EVA é perigosa, já que o astronauta está se aventurando num vácuo inteiramente hostil à vida. Caso surja um problema, é impossível simplesmente voltar correndo para a espaçonave.

Pratiquei o passeio no espaço durante anos no Neutral Buoyancy Laboratory que, em essência, é uma piscina gigantesca no JSC. A minha experiência durante o primeiro voo espacial e nos anos que passei trabalhando no Centro de Controle me ensinaram a priorizar, a descobrir o que era realmente importante, distinguindo do que era apenas "legal saber". O principal a ser entendido nesse treinamento era como seria o lado de fora da Estação Espacial Internacional, como se mover por lá sem causar nenhum dano e como fazer reparos e ajustes em tempo real. O meu objetivo, na piscina, era praticar cada passo e cada ação que eu teria de fazer, até que tudo isso se transformasse em algo natural para mim.

Fico feliz por ter feito isso, pois durante o treinamento surgiram novos problemas relacionados ao passeio no espaço, problemas que eu provavelmente nunca teria conhecido caso a minha preparação tivesse sido descuidada. Aliás, a STS-100 foi um completo sucesso: voltamos para casa no ônibus espacial *Endeavour*, cansados, mas orgulhosos do que tínhamos feito. Ajudar a instalar o Canadarm2 e fazer parte da equipe de construção de um *habitat* permanente do homem fora do planeta (o que é ainda mais incrível porque exigiu a participação e cooperação de 15 nações) me fez sentir um astronauta competente e capaz de contribuir.

Tal sentimento não se perdeu nem um pouco por eu ter passado os 11 anos seguintes na Terra. Claro que eu esperava voltar ao espaço, mas não estava sentado no purgatório dos exploradores espaciais, sem fazer nada. De 2001 a 2003, trabalhei como diretor de operações da Nasa na Star City, na Rússia, onde Yuri Gagarin foi treinado, e aprendi a viver a vida local, aceitando-a, para poder entender as pessoas com as quais eu trabalhava e ser mais eficiente no meu papel. Tal experiência foi útil quando, uma década mais tarde, acabei vivendo e trabalhando mais próximo a cosmonautas russos. Eu não apenas falava a língua deles, mas sabia algo sobre mim mesmo: demoro mais a entender quando não estou na minha cultura, por isso devo, conscientemente, resistir à vontade de apressar as coisas e empurrar as minhas expectativas aos demais.

Da Star City, voltei a Houston para me tornar chefe de robótica no Nasa Astronaut Office, e isso num dos momentos mais frágeis da história da agência. Estávamos em 2003, logo após o desastre do *Columbia*. Os ônibus espaciais tinham sido paralisados, bem como as construções na Estação Espacial Internacional, e muitos americanos começaram a questionar por que os dólares arrecadados com os seus impostos eram gastos em experiências tão perigosas quanto a exploração espacial. Parecia que, embora fôssemos capazes de superar os problemas técnicos e fazer do ônibus espacial um veículo muito mais seguro, talvez não conseguíssemos controlar a força da opinião pública. Mesmo que no final das contas isso tenha sido feito, ficou a lembrança de como é importante manter um forte sentimento de propósito e otimismo mesmo quando o objetivo parece impossível de ser alcançado.

Para mim, sinceramente, o que parecia impossível era o surgimento da terceira oportunidade de ir ao espaço. Porém, como nos tempos da faculdade, decidi que o melhor seria me preparar, pois nunca se sabe o que pode acontecer. E então, de 2006 a 2008, assumi o posto de chefe das operações da Estação Espacial Internacional, no Nasa Astronaut Office, sendo o responsável por tudo o que tinha a ver com seleção, treinamento, certificação, apoio, restabelecimento, reabilitação e reintegração de todos os tripulantes da estação. A interação com as agências espaciais de outros países e o intenso foco na Estação Espacial Internacional acabou sendo uma ótima preparação. Eu recebi a proposta de uma nova missão: dessa vez, de longa duração.

No dia 19 de dezembro de 2012, voltei ao espaço pela terceira vez, na Soyuz russa, com o astronauta da Nasa Tom Marshburn e o cosmonauta russo Roman Romanenko. As diferentes tripulações da Estação Espacial Internacional coincidiam por certo tempo no espaço, e os novatos tinham alguns meses para aprender com os veteranos. Nós, por exemplo, nos unimos à Expedição 34, comandada por Kevin Ford. Quando a sua tripulação voltou à Terra, em março de 2013, a Expedição 35 foi inaugurada, e com ela um novo comandante: eu. Passei a minha vida inteira perseguindo esse objetivo: ter a competência de assumir responsabilidades em nome da tripulação (que voltou a ter seis componentes no final de março, quando outra Soyuz chegou ao espaço) e da própria Estação Espacial Internacional. Aquilo era real, mas era difícil de acreditar.

Enquanto me preparava para a terceira viagem, um pensamento tomou a minha mente: eu era um dos astronautas veteranos da Nasa. E tal ideia não era muito agradável, pois não me considerava (e continuo não me considerando) tão velho. Por outro lado, no entanto, as pessoas me escutavam e respeitavam as minhas opiniões. Eu tinha influência nos treinamentos e nos processos de desenho das viagens espaciais e pude ajudar a torná-las mais práticas e relevantes. Vinte anos após ter recebido a ligação de Mac Evans, perguntando se eu gostaria de entrar na CSA, tornei-me uma eminência parda no JSC. Eu tinha estado no espaço por meros vinte dias, mas me transformei num astronauta. Para ser mais exato: eu tinha sido transformado num astronauta. E a Nasa e a CSA foram as responsáveis por isso, pois ofereceram os treinamentos e experiências corretos.

A terceira missão, claro, aumentou incrivelmente a minha experiência. E eu não fiz apenas uma visita ao espaço: eu *morei* lá. Quando a nossa tripulação aterrissou, após 146 dias no espaço, tínhamos orbitado ao redor da Terra 2.336 vezes e viajado quase 62 milhões de milhas. Ao mesmo tempo, alcançamos um número recorde de experiências científicas na Estação Espacial Internacional. A Expedição 34/35 foi o ponto alto da minha carreira, o auge de anos de treinamento. E o meu não foi um treinamento focado em habilidades específicas, como pilotar uma Soyuz, mas em desenvolver novos instintos, novas formas de pensar, novos hábitos. Essa viagem, mais do que as anteriores, conseguiu me proporcionar transformações que eu nunca poderia ter imaginado aos nove anos, quando olhava para o céu noturno, maravilhado.

E aconteceu algo engraçado no meu caminho para o espaço: aprendi a viver melhor e ser mais feliz aqui na Terra. Ao longo do tempo, aprendi a antecipar problemas, com o intuito de preveni-los, e também a responder de forma efetiva em situações críticas. Aprendi também a neutralizar o medo, manter-me focado e alcançar o sucesso.

Várias das técnicas que aprendi são muito simples, ainda que contrárias ao senso comum. Em alguns casos, são duros desdobramentos de frases feitas. Os astronautas aprendem que a melhor maneira de reduzir o estresse é se preocupando com coisas pequenas. Somos treinados a olhar para o lado negativo de tudo e imaginar o pior que poderia acontecer. Na verdade, nos simuladores, um dos questionamentos que somos levados a fazer é: "Está tudo bem, mas o que poderá me matar?" Também aprendemos que agir como um astronauta significa ajudar as famílias dos demais no momento de lançamentos anotando seus pedidos de alimentos, fazendo seus serviços, controlando a economia do lar e saindo para comprar fraldas. Com certeza, grande parte do que aprendemos são tarefas tecnicamente complexas, mas outras são surpreendentemente simples. Todos os astronautas são capazes de consertar um banheiro entupido (somos obrigados a fazer isso o tempo todo no espaço), e todos sabemos como arrumar meticulosamente as malas. Para entrar na Soyuz, por exemplo, cada item da bagagem deve ser preso com correias para evitar que o peso ou o equilíbrio da espaçonave sejam prejudicados.

O desfecho de tudo isso é que nos transformamos em pessoas muito competentes, o que é a qualidade mais importante quando se é astronauta — ou melhor, quando se é qualquer coisa, onde quer que se esteja, tentando alcançar o sucesso no que for. Competência significa manter a cabeça no lugar em momentos de crise, persistir numa tarefa quando parece não haver esperança e improvisar boas soluções para problemas duros, quando cada segundo é importante. Competência envolve inventividade, determinação e preparação para qualquer coisa.

E os astronautas não têm tais qualidades por serem mais inteligentes que as outras pessoas (no entanto, vamos encarar a realidade: é preciso certo nível de inteligência para conseguir consertar um banheiro entupido). Nós, astronautas, temos nossas qualidades porque somos ensinados a enxergar o mundo (e a nós mesmos) de maneira diferente. Sempre digo que devemos "pensar como astronautas", mas ninguém precisa ir ao espaço para aprender a fazer isso.

Trata-se, sobretudo, de uma mudança de perspectiva.

2

TENHA ATITUDE

Por mais competente ou maduro que seja, um astronauta é, em essência, um eterno estudante, sempre em busca do próximo desafio. Mas não era o que eu imaginava aos nove anos. Naquela época, eu sonhava em sair voando, no meio de uma labareda gloriosa, para explorar o universo, e não em ficar sentado numa sala de aula estudando mecânicas orbitais. Ainda por cima em russo. Mas a verdade é que adoro o meu trabalho, adoro a rotina dele, a realidade, e não apenas o tempo que passei voando no espaço (ainda que isso seja definitivamente muito legal).

Quem só gosta de dar giros ao redor da Terra numa espaçonave odeia ser astronauta. Por *cada dia* em órbita, nós passamos *vários meses* de preparação na terra. Treinamos por alguns anos, no mínimo, antes de sermos destacados para uma missão espacial. O treinamento para uma missão específica leva de dois a quatro anos, além de ser muito mais intenso e rigoroso que um treinamento normal. Praticamos tarefas repetitivas e com armadilhas, além de outras altamente desafiadoras, até a exaustão. E passamos mais da metade do tempo fora de casa. Para quem não ama esse trabalho, o tempo não passa voando. O mesmo acontece nos meses após a viagem, quando estamos nos recuperando, passando por exames médicos e sendo interrogados sobre todos os tipos de detalhes técnicos e científicos. E também nos anos de treinamentos regulares, entre uma missão e outra, quando somos novamente testados e aprendemos novas habilidades, ao mesmo tempo que ajudamos outros astronautas a se prepararem para as suas missões. Se você enxerga o treinamento como uma tarefa sombria, não será apenas infeliz no dia a dia, mas terá a sua autoestima e a confiança no seu trabalho arranhadas quando for afastado de uma missão... ou no caso de nunca ser escalado para uma.

Alguns astronautas nunca participaram de uma missão. Eles treinam, fazem todo o trabalho necessário, mas nunca abandonaram a Terra. Quando aceitei esse trabalho, eu sabia que poderia ser um deles.

Sou realista e cresci numa época em que os "astronautas canadenses" simplesmente não existiam. Eu já era adulto, com diploma universitário e emprego, quando o Canadá selecionou os seus primeiros astronautas, em 1983. Portanto, quando finalmente cheguei a Houston, em 1992, estava animado com a mera oportunidade de estar por lá, mas também cético diante da possibilidade de sair do planeta. O tempo que uma tripulação passava na Estação Espacial Internacional era ditado pela quantidade de dinheiro contribuído por um determinado país. O Canadá oferecia menos de 2% do dinheiro arrecadado pela Estação, e eu teria menos de 2% do tempo disponível (o que, aos meus olhos, é um acordo inteiramente justo e inflexível). Nem os americanos, quando selecionados para o corpo de astronautas, têm qualquer garantia de que chegarão ao espaço. Existe sempre a possibilidade de uma mudança radical no investimento governamental, cancelando programas, e isso afeta uma geração inteira de astronautas. Por outro lado, um foguete pode explodir e matar uma tripulação, fazendo com que as viagens com humanos sejam interrompidas por vários anos, até que a completa revisão do acidente seja feita e o público se convença de que tal missão era segura e valia a pena ser feita. Aliás, os próprios veículos podem ser alterados. O ônibus espacial foi aposentado em 2011, após trinta anos de serviços. Atualmente, a Soyuz, um veículo muito menor, é a única forma dos seres humanos chegarem à Estação Espacial Internacional. Alguns astronautas contratados na era do ônibus espacial são simplesmente altos demais para a pequena Soyuz. A possibilidade de eles deixarem a Terra é nula.

As mudanças nas nossas vidas também afetam as chances de voar. Podemos desenvolver um pequeno problema de saúde que nos desclassifique (e passamos pelos exames médicos mais duros do mundo para entrar na Estação Espacial Internacional, pois ninguém está disposto a interromper uma missão e gastar milhões de dólares para trazer um astronauta doente de volta). Por outro lado, uma grande crise familiar pode nos obrigar a perder uma oportunidade.

Ao longo do tempo, as próprias qualificações requeridas para uma determinada missão podem ser alteradas. O ônibus espacial carregava uma tripulação de sete pessoas, que ficavam no espaço por apenas duas semanas. Portanto, havia espaço para astronautas cujas habilidades eram profundas, mas não amplas. Se 12 toneladas de equipamento eram transportadas à Estação Espacial Internacional, e tudo tinha de ser cuidadosamente descarregado, reagrupado e instalado, para depois o cargueiro receber uma enorme quantidade de peças e partículas que deveriam voltar à Terra, ser fanático por organização poderia ser uma qualidade suficiente. Na Soyuz, não existe espaço para alguém cuja principal contribuição seja a especialidade numa única área. O foguete russo comporta apenas três pessoas que, juntas, devem combinar uma enorme matriz de habilidades. Algumas são óbvias: pilotar o foguete e ser capaz de caminhar no espaço, de operar os elementos da Estação (como o Canadarm2), de consertar coisas estragadas na Estação, de conduzir e monitorar as várias experiências científicas feitas a bordo. Porém, como a tripulação ficará longe da civilização por tantos meses, eles também precisam ser capazes de agir como dentistas ou fazer cirurgias básicas, programar um computador e revisar um painel eletrônico, tirar fotos com qualidade profissional e sobreviver a uma coletiva de imprensa — além de lidar de forma harmoniosa com os colegas, 24 horas por dia, sete dias por semana, num espaço confinado.

Na era dos ônibus espaciais, a Nasa procurava pessoas capazes de operar o mais complicado veículo do mundo durante curtos períodos de tempo. Hoje, eles buscam pessoas capazes de ficar presas numa lata apertada durante seis meses, e que elas sejam capazes de se sobressair. Portanto, o temperamento pode desqualificar qualquer um para uma viagem espacial. Certo tipo de personalidade antes perfeitamente aceitável (e que gerou o estereótipo de astronautas durões, inflexíveis e sobre-humanos, digamos assim) não é bem-vindo atualmente, sobretudo nas viagens de longa duração.

Chegar ao espaço depende de muitas variantes e circunstâncias que estão inteiramente além do controle de um astronauta. Portanto, na minha cabeça, sempre fez sentido enxergar a viagem espacial como um bônus, não um direito. Como qualquer bônus, seria uma bobagem apostar nele. Felizmente, há muitas outras coisas capazes de manter os astronautas engajados e entusiasmados com o seu trabalho. Eu adorava o esforço físico de trabalhar em simuladores e na piscina enquanto outros adoram as pesquisas científicas, as discussões sobre política espacial ou o auxílio à manutenção dos programas. Claro que, ocasionalmente, nos queixamos de regras e requerimentos de que não gostamos, mas "deixo esse trabalho para quem quiser fazer" não são palavras que você escutaria da boca de um astronauta. Nunca conheci ninguém que não o enxergasse como um trabalho capaz de satisfazer todos os seus sonhos.

Ter aceitado a ideia de que eu talvez nunca fosse ao espaço (e depois de ir, de que nunca voltaria) me ajudou a manter vivo tal sentimento durante mais de duas décadas. Como eu não baseava tudo (a minha autoestima, a felicidade e a identidade profissional) na viagem espacial, eu me sentia motivado para trabalhar todos os dias, mesmo nos 11 anos após a minha segunda missão, período em que não voei, e quando, em certo momento, cheguei à conclusão definitiva de que nunca mais iria ao espaço (muito menos naquela altura da minha vida).

Isso deve soar estranho, eu sei, mas nutrir uma visão pessimista das minhas próprias perspectivas me ajudou a amar o meu trabalho. E diria que isso chegou a ter um efeito positivo na minha carreira: como adoro aprender coisas novas, fui voluntário em várias classes extras, o que aumentou minhas qualificações e, por sua vez, aumentou as minhas oportunidades na Nasa. No entanto, o sucesso, para mim, nunca esteve e continua não estando atrelado a subir num foguete (ainda que isso seja uma grande conquista). O sucesso é se sentir bem no trabalho que fazemos durante a longa e não reconhecida jornada que poderá ou não nos levar à plataforma de lançamentos. Não podemos enxergar os treinamentos como apenas um degrau em direção a algo mais elevado. O treinamento deve envolver um objetivo em si mesmo.

O segredo é tentar se divertir. Nunca enxerguei o treinamento como uma obrigação onerosa que tive de cumprir enquanto rezava, fervorosamente, para conseguir outra missão espacial. Para mim, o apelo dos treinamentos era similar ao das palavras cruzadas do *New York Times*: os treinamentos são duros e divertidos e abrem a minha mente, por isso me sinto bem quando persevero e faço tudo outra vez.

Na viagem espacial, "atitude" quer dizer orientação: qual é a direção apontada pelo seu veículo em relação ao Sol, à Terra e às outras espaçonaves? Quando perdemos o controle da nossa atitude, duas coisas acontecem: o veículo começa a dar cambalhotas e a girar, todos se desorientam a bordo; e ele pode sair da rota, o que, se estivermos com pouco tempo ou combustível limitado, pode significar a linha divisória entre viver e morrer. Na Soyuz, por exemplo, usamos todas as informações, de todas as fontes disponíveis (periscópio, múltiplos sensores e o horizonte), para monitorar constantemente a nossa atitude, e ajustá-la se necessário. A atitude nunca deve ser perdida, pois mantê-la é fundamental para o sucesso.

Pela minha experiência, digo que algo similar acontece na Terra. Basicamente, não sou capaz de determinar quando alcançarei um grande objetivo profissional. Existem muitas variáveis que fogem ao meu controle. Na verdade, só posso controlar uma coisa: a minha atitude durante a jornada. E é isso o que me mantém constante e estável, o que me leva na direção certa. Portanto, observo sempre e, se necessário, corrijo a minha atitude, pois perdê-la seria bem pior do que não atingir a minha meta.

Os meus filhos nunca deixaram de se assustar com o que eles enxergam como a minha sinceridade. Há muitos anos, eles jogam a brincadeira chamada "O coronel disse", que envolve parodiar coisas ditas por mim que eles consideram especialmente hilárias. A frase favorita do meu filho Evan, que gritei para ele quando eu estava debaixo de um carro da família que queria consertar, é: "Ninguém jamais conseguiu alcançar algo incrível sentado." Recentemente, eles brincaram com a ideia de criar um aplicativo chamado "O coronel disse", capaz de soltar frases adequadas a qualquer situação. Trata-se de uma ótima ideia, mas acho que um único dito seria necessário: "Esteja preparado. Trabalhe. Trabalhe duro. E divirta-se!" Isso cabe em qualquer situação.

Pense em *Survivor*, programa a que Helene e eu assistimos às vezes. Ele está no ar há anos, e todo mundo sabe quais habilidades são necessárias para a vitória: como fazer fogo e como construir um abrigo sem madeira. Ainda assim, ano após ano, os concorrentes aparecem sem as habilidades básicas, o que eu não entendo. Você sabe que vai participar do programa, então por que contar apenas com a sua beleza e charme na hora de pescar para comer? Se sabe que o prêmio são milhões de dólares e uma vida completamente diferente, por que não se preparar antes?

Para mim, é simples: se tem tempo, use-o para se preparar. Que outra coisa mais importante você poderia fazer? Sim, talvez aprenda a fazer coisas que nunca precise colocar em prática, mas não ter que fazer alguma coisa é um problema muito menor do que não saber por onde começar.

E eu não agia assim somente no meu trabalho, mas em todos os aspectos da minha vida. Aliás, há alguns anos, fui convidado a participar de um show aéreo em Windsor, Ontário, que coincidiria com uma apresentação do Elton John, e os organizadores decidiram tentar fazê-lo promover o show aéreo. Na minha opinião, as chances de uma estrela da música interromper a sua apresentação para promover um show aéreo regional são muito pequenas, mas comecei a pensar: e se ele aceitar? E se, no final das contas, Elton John for um fanático por aviões ou mantenha, secretamente, uma obsessão pelo espaço... o que de mais estranho poderia acontecer?

Eu toco guitarra desde pequeno. Embora não seja o melhor guitarrista do mundo, gosto de tocá-la e durante anos participei de várias bandas, incluindo uma formada por astronautas, a Max Q. E toquei no espaço também. Uma visão, não inteiramente prazerosa, surgiu como um flash diante dos meus olhos: Elton John, de alguma maneira, poderia descobrir essa minha faceta e convidar um astronauta que toca guitarra e participa de um show aéreo para subir no seu palco. A probabilidade de uma coisa dessas acontecer era quase nula, mas eu toquei com a Sinfônica de Houston e sei que coisas improváveis costumam acontecer na minha vida. Portanto, o seguinte pensamento que tomou conta da minha mente foi: "Tudo bem. Vamos imaginar que isso aconteça. Que música ele me convidaria para tocar?" A única resposta possível foi "Rocket Man". Portanto, me sentei e comecei a aprender a tocar essa canção. Ensaiei tanto a ponto de ficar razoavelmente confiante de que não seria escorraçado do palco. Na verdade, comecei a desejar subir no palco e tocar "Rocket Man" com Elton John.

Aliás, fui à apresentação. Eu e Helene acabamos nos encontrando com Elton John e mantivemos uma conversa normal e agradável durante dez minutos. Mas nem cheguei perto do palco, e Elton John continua sem saber que sou capaz de tocar a sua música decentemente. Ainda assim, não me arrependo de ter me preparado.

Eis como eu abordo tudo. Passei um tempo da minha vida aprendendo a tocar "Rocket Man". Percebi qual era o maior desafio, visualizei o que precisava fazer para ir ao encontro dele, depois ensaiei até alcançar um nível de competência que me deixasse confortável e capaz de tocar a música, caso necessário. Sempre fiz isso, desde que decidi ser astronauta, em 1969, e tal abordagem metódica e consciente da preparação foi o principal motivo que me levou a Houston. Eu nunca parei de me preparar, pois nunca se sabe o que pode acontecer.

Se, aos meus 21 anos, alguém me pedisse que eu escrevesse o roteiro da minha vida ideal, escreveria assim: piloto de combate, piloto de teste, astronauta. Casamento feliz, filhos saudáveis, experiências interessantes. A minha vida seguiu esse roteiro, mas vários "se" poderiam ter alterado a história. E se, por exemplo, eu não tivesse visto o anúncio da CSA no jornal, o que poderia ter acontecido, pois estávamos morando nos Estados Unidos naquela época. No entanto, nunca pensei: "Se eu não conseguir ser astronauta, terei falhado." O roteiro teria mudado muito se, em vez disso, eu seguisse a carreira militar ou tivesse me transformado em professor universitário ou piloto de teste comercial, mas o resultado não seria um filme de terror.

Eu não cheguei ao JSC sendo um bom astronauta. Ninguém chega. O máximo que podemos desejar é ser um bom projeto de astronauta. Algumas pessoas que passam pelo processo de seleção acabam não se revelando adequadas. O que faz a diferença é algo que mencionei anteriormente: atitude. Você deve estar disposto a ter aulas de russo por anos e também a treinar repetidamente processos de segurança a bordo da Estação Espacial Internacional, ainda que jure conhecê-los de cabeça para baixo. Deve aceitar que é preciso ser especialista em muitas habilidades que parecem enigmáticas, ou que nunca usará, ou as duas coisas. E você não pode enxergar nada disso como perda de tempo.

O melhor a fazer é encarar tudo como algo divertido ou, no mínimo, interessante. Em 2001, eu me tornei diretor de operações da Nasa na Rússia, trabalho que, na época, não era cobiçado por muitos astronautas americanos. As tensões históricas entre os dois países eram difíceis de serem relevadas por certas pessoas, enquanto outras simplesmente não gostavam da ideia de fazer uma imersão total em uma cultura estrangeira, sem se esquecer da mudança de alfabeto, dos invernos brutais e da escassez de conveniências modernas, como lava-louças e secadoras de roupa. Para um canadense que conseguiu se acostumar à fala carregada e à umidade da Costa do Golfo do Texas, no entanto, a oportunidade de morar num país estrangeiro durante uns poucos anos pareceu excitante, e fiquei feliz em aceitar o posto. Querendo aproveitar ao máximo o meu tempo por lá, resolvi fazer aulas extras de russo, assim como Helene (os nossos três filhos estavam em colégios internos ou universidades canadenses). Ela trabalhava em casa para o escritório da empresa que a contratou em Houston, por isso conseguia passar grande parte de cada mês comigo, em Star City, o local de treinamento dos cosmonautas, a cerca de uma hora de Moscou. Em vez de morar num dos edifícios americanos que a Nasa construiu por lá, decidimos viver num edifício russo de apartamentos, pois dessa maneira aumentaríamos as chances de conhecermos realmente o país e seus habitantes.

E funcionou. Fomos obrigados a falar a língua e tivemos várias reuniões noturnas com os nossos vizinhos regadas a música, a dança e a *shashlik* — a deliciosa versão russa do churrasco. Um momento memorável foi quando Valodya, um dos motoristas locais da Nasa, decidiu me iniciar no processo quase místico de seleção, corte e preparação da carne para o *shashlik*. Tal processo dura meio dia, seguido de dois dias de recuperação. Havia vodka para abençoar a carne, conhaque da Moldávia para provar a genealogia do suíno, cerveja russa para tomar uns goles enquanto cortávamos cubos de carne de porco semicongelada, vinho tinto para marinar a mistura (e a nós mesmos) e, com o passar do dia, vários discursos inflamados sobre a beleza da carne crua e os laços de afinidade entre os homens. Eu e Valodya cortamos quase oitenta quilos de carne, bem como vários sacos de cebolas e tomates, depois misturamos tudo em bolsas com ervas e especiarias enquanto bebíamos todas as garrafas de bebida alcoólica da casa e víamos partidas de futebol numa televisão de dez polegadas. No final da tarde, eram cinco os grandes baldes fumegantes de carne de porco fermentada que seriam atirados ao fogo no dia seguinte, e nos tornamos praticamente uma família (o que era uma coisa boa, pois eu tinha deixado casaco, chapéu, câmera e chaves na casa dele) e fiquei orgulhoso ao conseguir não vomitar no furgão que me levou de volta à minha casa. Acima de tudo, a famosa receita, que seguimos cuidadosamente, continua sendo um completo segredo, pois eu não sou capaz de me lembrar exatamente do que fizemos.

Ainda assim, não seria inteligente fingir que enxerguei o meu trabalho na Rússia como um mero entretenimento, como uma aventura no estrangeiro. O ônibus espacial estava fadado à aposentadoria e a Soyuz, no final da década, seria o principal meio de transporte à Estação Espacial Internacional. Claramente, a parceria entre Estados Unidos e Rússia seria cada vez mais importante. Aprender a linguagem e descobrir como operava a Roscosmos, agência espacial russa, fazia parte de estar pronto para as grandes mudanças que todos víamos no horizonte. Além disso, eu me assegurava que continuaria qualificado para voar. Pois nunca se sabe o que pode acontecer.

E nunca se trata de uma coisa ou outra, de diversão ou avanço, quando concebemos esse avanço como aprendizado, não como uma escalada de novos degraus na vida profissional. Você *está* avançando com o aprendizado, ainda que planeje permanecer no mesmo escalão. Foi por isso que pedi para ser treinado para voar na Soyuz. Eu estava interessado no veículo (que é bem diferente do ônibus espacial), embora soubesse que as minhas chances de voar eram as mesmas de tocar guitarra em um show do Elton John. Um norte-americano teria que ir ao espaço ao lado de um completamente descapacitado comandante russo para que fosse permitida a sua viagem naquele veículo. E, antes disso, teríamos que ser destacados para uma missão. Em outras palavras, uma longa fila de dominós deveria cair, e de maneira nada usual.

Eu imaginava que, de alguma forma, isso valeria a pena um dia. Porém, caso não valesse, a verdade é que aprender a voar numa Soyuz era algo muito interessante, e eu talvez pudesse transferir os conhecimentos para outra área. Por tudo isso, eu me qualifiquei como engenheiro de voo cosmonauta, capaz de realizar caminhadas aéreas usando roupa de cosmonauta russo. Claro que esse treinamento extra acabou com o meu tempo livre. Mas também me ofereceu uma chance de conhecer o sistema russo por dentro, sistema que é significantemente diferente do nosso por conta da grande ênfase na educação acadêmica, ainda antes do início das simulações. Entender o sistema deles acabou me ajudando no trabalho cotidiano, especialmente ao tentar negociar conflitos entre o nosso programa espacial e o deles. Claro que nunca fui chamado a comandar uma Soyuz nem a fazer caminhadas no espaço em nome da Rússia, e nunca serei. Mas fico feliz por saber o que deveria fazer.

O treinamento de astronautas é muito parecido com o ato de ir para a escola: nós nos sentamos numa sala de aula, com um instrutor, somos testados e recebemos notas. Mas também treinamos em computadores e simuladores que reproduzem foguetes em escala real. No JSC, o meu local preferido de treinamento era a piscina. Algumas vezes, íamos ao Neutral Buoyancy Laboratory para desenvolver hardware e testar novos procedimentos para missões futuras. Outras, tentávamos encontrar soluções para problemas enfrentados pelos astronautas em órbita naquele momento. Na Terra, onde as apostas são baixas, temos bem mais possibilidades de experimentação. Mas também fazemos muitos treinamentos no laboratório, pois flutuar na água é o mais próximo que podemos chegar, na Terra, do que significa flutuar na microgravidade e, dessa maneira, podemos ensaiar as EVA. Eu realmente me sentia um perfeito astronauta na piscina: estava usando o traje espacial e a minha respiração era assistida, o que também acontece nas caminhadas no espaço. Trata-se de uma atividade muito realista, além de exaustiva fisicamente, mas nunca me cansei dela. Passei cerca de cinquenta dias completos me exercitando na piscina antes da minha primeira caminhada no espaço, em 2001. Após seis horas na água, eu não tinha qualquer dificuldade para dormir à noite.

Grande parte do treinamento, surpreendentemente, acabou se revelando bem exótica, o tipo de coisa que não costuma acontecer nas nossas vidas e que é difícil não amar. No verão de 2010, por exemplo, fiz alguns trabalhos com a equipe internacional de pesquisas no lago Pavilion, na Colúmbia Britânica. Trata-se de um lago lindo, de águas claras, cujo fundo está repleto de microbialitos, estruturas rochosas dos mais variados tipos e tamanhos, muito parecidas com os corais. Os microbialitos eram muito comuns há cerca de dois bilhões de anos, na história primitiva da Terra, mas hoje são bem raros. Portanto, o objetivo do projeto de pesquisa do lago Pavilion é descobrir como eles se formam, para depois tentar entender melhor a origem da vida na Terra. O fato de estar lá, no fundo daquele lago, olhando para aquelas coisas, é mais ou menos como explorar outro planeta, por isso a equipe internacional de pesquisas resolveu que seria interessante envolver astronautas no trabalho. E eu consegui a qualificação de piloto de DeepWorker. O DeepWorker é um incrível veículo para apenas um tripulante, uma espécie de submarino pessoal. Operá-lo é tão divertido que algumas pessoas (ricas, claro) o compram como brinquedo. Nós os dirigíamos com os pés (um pedal nos move verticalmente, o outro horizontalmente) e manipulávamos seus braços robóticos com as mãos. É algo sobrenatural estar, sozinho, numa bolha à prova d'água, a quase setenta metros de profundidade, filmando e reunindo amostras de estruturas diretamente ligadas ao início da vida na Terra.

Esse tipo de trabalho é perfeitamente adequado a astronautas. Nós somos treinados para operar veículos que exigem a coordenação de mãos, olhos e pés em ambientes hostis, sem nunca nos chocarmos com nada. A Nasa e a CSA estão interessadas no projeto, pois o estudo dos microbialitos poderá nos oferecer ferramentas úteis para a identificação de antigas formas de vida em outros planetas — e também porque o DeepWorker é análogo aos veículos que, no futuro, poderíamos utilizar para coletar amostras na Lua e asteroides em Marte. Os astronautas que um dia farão esse tipo de trabalho deverão estar perfeitamente sintonizados com cientistas baseados na Terra, que contarão com a remessa de informações e amostras corretas. Portanto, o objetivo é aprender, no lago Pavilion, como é possível treinar astronautas para serem geólogos — não ótimos, mas bons o suficiente —, pois isso faz mais sentido do que tentar treinar geólogos para serem astronautas.

Tais objetivos são, claramente, a longo prazo. Eu nunca pisarei na Lua ou em Marte. Talvez nem esteja vivo quando alguém pisar em Marte. Grande parte do nosso treinamento é assim: aprendemos a fazer coisas que contribuirão, minimamente, para uma missão muito maior, mas que não têm nada a ver com os nossos propósitos de carreira. Passamos os dias estudando e simulando experiências que talvez nunca se concretizem. É tudo faz de conta, claro, mas estamos aprendendo. E esta, na minha opinião, é a chave da questão: aprender.

A minha primeira viagem à *Mir* foi em 1995. Naquela época, tratava-se de algo enorme, pois eu seria o primeiro e único canadense a bordo de um veículo espacial. Hoje, ninguém se lembra dessa missão. Há muito tempo, a *Mir* foi retirada de órbita e queimada na atmosfera. O meu primeiro voo é irrelevante para todos, menos para mim. E eu, claro, poderia deixar que isso me influenciasse e passar o resto da vida olhando para trás, ou então manter minha atitude. Como a escolha é minha, vou continuar tentando me aprimorar tocando "Rocket Man".

Pois nunca se sabe o que pode acontecer.

3

O PODER DO PENSAMENTO NEGATIVO

"Como você lida com o seu medo?"

Eis uma das coisas que mais me perguntam. Quando as pessoas pensam em exploração espacial, elas não pensam apenas em Neil Armstrong descendo as escadas do Módulo Lunar em direção à Lua. Elas também se lembram da fumaça lançada ao espaço no momento da explosão do ônibus espacial *Challenger*, logo após o seu lançamento, além das alarmantes rajadas de luzes no momento em que o *Columbia* se desintegrou, em seu retorno à Terra, gerando uma chuva de restos metálicos e humanos. Tais imagens espetaculares e violentas das viagens espaciais ficaram tão profundamente incrustadas no imaginário público quanto as imagens vitoriosas.

Portanto, é natural as pessoas tentarem entender o que sentimos quando nos sentamos num foguete, com as engrenagens rugindo e soltando fogo. Para elas, parece assustador. E *seria* caso fôssemos recrutados no meio da rua, metidos num veículo espacial e lançados para fora da Terra em quatro minutos... Sem contar que, com qualquer movimento em falso, você e todos os seus companheiros estariam mortos. Mas eu não fico aterrorizado, pois fui treinado durante anos por várias equipes de especialistas, que me ajudaram a pensar em como resolver qualquer tipo de situação capaz de ocorrer entre o lançamento e a aterrissagem. Como todos os astronautas, participei de tantas simulações altamente realistas de viagens espaciais que, quando as engrenagens finalmente rugem e soltam fogo, a minha principal emoção não é medo. É alívio.

Finalmente.

Por experiência própria, digo que o medo surge quando não sabemos o que esperar e não estamos no controle do que está a ponto de acontecer. Quando nos sentimos desamparados, temos muito mais medo do que quando conhecemos os fatos. Quando não sabemos com o que nos alarmar, tudo é alarmante.

Eu sei exatamente como é sentir medo, pois tenho medo de altura. Quando fico de pé na beira de um penhasco ou me debruço na varanda de um prédio alto, o meu estômago começa a se revirar, as palmas das minhas mãos ficam suadas e as minhas pernas não conseguem se mover, mesmo com o meu corpo, em pânico, insistindo para que eu volte para uma área segura. Tal resposta física, no entanto, não me perturba. Todo mundo deveria sentir medo de altura. Como sentir medo de cobra ou touros raivosos, trata-se de um sensível instinto de autopreservação. Mas eu sei que pode parecer incongruente que um piloto/astronauta tenha medo de altura. Como fazer o meu trabalho se estou desafiando o meu maior medo?

A resposta é que fui capaz de afastá-lo. Ao crescer numa fazenda, meus irmãos e eu costumávamos ir ao celeiro, onde os grãos de milho eram armazenados, e subir nas vigas para depois saltar no milho, pois queríamos sentir os grãos secos roçando os nossos pés e pernas, como se fossem cascalhos profundos, soltos e arredondados. Sempre que aterrissávamos de pé, mantendo o equilíbrio, conseguíamos uma parada suave. Ao ganhar confiança, cada vez saltávamos de pontos mais altos, chegando a saltar dois ou três andares acima, desafiando os demais e a nós mesmos. O medo sempre estava presente, e era forte, mas eu não me deixava paralisar por ele. Sempre conseguia saltar. Acho que eu conseguia fazer isso porque a altura dos saltos era aumentada gradualmente e porque a sensação progressiva de confiança estava baseada na experiência e no simples fato de que a prática fez de mim uma pessoa mais habilidosa.

Mas o meu medo de altura não desapareceu. Quando era adolescente, o meu pai me levava para voar no seu bimotor. No verão, quando fazia calor suficiente, voávamos com o cockpit aberto, sem nada entre nós e o céu (ou o chão, quando ele fazia acrobacias que nos deixavam de pernas para o ar). No primeiro momento de cabeça para baixo, a vários metros do chão, impossibilitado de cair por conta de um único cinto de segurança, fiquei paralisado de terror. As minhas mãos e os meus braços agarraram os lados do cockpit, como se agarrado a ele eu estivesse seguro. Todos os músculos do meu corpo ficaram tensos, vibrando, e senti uma agitação, uma espécie de zumbido que subia e descia pela minha espinha.

Mas não caí do avião. O cinto de segurança, preso em cinco pontos, me manteve paralisado como uma pedra junto ao assento. Os meus olhos, no entanto, diziam que nada poderia evitar a minha morte, mas, com a experiência, comecei a conseguir superar tal sensação, sempre usando a razão: eu estava bem, não cairia do avião. Em certo momento, o medo de cair desapareceu.

Eu continuo morrendo de medo quando chego à beira de um precipício, mas em aviões e espaçonaves, embora sabendo que estou no ar, também tenho a certeza de que não vou cair. As asas, a estrutura, as máquinas e a velocidade, tudo isso é capaz de me sustentar no ar, da mesma maneira como a superfície da Terra me mantém ereto quando estou no chão. O conhecimento e a experiência tornaram possível que eu me sentisse relativamente confortável nas alturas, seja pilotando um bimotor, caminhando no espaço ou saltando numa montanha de grãos de milho. Em qualquer desses casos, entendo o desafio, a física, as mecânicas, e sei, por experiência própria, que não estou desamparado. Eu tenho algum controle.

As pessoas costumam pensar que os astronautas têm a coragem de um super-herói, ou talvez o controle emocional de um robô. No entanto, para nos mantermos calmos em situações altamente estressantes, nas quais as apostas são altas, tudo o que precisamos é de conhecimento. Claro que, ainda assim, é possível se sentir um pouco nervoso, estressado ou extremamente alerta. Mas, sem dúvida, ninguém se sentirá aterrorizado.

Sentir-se preparado para fazer algo não significa ter a certeza do sucesso, embora seja este o objetivo. Estar verdadeiramente preparado significa entender o que poderia dar errado... e ter um plano para lidar com isso. Você poderia aprender a mergulhar na piscina de um hotel, por exemplo, e resolver ter uma primeira experiência de mergulho no oceano, mesmo sem qualquer ideia de como respirar e do que fazer caso um dos pés de pato escape do seu pé. No entanto, se as condições forem inferiores à ideal, poderia se encontrar em sério perigo. No oceano, não podemos errar um único respiro, pois o resultado pode ser a vida ou a morte. Por isso, para conseguir uma licença de mergulhador, somos obrigados a praticar muito e aprender a lidar com uma variedade de problemas e emergências para estar realmente preparado. Não basta se sentir preparado em águas calmas.

Pelas mesmas razões, os instrutores do programa espacial se especializam em enxergar cenários negativos para que possamos agir, repetidas vezes, em simulações cada vez mais elaboradas. Praticamos o que fazer no caso de uma falha nos motores, nos computadores ou no caso de uma explosão. Ser forçado a enfrentar a possibilidade de uma falha à nossa frente (e estudá-la, dissecá-la, desmembrar todos os seus componentes e consequências) realmente funciona. Após alguns anos fazendo isso diariamente, construímos a armadura mais forte possível para nos defendermos do medo: a competência arduamente alcançada.

O nosso treinamento nos ajuda a desenvolver um novo conjunto de sentidos: em vez de reagir ao medo com um jorro de adrenalina que nos leva a lutar ou abandonar o ringue, somos treinados a responder sem emoções, priorizando imediatamente as ameaças e buscando, metodicamente, desativá-las. Deixamos para trás a vontade de sair correndo e passamos a querer nos engajar e entender o que está dando errado, para depois consertar o problema.

No início da minha estada na Estação Espacial Internacional, algo me chamou a atenção no meio da noite: um alarme alto soava. Por alguns segundos, fiquei perdido, tentando entender o que seria aquele ruído desagradável. Éramos quatro no segmento americano da Estação e, como cães farejadores, levantamos as nossas cabeças e olhamos para as luzes do painel de emergência, pois queríamos saber se deveríamos nos preocupar com despressurização, toxidade ou outro desastre potencialmente fatal. De repente, todos estávamos completamente despertos. O barulho ensurdecedor era o alarme de fogo.

E fogo é um dos maiores perigos numa espaçonave, pois não existe saída. Além do mais, as chamas não se comportam de forma previsível na falta de gravidade e os focos são mais complicados de serem extintos. No meu primeiro ano como astronauta, a minha reação ao ouvir tal alarme teria sido agarrar um extintor de incêndio e começar uma luta pela minha vida. No entanto, tal instinto foi treinado nos 21 anos seguintes, e outro conjunto de respostas me foi ensinado, representado por três palavras: avisar, reunir, trabalhar. "Trabalhar um problema" é o que a Nasa chama de analisar uma decisão atrás da outra, buscando metodicamente uma solução, até ficarmos sem oxigênio. Praticamos com tanta frequência o protocolo "avisar, reunir, trabalhar" para responder a alarmes de fogo que, para nós, isso virou algo natural, capaz de suplantar nossos instintos. Portanto, no caso de ouvir um alarme na Estação, em vez de correr em busca de máscaras e se armar de extintores, um dos astronautas pega calmamente o interfone para avisar que o alarme de fogo foi acionado (pois os russos talvez não tivessem escutado em seu módulo) enquanto outro corre para o computador para saber qual detector de fumaça entrou em funcionamento. Ninguém se movimenta de forma descuidada, a resposta é baseada numa curiosidade focada, como se estivéssemos lidando com um quebra-cabeça abstrato, não com uma iminente ameaça à nossa sobrevivência. Para um observador, pode parecer um tanto bizarro: nenhuma agitação, nenhum grito de comando, nenhuma precipitação.

O passo seguinte é se reunir, e por isso nos unimos aos russos, na sua ala da Estação, para começar a trabalhar o problema. Quão séria seria a ameaça? Até então, todos os sinais eram animadores. Não sentíamos cheiro de fumaça nem víamos chamas. Talvez um pequeno fio tenha se derretido em algum lado, o detector poderia estar respondendo à poeira. Entramos em contato com os centros de controle de Houston e Moscou, mas, enquanto investigávamos e checávamos o módulo onde o detector entrou em ação, tudo indicava que estávamos lidando com um simples defeito. Finalmente, concordamos que foi um alarme falso, e fomos dormir em nossas estações. Uma hora mais tarde, quando o alarme voltou a soar, repetimos o protocolo "avisar, reunir, trabalhar". A resposta foi uma calma similar, mas não superficial — era possível que algo estivesse derretendo lentamente na última hora. Mas não havia nada. O detector era uma lata velha, só isso. E me lembro de ter pensado: "Isso foi uma espécie de simulação, mas melhor, pois agora eu posso dormir."

Duvido que o coração de algum tripulante tenha ultrapassado a marca de um ou dois batimentos extras enquanto lidávamos com os alarmes de fogo, mesmo nos primeiros minutos, quando a ameaça de um inferno parecia real. Nós nos sentíamos competentes para lidar com qualquer coisa, e esse sentimento de confiança nascia diretamente da nossa sólida preparação. Nada é mais estimulante para a nossa confiança do que se engajar física e intelectualmente num desastre e perceber que temos a habilidade de trabalhar o problema. Quando conseguimos fazer isso, a nossa área de conforto se expande um pouco mais. Portanto, se você já enfrentou um problema qualquer em sua vida, será capaz de pensar nele com mais clareza.

No entanto, não é legal se sentir tão confortável num treinamento a ponto de pensar: "Lá vamos nós, mais uma vez brincando de *astronauta em perigo*." Para que uma simulação funcione, é preciso mergulhar nela. A semelhança com o real ajuda: nós, por exemplo, fomos treinados para lutar contra o fogo na Estação Espacial Internacional, e o fizemos num simulador repleto de fumaça real. O realismo era tanto que, numa das simulações, a nossa tripulação trabalhou no módulo de serviço, pouco antes do meu último voo, e não conseguíamos enxergar os próprios pés quando alcançamos as máscaras de gás. Sendo o comandante, decidi: "A fumaça é muito espessa, vamos fechar as portas e nos reagrupar em outro módulo para descobrir como trabalhar esse problema." Isso levou, mais tarde, a um espirituoso debate com a equipe russa que dirigia o treinamento. Respondi que, pelos padrões americanos, a Nasa nos treina para fecharmos o segmento em chamas, salvar a tripulação e depois descobrir como lutar contra o fogo. Mas a filosofia russa é diferente. Eles preferem que a gente se mantenha no mesmo local e combata o fogo. Segundo eles, o veículo de resgate, Soyuz, estava atracado na ponta do tal módulo de serviço. Como mais tarde expliquei aos treinadores, nós adoraríamos poder parar e lutar, mas a simulação era um pouco realista *demais*. Eu tive de responder como na vida real: no caso de um incêndio terrível, com uma fumaça tão espessa, prefiro seguir o padrão da Nasa e salvar a tripulação, não o laboratório — afinal de contas, continuávamos tendo comida, água e comunicações, mesmo perdendo o módulo de serviço. Uma simulação na Terra é o local correto para expor tais desconexões de filosofia e resolvê-las. Na nossa simulação seguinte, os russos se comprometeram: colocariam no módulo de serviço uma quantidade de fumaça que nos permitisse ficar no mesmo lugar e combater o fogo.

A ideia do surgimento de fogo na Estação enquanto estivéssemos por lá não era hipotética: em 1997, dois anos antes da minha visita, uma caixa geradora de oxigênio começou a pegar fogo na *Mir*. A tripulação trabalhou no problema, lançando toalhas molhadas sobre a caixa, até extinguir a chama. A espaçonave ficou cheia de fumaça e eles ficaram sem máscaras suficientes após o acontecido, mas todos sobreviveram. Tal incidente nos lembrou que existe uma boa razão para acreditarmos nos desastres. A exploração espacial é inerentemente perigosa. Quando perdia levemente o foco numa sala de aula ou durante uma simulação de oito horas, eu me lembrava de um simples fato: o voo no espaço poderia me matar.

Para treinar o envio de uma mensagem de falecimento para casa, tínhamos o que, eufemisticamente, chamávamos de "simulações de contingência" (simulações de morte, na verdade), que nos forçavam a pensar em nosso próprio falecimento nos mínimos detalhes: não apenas como morremos, mas o que poderia acontecer às nossas famílias, aos colegas e ao próprio programa espacial. Estas são simulações de mesa, montadas primeiramente para o benefício da diretoria, por isso não aconteciam num simulador, mas numa sala de reuniões, com pessoas participando do encontro por viva-voz, se necessário. Todos que, na vida real, pudessem estar envolvidos na morte de um astronauta participavam: médicos, administradores de programas espaciais, pessoas relacionadas com a imprensa... e o próprio astronauta.

A simulação da minha morte começou com uma situação: "Chris está seriamente machucado em órbita." Nas horas que se seguiram, as pessoas analisaram os próprios papéis e reações. A cada cinco ou dez minutos, quem comandava o exercício atirava o que chamamos de "*green card*" na história: em resumo, um novo desdobramento. As "*green cards*" são criadas pela equipe de treinamento, cujo trabalho é reunir o máximo possível de reviravoltas e desdobramentos realistas. Ninguém envolvido na simulação sabe de antemão o que está escrito nas cartas, e nós respondíamos no exato momento em que as coisas aconteciam. Uma "*green card*" pode ser: "Acabamos de receber uma notícia da Estação: Chris morreu." Imediatamente, as pessoas começaram a trabalhar no problema. O que fazer com o corpo? Não há bolsas na Estação, deveríamos guardá-lo num traje espacial e enfiá-lo num armário? E o cheiro? Deveríamos enviá-lo de volta à Terra numa nave de suprimentos e deixar que se queime, junto com o resto do lixo, durante a entrada na atmosfera? Deveríamos atirar o corpo no espaço durante uma caminhada do lado de fora e deixá-lo flutuando por lá?

Enquanto as pessoas discutiam o quão rapidamente o meu corpo começaria a se decompor e que tipo de ajuda os meus companheiros de tripulação precisariam para lidar com o trauma, surgiu uma nova "*green card*": "Alguém acabou de escrever no Twitter sobre um acidente na Estação Espacial Internacional, e um repórter do *New York Times* está ligando para saber o que está acontecendo." Novos problemas, e os antigos continuavam sendo respondidos: o que o pessoal de relações públicas deveria responder? A Nasa ou a CSA deveriam tomar a dianteira? As "*green cards*" começavam a surgir cada vez mais rápidos, impondo novos problemas, exatamente como acontece na vida real: quem deveria avisar aos meus pais que o seu filho morreu? Por telefone ou pessoalmente? Onde eles estariam: na fazenda ou no chalé? Deveríamos montar dois planos de ação, dependendo de onde a minha mãe e o meu pai estivessem?

Como já deve ter ficado claro, as simulações de morte não são assuntos melodramáticos. Elas têm a ver com situações básicas. Ainda que os familiares do astronauta não sejam obrigados a participar, Helene esteve presente em várias ocasiões, pois percebeu que, separando um tempo para conversar sobre o assunto, para discutir o que fazer no caso do pior cenário possível, rapidamente percebemos se estamos ou não preparados para ele. Numa simulação de contingência anterior à Expedição 34/35, por exemplo, ela percebeu que a sua ideia de fazer caminhadas no Himalaia enquanto eu passava cinco meses no espaço era maravilhosa... a menos que algo desse seriamente errado na missão. As "*green cards*" nos forçaram a decidir quem entraria em contato com os nossos filhos caso eu morresse (e provavelmente seria um repórter, caso a minha mulher estivesse no topo de uma montanha) e quanto tempo Helene demoraria para chegar a Houston e ficar ao lado deles (e ela demoraria um pouco, pois seria obrigada a pegar vários voos até chegar lá). Nós tínhamos de pensar em minúcias que se transformariam em dados altamente relevantes caso eu morresse na Estação Espacial Internacional: pensamos na recepção de celulares em remotas cidades das montanhas asiáticas, por exemplo, e na diferença horária que poderia afetar a possibilidade de a minha esposa entrar em contato com os tomadores de decisão em Houston. O resultado foi que Helene resolveu deixar o Himalaia para outro ano, e o trocou por caminhadas em Utah. Na verdade, todos os participantes da simulação descobriam pontos fracos em seus planejamentos e voltavam a pôr em questão certos itens (exceto eu, o que é normal quando estamos mortos).

Algumas vezes, uma simulação é uma prova na qual você pode demonstrar o alcance das suas possibilidades. No entanto, em geral, trata-se de uma provação onde você poderá identificar falhas no seu conhecimento e descobrir saídas que nunca teria pensado antes. Quando comecei o treinamento com Roman Romanenko, colega de tripulação na minha última missão e comandante da Soyuz, fizemos uma simulação de retorno à Terra, juntos, no simulador da Star City. Roman já tinha voado antes na Soyuz, eu não. Portanto, o meu principal objetivo era ajudar o máximo que pudesse. Em certo momento, percebi que o tanque de oxigênio no interior da cápsula estava vazando ligeiramente, o que não parecia grande coisa. Nós tínhamos vários tanques e o vazamento era pequeno, por isso nos mantivemos concentrados nas tarefas complexas associadas à volta à Terra, mas pensei: o tanque está vazando no interior de uma cápsula muito pequena, e isso significa que o nível de oxigênio está aumentando, podendo chegar ao ponto de tudo se transformar em inflamável, então talvez seja o momento de despressurizar a cabine para evitar um incêndio. Porém, fazendo isso, era possível que não tivéssemos oxigênio para chegar em casa.

Uma volta normal e gradual estava fora de questão. E não importava se estivéssemos perto do Cazaquistão. Chegara a hora de girar a espaçonave e mergulhar em direção à Terra, imediatamente, ou morreríamos. No entanto, eu não conhecia a maneira mais rápida de girar a Soyuz e Roman estava completamente envolvido em outro procedimento. Nós perdemos uma pequena oportunidade quando ainda tínhamos uma chance de nos salvarmos. Sendo assim, o que num primeiro momento parecia uma falha sutil (um pequeno vazamento num tanque de oxigênio) acabou nos matando.

Eu e Roman não entendíamos o exato impacto operacional de um tanque vazando oxigênio, mas passamos a entender após aquela simulação, e também nos treinos subsequentes, quando a nossa reação foi muito melhor. A simulação é uma oportunidade para praticar e quase sempre é um chamado de atenção: na verdade, nós *não* sabemos exatamente o que estamos fazendo, e o melhor é descobrir cada detalhe antes de sermos obrigados a enfrentar tais situações no espaço.

Ainda que passar dias enfrentando os piores prognósticos possíveis possa soar como uma receita de depressão clínica, trata-se de uma louca fonte de inspiração. Ao treinar para catástrofes, fiquei mais confiante, pois passei a saber que tinha habilidade para resolver problemas e lidar com situações complicadas, e saía de tudo isso com um sorriso. Para mim, tais treinamentos reduziram, e muito, a desordem emocional e mental que a preocupação descontrolada produz, além de terem abrandado os pensamentos desconexos que rondam nossas mentes de madrugada. Mesmo esperando não morrer no espaço, eu não vivia com esse medo, em grande parte porque fui treinado a pensar pelo lado prático, investigando questões como: de que maneira eu gostaria que a minha família recebesse a notícia da minha morte? Que astronauta eu recrutaria para ajudar a minha esposa a minimizar a burocracia e a papelada na Nasa e na CSA? Antes do meu último voo espacial (e também dos anteriores), revisei o meu testamento, organizei minha vida financeira e paguei todos os impostos. Fiz todas as coisas que qualquer pessoa faria caso soubesse que estava a ponto de morrer. Mas eu não me sentia com o pé na cova. Na verdade, estava apenas liberando a minha mente e reduzindo a minha ansiedade quanto ao futuro da minha família, caso algo acontecesse comigo. Portanto, quando os motores da nave foram ligados, eu estava inteiramente focado na tarefa que tinha nas mãos: manter-me vivo.

Ainda que simular uma catástrofe realmente nos acostume com a ideia do que poderia acontecer, nunca chegamos ao ponto da indiferença. Eu duvido que seja capaz de esquecer a manhã do dia 1º de fevereiro de 2003. Na noite anterior, eu tinha voado da Rússia para Houston, e só lembrei de ligar o meu celular quando saía para tomar um *brunch* com a minha esposa. Assim que o liguei, recebi uma enxurrada de mensagens. Helene checou seu telefone. Ela também tinha recebido. Nós nem precisamos escutar as mensagens para saber que algo terrível acontecera. Os nossos amigos do *Columbia* estavam voltando para a Terra naquele dia. Pegamos o primeiro retorno e voltamos para casa com uma sensação terrível. Era como se o ar tivesse se esvaído.

Eu liguei a televisão e lá estava: um *replay* da desintegração do *Columbia* no espaço, não muito longe da nossa casa. Os meus olhos ficaram cheios de lágrimas ainda antes de poder efetivamente processar a informação, e Helene ficou de joelhos, chorando. Aquela perda repentina e irreparável era devastadora. Nós conhecíamos os sete astronautas a bordo do ônibus espacial. Compartilhávamos o mesmo sonho. Nós nos preocupávamos com suas esposas e filhos. O comandante da missão, Rick Husband, foi meu colega de turma na escola de pilotos de teste. Nós cantávamos juntos e até desenvolvemos um projeto em parceria. Rick se prontificou a ajudar a minha família em um dos meus lançamentos, chegando a viajar para Orlando quando eles ficaram presos por lá, levando-os a Cabo Canaveral. Era um grande homem, um amigo íntimo. Eu lamentei a sua morte, e ainda lamento, a sua e a dos outros seis amigos que participavam daquele voo.

Também senti um enorme desapontamento e responsabilidade: eu era parte do programa no qual aquilo aconteceu. Uma hora mais tarde, quando cheguei ao escritório, eles estavam destacando grupos para ajudar a recolher peças da espaçonave e restos mortais dos nossos colegas, pois tudo se espalhou pelo espaço por causa da maneira como o ônibus espacial se desintegrou. Eu ajudei no JSC e fiz o que pude pela família de Rick, mas ninguém poderia fazer muita coisa. Pessoas altamente talentosas, trabalhadores incansáveis e gentis, tinham morrido fazendo o seu trabalho, embora a culpa não fosse deles. Aquela foi uma perda terrível, desnecessária.

Mas nunca pensei em abandonar a Nasa, e isso nunca foi discutido pela família. Eu não tinha sido destacado para outra missão nem acreditava que voltaria a ser. A minha segurança, portanto, não estava em jogo. O meu trabalho era auxiliar para que os demais voassem com segurança, e o desastre com o *Columbia* só aumentou a força desse propósito. Tínhamos de persuadir o mundo inteiro mais uma vez. Eles precisavam acreditar que o ônibus espacial era seguro e que o trabalho feito pela sua tripulação era de uma importância vital, e deveria ser levado adiante. Como grande parte das pessoas na Nasa, eu sabia que conseguir esses dois objetivos seria a melhor maneira de honrar a tripulação do *Columbia* e tenho certeza que eles pensariam o mesmo. Nunca conheci um astronauta que não acreditasse que o seu trabalho é mais importante que a sua individualidade.

Sinto um orgulho imenso de ter formado parte do esforço de identificar, prevenir e mitigar os riscos para que o ônibus espacial pudesse voar novamente, sem ferir mais ninguém. Nós tínhamos de fazer três coisas: em primeiro lugar, diminuir as chances de danos durante a subida; em segundo, descobrir uma melhor maneira de reconhecer, com o ônibus no espaço, o surgimento de qualquer dano; e em terceiro, desenhar maneiras de reparar os danos em órbita. Pouco após o acidente com o *Columbia*, eu me tornei chefe de robótica no Nasa Astronaut Office, sendo responsável por desenvolver técnicas e hardwares robóticos espaciais, e sempre me certificando de que os astronautas e cosmonautas saberiam utilizá-los. Por isso, estive muito envolvido na busca de uma solução para os dois últimos desafios. Na verdade, todas as pessoas da nossa organização estiveram por trás desse esforço, mesmo com a moral baixa e a opinião pública frente ao programa espacial ainda mais baixa.

Nós alcançamos o sucesso total. Alteramos a forma de anexar e inspecionar a espuma; inventamos uma maneira de mapear o veículo já em órbita (reutilizando hardwares descartados para o Canadarm a fim de construir uma espécie de bomba para o ônibus espacial, depois montamos uma câmera nele para que pudéssemos supervisionar todos os pontos mais frágeis da espaçonave); e descobrimos como utilizar uma espécie de cola durante as EVA para consertar qualquer dano — além de mantermos um ônibus espacial de resgate sempre preparado para o caso de o primeiro ter problemas. O ônibus espacial se tornou um veículo muito mais seguro e nós nunca mais perdemos outro membro de tripulações. Eu não tive a oportunidade de voltar a voar num ônibus espacial, mas teria voado sem pensar duas vezes.

E isso não quer dizer que eu tinha vontade de morrer. Nunca fui um caçador de emoções. Poucos astronautas são. Prender o seu corpo no topo do que, em essência, é uma grande bomba é um enorme risco — não é preciso muito esforço. Mas nunca estive interessado em atividades que investem na emoção pela própria emoção, como *bungee jumping*, por exemplo. Os loucos por adrenalina devem considerar isso muito excitante. Mas eu não sou louco por adrenalina e não considero nada excitante.

Para mim, a única boa razão para aceitar um risco é quando existe uma possibilidade decente de recompensa que supere o perigo. Explorar os limites do espaço e alargar as fronteiras do conhecimento humano e a sua capacidade são, para mim, recompensas muito significativas. Por isso, aceito os riscos de ser um astronauta, mas com uma cautela enorme: quero entender os riscos, saber lidar com eles e reduzi-los ao máximo.

É quase cômico que os astronautas tenham o estereótipo de intrépidos e caubóis. Nós somos metódicos e orientados pelos detalhes. A nossa paixão não é pela emoção, mas pelo polimento, e nos atemos a ele. Precisamos fazer isso. Somos responsáveis por equipamentos que custam milhares de dólares à população, e a melhor apólice de seguro que temos pelas nossas vidas é a nossa dedicação ao treinamento. Estudar, simular e praticar até que as reações sejam automáticas — os astronautas não fazem isso apenas para cumprir protocolos da Nasa. Treinar é algo que fazemos para reduzir as chances que temos de morrer. Às vezes, como no caso do *Challenger* e do *Columbia*, um veículo falha e não há nada que possa ser feito. Mas outras vezes sim. Os astronautas sobreviveram a incêndios na plataforma de lançamento e no espaço, a pousos balísticos (como quando a Soyuz voltou à atmosfera como uma pedra atirada do espaço) e até a uma colisão que furou uma espaçonave e causou uma súbita despressurização. Em momentos de crises reais, nenhum grupo de resgate poderia nos salvar. A nossa única esperança é saber exatamente o que fazer e sermos capazes de agir com calma e rapidez.

Os meus filhos brincam dizendo que eu sempre tive mais deveres de casa do que eles, e que eu levava as tarefas mais a sério. Porém, quando os riscos são reais, não podemos evitar. Ao fazer os meus trabalhos de casa, eu pensava sobretudo em mim. Estudar os procedimentos de segurança poderia me salvar algum dia, e sem dúvida evitaria que eu tomasse decisões tolas, capazes de aumentar os riscos. Não importa quão ruim seja uma situação, sempre podemos piorá-la. Digamos que os motores da Soyuz começassem a falhar, tirando-a do estado de órbita. Eu poderia desligá-los, mas não seria capaz de reiniciá-los. Nesse caso, eu estaria transformando um grande problema num problema enorme.

A preparação não tem a ver apenas com a administração de riscos externos, mas também com limitar as chances de, mesmo sem querer, nós mesmos os agravarmos. Quando somos os autores do nosso destino, não queremos escrever uma tragédia. Afinal de contas, a possibilidade de uma continuação da nossa história não existiria.

Há alguns anos, a nossa banda fazia um show em Houston quando uma mulher se aproximou do palco e perguntou: "Vocês conhecem 'Proud Mary'? Eu quero cantar." Ela nos transmitiu tanta confiança, e até se parecia um pouco com a Tina Turner, que respondemos: "Claro!" A mulher subiu no palco, agarrou o microfone com autoridade e nós começamos a tocar... mas ela não começou a cantar. Eu pensei: "Ah, ela não sabe quando deve entrar", e resolvi ajudá-la com o primeiro verso. Mas logo ficou claro que ela só conhecia o verso "Rolling on the river". A mulher o cantou nas horas certas, depois murmurou alguma coisa pelo resto da letra. Sem dúvida, ela imaginou que se transformaria em Tina Turner quando subisse no palco, com o microfone na mão. E nós, sendo provavelmente mais tolos que ela, imaginamos que estivesse preparada. Trata-se de uma presunção importante na cultura norte-americana, onde assistir a *Top Chef* é o mesmo que saber cozinhar.

Quando as apostas são altas, a preparação é tudo. No meu trabalho, as apostas são mais altas durante as operações dinâmicas, quando as variáveis se alteram rapidamente, levando a reações em cadeia que surgem apressadas. Mas nem sempre é assim no espaço. Algumas vezes, temos um tempo enorme para lidar com um problema, mesmo sendo sério. A Estação Espacial Internacional, aliás, gira ao redor do mundo como uma lua em miniatura, sem mecanismo de propulsão, e continuaria fazendo isso após uma completa falha elétrica. Tudo poderia dar errado, reduzindo a Estação a um trambolho sem vida, mas nós continuaríamos bem por vários dias — tempo suficiente para conseguir fazer alguns reparos e então, se nada desse certo, desembarcar e voltar para a Terra na Soyuz. Porém, se um pequeno meteorito se chocasse contra a lateral da Estação, entraríamos de repente numa operação dinâmica. Nesse caso, existiria um prazo, todos os segundos contariam, e o melhor seria fazer as coisas certas, na sequência correta. Caso contrário, acabaríamos mortos.

As operações mais dinâmicas acontecem durante o lançamento e o momento de saída de órbita, quando as máquinas estão acesas, lançando fogo. Por isso, simulamos as contingências e os problemas que podem ocorrer nessas duas fases centenas, milhares de vezes. Se as máquinas dão defeito no processo de saída de órbita da Soyuz, por exemplo, nós sabemos que não voltaremos à atmosfera da maneira esperada. É possível que o veículo não pouse no local onde as equipes de resgate nos esperam. É também possível que, em vez de puxar 4g, ou quatro vezes a força da gravidade na Terra, a força seja de 8 ou 9g, o que não é apenas muito desconfortável, mas também mais perigoso. Além do mais, precisaríamos de força extra, pois a pressão física sobre os nossos corpos simplesmente aumenta, alterando o controle do veículo. É possível também que o foguete não se incline bem e siga em direção contrária à atmosfera, como uma pedra rebotando num lago, e nós poderíamos ficar sem combustível para tentar sair novamente de órbita. Por outro lado, a Soyuz poderia simplesmente se desintegrar em pedaços, queimando-se na atmosfera.

Aconteça o que acontecer, tudo será rápido, e a nossa sobrevivência, em grande parte, dependerá da nossa própria competência. As interações (entre os sistemas internos do veículo, sua velocidade e altitude no momento e a sua distância da Terra) são muito complicadas. Trata-se de engenharia aeroespacial. Devemos entender o que causa tal efeito, e não teremos tempo para explicar nada aos companheiros de tripulação nem para nós mesmos. Realmente precisaremos saber o que significa estar 20° fora de atitude, ou o que fazer quando um dos propulsores falha, além de conhecer as dezenas de consequências que poderiam levar a novas reações em cadeia. Não teremos nem alguns segundos para colocar a cabeça no lugar. A informação deve estar disponível imediatamente, no centro das nossas mentes, para que seja possível tomar a decisão correta.

No treinamento, quando entendemos a teoria e o básico da interação entre os sistemas, começamos a aprender o que acontece quando o sistema falha, aos poucos, uma coisa de cada vez. Num primeiro momento, fazemos isso via *part task trainers*, ou PTT, que são simulações computadorizadas entre duas pessoas, regidas por um instrutor, que normalmente está sentado ao nosso lado, usando um laptop separado. Num PTT sobre o sistema de controle de temperatura da Soyuz, por exemplo, eu comecei analisando uma exposição normal do sistema na tela do meu computador, tentando entender como ele deveria se apresentar, e logo depois o instrutor criou uma falha numa das bombas, para que eu pudesse ver o que acontecia. Em seguida, ele me mostrou o que mudaria se um sensor falhasse e tudo indicasse que tínhamos um problema na regulação da temperatura, embora o problema fosse simplesmente um descontrole do termômetro. Passei muito tempo no PTT, observando sintomas de falsos alarmes e de falhas reais do sistema, como regulação da pressurização, controle de componentes atmosféricos, sistema de sensor de *rendez-vous*... a lista é comprida.

Durante o processo, comecei a entender o que deveria atrair a minha atenção e o que poderia ser descartado, quais riscos eram grandes e quais poderiam levar às consequências mais negativas. Após tudo isso, eu estava pronto para o simulador da Soyuz, para ver como aquilo realmente funcionava em escala real. Os meus instrutores na sala de controle começaram apresentando falhas individualizadas, e ao longo do tempo passaram a integrá-las. Como seria possível que problemas no sistema de controle da temperatura se somassem a falhas no *loop* do controle digital do computador central? Nesse exato momento, um mecanismo falhou e estamos usando propulsores substitutos. O que vocês acham?

As simulações sempre têm a ver com priorizar riscos, entender como eles se relacionam e decidir com quais deveríamos lidar de imediato. E temos que entender tudo isso, e muito bem, antes de viajar ao espaço, onde qualquer hesitação poderia ser fatal. Na Terra, temos o luxo do tempo. Os instrutores podem chegar a congelar o simulador para ter certeza que estamos entendendo bem: "Vocês perderam o computador digital... vejam como o veículo está recalculando a aceleração e o tempo de corte das máquinas, e também como ele controlará a atitude para a entrada na atmosfera. Tente pensar em todos os passos a partir de agora."

Em certo momento, aprendi a lidar com problemas em cascata, quando os treinadores atiram tudo em cima de nós, incluindo a pia da cozinha. É como escrever a redação de uma prova final da universidade o mais rápido possível, sem parar, durante horas. Ao sair de uma dura simulação integrada, eu estava exausto. Poderia parecer calmo por fora, mas a minha mente tinha feito um trabalho brutal, e eu não seria capaz de outra coisa além de pegar uma lata de cerveja e me sentar na varanda da minha casa.

Quando me senti preparado para fazer uma simulação verdadeiramente desafiadora junto à minha tripulação, começamos a nos preparar *para* a preparação, pois queríamos aproveitá-la ao máximo. No entanto, antes que simulássemos uma saída de órbita juntos, por exemplo, Tom Marshburn, Roman e eu conversamos sobre como lidaríamos com certos problemas ("Se o computador digital falhar nesse ponto, trabalharemos nesse sentido") e sobre como dividiríamos os papéis e as responsabilidades. Cada um de nós tinha os seus motivos para estar superalerta em todas as operações dinâmicas de que participávamos e planejamos nossas três ou quatro primeiras ações entre uma variedade de possibilidades. Estávamos trabalhando em uníssono. Eu tinha o hábito de perguntar, em cada simulação que fazíamos juntos: "Qual é o resumo das falhas até esse ponto?" Tom listava as falhas e nós, rapidamente, priorizávamos tudo e decidíamos quais ameaças eram imediatas.

Muita gente fala que devemos esperar o melhor, mas sempre nos preparando para o pior. Eu considero isso um erro. Não existe um "pior". Quase sempre, o espectro de possibilidades ruins é amplo. A única coisa que poderia ser classificada como "pior" seria não ter um plano para lidar com os problemas.

Agora, vamos à parte confusa: sempre leve a sua simulação a sério e se engaje completamente nela, como você se engajaria na vida real, mas esteja preparado, pois a própria simulação pode estar equivocada. Isso costuma acontecer sobretudo com simuladores que não são usados para treinar, mas para o desenvolvimento de habilidades.

Em 1992, por exemplo, quando eu ainda era um astronauta calouro, uma viagem do ônibus espacial *Endeavour* foi escalada para resgatar o satélite Intelsat V1-F3, que não conseguiu alcançar a órbita de 23 mil milhas acima da Terra. O satélite não estava funcionando bem, pois a sua maquinaria caríssima ficou presa numa órbita mais baixa, a 300 milhas da Terra, deixando-o completamente inútil. O plano era enviar uma tripulação ao espaço, prender um novo motor ao satélite e depois soltá-lo, para que ele ascendesse à órbita geoestacionária desejada. No entanto, antes disso, como o Canadarm não estava desenhado para entrar em contato com um satélite não cooperante, um astronauta teria que fazer um passeio no espaço para instalar uma peça feita sob medida para o satélite, como uma maçaneta. Tal peça seria utilizada para agarrar o satélite, mais ou menos como prender uma grande maçaneta na lateral dele.

O plano foi posto sob a mesa, depois o simulador foi construído. Claro que, sem falta de gravidade, o simulador não teria muita utilidade, por isso lançaram mão de um artefato da Nasa que se parece com uma gigantesca mesa de *air hockey*. O astronauta que faria a acoplagem ao satélite fez milhares de práticas nesse artefato, usando o simulador do Canadarm, até conseguir desenvolver uma boa técnica para prender a maçaneta ao satélite. No entanto, mesmo na mesa de *air hockey* existe uma mínima fricção, e as suas implicações não foram compreendidas até o astronauta estar verdadeiramente no espaço. Com a falta de gravidade, ele poderia não ter força suficiente para agarrar a maçaneta antes que o satélite voltasse a se mover.

Isso aconteceu repetidas vezes até que todos, no espaço e na Terra, começaram a xingar o simulador. O satélite era um cilindro gigantesco, parecia um enorme armazenador de grãos prateado, tão grande que o astronauta não era capaz de detê-lo com as mãos, e poderia destruir a ponta do Canadarm se tentasse fazer isso. Dois astronautas teriam tido o mesmo problema.

E se fossem três astronautas? Isso poderia funcionar. No entanto, três astronautas são uma multidão numa câmara de ar comprimido de um ônibus espacial, que foi construído para aguentar dois, no máximo. Além disso, os três deveriam estar simultaneamente numa posição adequada de acoplagem. E isso seria fisicamente possível? Mesmo que eles estivessem lá, como o comandante manobraria o ônibus espacial próximo o suficiente do satélite para que o trabalho pudesse ser concluído? A tripulação do espaço ganhou um dia livre na Terra, e os astronautas e treinadores começaram a trabalhar em cada um desses problemas, fazendo simulações simultâneas, sem parar, tanto no simulador em escala real de um ônibus espacial (para ver quão perto ele poderia chegar do satélite) quanto no laboratório de flutuação (para resolver o problema de três astronautas na câmara de ar comprimido, mas também para saber o que o trio faria caso conseguisse agarrar o satélite). Foi um dia repleto de invenções, culminando numa simulação completamente integrada, que foi repetida algumas vezes, até que as autoridades estabelecidas entrassem em acordo: "Vale a pena tentar."

O final foi feliz: os três astronautas realmente conseguiram paralisar o satélite, instalar um novo motor e enviá-lo para que seguisse o seu caminho. Missão cumprida. Porém, embora o problema tenha sido resolvido com a utilização de simuladores, ele também foi criado por um simulador. Moral da história: parte da preparação para o pior é ter em mente que o simulador pode estar baseado em hipóteses equivocadas, o que nos levaria a conclusões perfeitamente projetadas, mas igualmente equivocadas.

Na minha cabeça, é um mistério que tantos gurus de autoajuda façam as pessoas visualizarem a vitória, e nada mais além da vitória. Alguns deles chegam a insistir que, se desejamos coisas boas por um bom tempo, e com convicção, nós as conseguiremos. E também que, ao contrário, se focarmos no negativo, abrimos uma porta para que o mal aconteça. Para que se transformar num ser miserável, que vive preocupado? Por que perder tempo se preparando para desastres que talvez nunca aconteçam?

No entanto, antecipar os problemas e descobrir como resolvê-los é o oposto de se preocupar: trata-se de um comportamento produtivo. Da mesma maneira, encontrar um plano de ação não é uma perda de tempo, caso este plano nos deixe com a mente em paz. Embora seja verdade que você talvez acabe se preparando para coisas que nunca acontecerão, isso pode valer a pena quando as apostas são altas. Imagine o que seria dirigir numa estrada, ouvindo música e se deliciando com o Sol. Depois pense no que seria dirigir de olho na estrada, percebendo uma poça de óleo à sua frente e pensando no que aconteceria caso, na hora de girar o volante para evitar a poça, o seu carro se chocasse com um furgão que, como você tinha visto, estava andando pela pista da esquerda nos últimos dez minutos. Antecipar esse problema seria a melhor maneira de evitá-lo.

Não precisamos estar o tempo todo pensando em desastres, convencidos de que o céu desabará sobre as nossas cabeças. Mas é uma boa ideia ter algum tipo de plano para lidar com possibilidades desagradáveis. Para mim, isso se transformou numa maneira reflexiva de disciplina mental, e não apenas no meu trabalho, mas na minha vida. Quando entro num elevador lotado, por exemplo, penso: "O que vamos fazer se ficarmos presos?" E começo a definir qual seria o meu papel, como poderia ajudar a resolver o problema. Num avião, a mesma coisa. Afivelando o cinto de segurança, eu automaticamente penso no que faria caso surgisse um momento de crise.

Mas não sou uma pessoa nervosa ou negativa. Não mesmo. Aliás, sou muito positivo, pelo menos segundo os especialistas no tema (os membros da minha família, claro). E tendo a esperar que as coisas terminem bem, e elas normalmente terminam. O meu otimismo e a minha confiança não nascem da visualização da vitória, mas são o resultado de uma vida inteira visualizando problemas e tentando preveni-los.

Como grande parte dos astronautas, tenho certeza de que posso lidar com o que a vida me der, pois fui ensinado a saber o que fazer quando as coisas dão errado e também quando dão certo. Eis o poder do pensamento negativo.

4
PREOCUPE-SE COM AS PEQUENAS COISAS

Eu me formei na academia militar em 1982, graduado em engenharia mecânica e com um objetivo claro: ser piloto militar. Como vários dos meus colegas com ambições similares, estava voando em aviões pequenos há anos, e no verão de 1980 completei um curso de treinamento de voo básico em Portage La Prairie, Manitoba. No entanto, para conseguir o que queria, eu precisava ir a Moose Jaw, em Saskatchewan, onde aprenderia a pilotar jatos. O curso básico de treinamento de pilotagem de jatos da Força Aérea Canadense era exigente: 200 horas num CT-114 Tutor (um avião de dois lugares que hoje é usado pela equipe de acrobacias da Royal Canadian Air Force, os Snowbirds), acompanhado de um instrutor que avaliava cada voo. Se voássemos mal uma única vez, éramos enviados a um treinamento extra e depois repetíamos o tal voo. Porém, normalmente, este era o início de uma espiral descendente: a repetição de um voo era uma mancha negra nos registros de um piloto. Caso tivéssemos muitas repetições, éramos afastados do programa. E não ajudava nada que cada repetição fosse afixada num grande quadro de avisos. Se o seu nome aparecesse por lá, outros pilotos o tratariam como se você já estivesse com um pé do lado de fora. Era bem difícil recuperar a confiança, e muitos não conseguiam.

Cada voo, então, era um desafio. Para mim, as apostas eram particularmente altas: estávamos em 1983, ano em que o Canadá selecionou seus primeiros astronautas, e o meu sonho impossível parecia cada vez menos impossível, ainda que ligeiramente. Mas isso se eu conseguisse um dia pilotar jatos, o que tradicionalmente era o primeiro passo para se tornar um astronauta. Só havia uma maneira de saber se eu conseguiria pilotar aviões de combate: ser aprovado no curso de jatos. Só os primeiros classificados no curso podiam escolher entre pilotar aviões de combate ou de transporte (aviões maiores, para movimentação de tropas ou cargas), ou ser instrutor, e ninguém da minha classe tinha verbalizado suas preferências. Portanto, eu estava determinado a ser o melhor. As chances de um dia eu ser astronauta eram muito baixas, para dizer o mínimo, mas, se não conseguisse ser piloto de avião de combate, seriam nulas.

E estraguei tudo num dos meus exames instrumentais de voo. Eu nunca tinha voado com o instrutor do exame, e ele não tinha a menor ideia se eu era bom ou não. Ainda assim, dei vários motivos para que ele acreditasse que não. Voei desajeitadamente e não me preparei bem para a transição de uma fase do voo instrumental para a seguinte. Eu estava "atrás do avião" o tempo todo, aguentando a situação e reagindo, mais do que antecipando e controlando o veículo. O instrutor percebeu todos os erros bobos que cometi, me criticou e depois, sorrindo, começou a revisar meus registros. Era óbvio que ele ia agendar uma repetição do voo.

O fracasso acadêmico era uma novidade para mim. Combinando trabalho duro e habilidade natural, sempre tive êxito nos estudos. Nem pensei em me defender, pois o instrutor estava certo. Eu estraguei tudo. Fiquei sentado, mudo de vergonha, olhando para a frente e ouvindo o som das páginas sendo viradas.

Após um longo minuto, ele finalmente ergueu os olhos e disse: "Estou vendo que este foi o primeiro voo no qual você teve tantos problemas, por isso vou interpretá-lo como um mau dia. Não há necessidade de repetição."

O que senti não foi apenas alívio, mas que aquele era um momento que mudaria a minha vida. Caso ele não tivesse me oferecido o benefício da dúvida, eu talvez não fosse um astronauta hoje. No entanto, ter estado tão próximo de perder todas as minhas chances é algo que continua me assustando. No mesmo momento, percebi a moral da história: eu não poderia me dar ao luxo de estar despreparado em nenhuma situação onde fosse ser avaliado, formal ou informalmente. Eu tinha de estar preparado, sempre.

Imediatamente resolvi mudar a maneira de me preparar. À noite, em vez de estudar no meu quarto, estudei no avião no qual voaria no dia seguinte. Repassei todos os *checklists* e procedimentos de navegação, depois repassei o voo, integralmente, fingindo usar os instrumentos de controle. Quando terminei o processo e "pousei", fiz tudo outra vez. Ninguém pediu que eu ficasse sentado num hangar frio por algumas horas para depois repetir o voo, até que todos os detalhes finalmente entrassem na minha cabeça. Ninguém precisou fazer isso. Esse treinamento aumentou a minha vontade de terminar o curso em primeiro lugar, para que finalmente pudesse pilotar aviões de combate. E parecia óbvio que eu pilotaria o Tutor muito melhor se, quando entrasse no avião, no dia seguinte, com o instrutor de voo ao meu lado, aquela fosse (pelo menos mentalmente) a quarta vez que eu fazia tal performance.

Comecei também a tentar visualizar a rota em detalhes, antecedendo cada passo. "Tudo bem, vou até Speed Creek, depois sigo para Regina... mas como seria essa viagem, na realidade?" Quando estamos a 200 pés acima do chão, viajando a 240 nós, queremos saber onde estamos a cada minuto, mas é fácil se perder na pradaria. Do ar, grande parte do sul de Saskatchewan é exatamente igual ao restante do sul de Saskatchewan: vasto, plano, com campos abertos, verdes e marrons, cercados por quadrículas de estradas e, ocasionalmente, pontuados pelo leito de um lago seco ou pelas pontudas cicatrizes de vales. Nos meus dias de folga, criei o hábito de dirigir até o local onde voaria naquela semana, para depois sair do carro e dar uma volta por lá. Isso funcionou. Várias vezes, eu estava voando e, de repente, reconhecia alguma coisa. "Olha, foi ali que estacionei, me lembro daquela estrada... sei exatamente onde estou."

E não se tratava de uma simples tática de iniciante. Mesmo tendo acumulado centenas de horas de voo num avião de alta performance, continuei fazendo a mesma coisa. Para um voo complicado num F-18, por exemplo, peguei um mapa da região e desenhei a minha rota nele, embora soubesse que seria impossível ver o chão quando estivesse a bordo. Pensei nos instrumentos de navegação que usaria e no que significaria mudar os comandos no cockpit. Revisei meus *checklists*, como na primeira vez que voei num avião de combate. O resultado foi que, quando estava no ar, voando, tudo parecia muito familiar. (Além do mais, eu gosto de saber exatamente onde estou — sobretudo na Estação Espacial Internacional, onde, ao apreciar a vista de uma cidade se estendendo às margens de um rio espremido entre dois calmos vulcões, eu sabia estar olhando para Taipei, em Taiwan.)

Pensando bem, esse tipo de preparação intensiva e de simulação é uma maneira de "colar" totalmente legal. É mais ou menos como dizer ao seu adversário, no meio de um jogo de xadrez: "Vamos parar um pouco agora, deixando o tabuleiro como está. Volto em algumas horas", e nesse meio-tempo experimentar certas jogadas e tentar eleger as três melhores para a situação. Tal esforço extra nos daria uma significativa vantagem na competição, especialmente se o nosso adversário resolvesse usar o tempo livre para tirar uma soneca.

Eu enxergava os treinos nos jatos como um teste. O meu objetivo era conseguir todas as vantagens possíveis e oferecer a melhor resposta para cada questão. Portanto, quando fiz tudo errado naquele voo e quase fui obrigado a repeti-lo, me senti forçado a olhar para dentro de mim mesmo e tentar entender por que não estava pronto. Estaria cansado? De ressaca? Incapaz de dominar os controles? Muito focado nos detalhes errados?

Nada disso. O problema era simples. Eu já era um piloto muito bom, o suficiente para não precisar revisar todos os detalhes. E isso é verdade, não precisamos revisar tudo, obsessivamente, quando o que queremos é lançar os dados e ver o que acontece. Porém, quando estamos em busca da excelência (seja tocando guitarra ou pilotando um jato), não existe preparação exagerada. Trata-se da melhor chance de aumentar nossas possibilidades.

No meu trabalho seguinte, isso nem era uma opção. Um astronauta que não se preocupa com as menores coisas é um astronauta morto.

Em qualquer trabalho, é sempre um ponto extra enxergar a crítica como um conselho potencialmente útil, não um ataque pessoal. Porém, para um astronauta, despersonalizar as críticas é uma habilidade básica de sobrevivência. Se você se encrespar sempre que ouvir algo negativo (ou não prestar atenção num *feedback* por teimosia), será o seu fim.

Na Nasa, todo mundo é crítico. Ao longo dos anos, centenas de pessoas analisam nossos desempenhos regularmente. As nossas maiores asneiras são postas num microscópio para que mais gente saiba o que aconteceu: "Olha só o que o Hadfield fez. Não quero que ninguém repita uma coisa dessas."

Muitas vezes, somos detalhadamente examinados e avaliados em tempo real. Algumas simulações envolvem uma multidão: todos do

Centro de Controle de Missões (que na vida real lidarão com aquele problema em particular), além dos instrutores que desenvolveram o exercício e de especialistas capazes de compreender melhor os intricados componentes do sistema que será analisado. Quando estamos simulando uma saída de órbita para pouso, por exemplo, dezenas de pessoas nos observam, esperando a revelação de algo novo (uma falha num procedimento normal, ou seja, a oportunidade de melhorar algum detalhe). Na verdade, essas pessoas *querem* que a gente encontre algo que ninguém jamais imaginou que poderia ser problemático, pois dessa maneira elas podem descobrir o que fazer para contornar o problema. Aliás, é bem melhor descobrir essas falhas quando estamos em terra, onde temos o luxo de simular várias vezes até entendermos o problema. Falhar ou ter êxito numa simulação é apenas um detalhe da história. O principal objetivo é aprender, e depois revisar a experiência, de todos os ângulos possíveis.

O interrogatório é um aspecto cultural da Nasa, o que faz desse lugar um pesadelo para quem não gosta de reuniões. Durante uma simulação, o diretor de voo ou o astronauta líder faz suas anotações sobre os acontecimentos principais, depois dá início a um interrogatório revisando os pontos relevantes: o que deu certo, o que aprendemos de novo, o que já sabíamos, mas precisava ser (re)enfatizado. Feito isso, fica aberta a discussão. Todos entram no jogo, sistema a sistema, para dissecar o que deu errado ou foi resolvido de maneira equivocada. Todas as pessoas envolvidas na simulação têm uma chance de comentar o que viram, da posição em que estavam. Portanto, se você falhou em algum ponto, dezenas de pessoas poderiam ter notado e enumerado todos os efeitos negativos dos seus atos. E não se trata de humilhação pública: o objetivo é construir uma sabedoria coletiva. Portanto, a resposta a um erro nunca pode ser "Não tem importância, não se mate por isso", mas sim "Vamos pensar no que aconteceu". Ou seja, o erro é uma espécie de cabo solto que devemos localizar, segurar firme nas mãos e examinar do que foi feito, para então ver o que se revela.

Ocasionalmente, uma crítica pessoal, dura, mesmo quando construtiva, pode ferir. Pouco antes da minha última missão, eu e o meu colega de tripulação americano, Tom Marshburn, mergulhamos na piscina para uma avaliação de seis horas das nossas técnicas de EVA, praticando o passeio no espaço na frente de um grupo de instrutores e astronautas, todos veteranos. Nós dois tínhamos feito caminhadas no espaço, e imaginei que estivéssemos nos saindo bem na piscina. Porém, no interrogatório, após eu ter explicado o motivo de ter amarrado o meu corpo de certa maneira, pois queria conseguir estabilidade suficiente para fazer um conserto, um dos instrutores levantou a voz: "Quando o Chris fala, o seu tom é muito claro e denota autoridade, mas não sejam enganados por esse sentimento de completa confiança de que ele está com a razão. Sim, ele foi instrutor de caminhadas no espaço e também avaliador, ele é o próprio senhor EVA, mas desde 2001 não caminha no espaço. Muita coisa mudou desde então. Eu não quero que os novatos nesse treinamento ignorem a voz no fundo das suas mentes e deixem de questionar alguma coisa simplesmente porque tudo está sendo dito com autoridade por alguém que está aqui há muito tempo."

Num primeiro momento, isso me impactou como um pequeno insulto, pois tudo indicava que a sua mensagem real fosse: "O senhor EVA, que *parece* saber o que está fazendo, talvez não tenha a mínima ideia." Mas parei e me perguntei: "Por que o instrutor está dizendo isso?" Rapidamente, precisei aceitar que aquilo era verdade. Eu não tenho o hábito de dizer banalidades e costumo ensinar as pessoas o que devem fazer, por isso posso soar muito confiante. No entanto, isso não significa que eu imagine saber tudo. Sempre pensei que todo mundo entendesse isso muito bem e se sentisse livre para me perguntar o que quisesse ou fazer qualquer julgamento. Mas a minha atitude poderia estar dificultando o processo: em vez de esperar um *feedback*, eu abria os trabalhos para ver o que acontecia. Terminada uma simulação, eu começava a perguntar aos meus colegas de tripulação e aos instrutores: "O que não fiz muito bem tecnicamente? O que poderia fazer diferente da próxima vez?" Claro que as respostas quase nunca eram: "Não mude nada, Chris. Tudo o que você faz é perfeito." Ainda assim, o interrogatório cumpria o seu papel: ele me alertava para assuntos sutis, mas importantes, que eu deveria estar atento para melhorar as chances de êxito da minha tripulação.

A Nasa não espera que as nossas respostas às críticas sejam sempre positivas, mas sim que sejamos capazes de dar um passo à frente e estarmos atentos aos nossos erros e passos em falso. No entanto, para pessoas altamente competitivas, não é fácil conversar abertamente sobre os erros que as deixaram com cara de bobas ou incompetentes.

Os diretores devem criar um clima que permita a análise dos erros, e os colegas devem concordar, coletivamente, que não é de bom tom burlar das falhas alheias.

Sendo piloto de aviões de combate, eu me acostumei às confissões em público. Toda segunda-feira de manhã, nos reuníamos para uma sessão de instrução sobre segurança de voo e conversávamos sobre tudo o que poderia ter acabado com as nossas vidas na semana anterior. Certas vezes, os pilotos confessavam erros básicos e descuidos, mas deveríamos evitar o julgamento. (Atos deliberados de estupidez, como passar voando embaixo de uma ponte, por exemplo, ou querer chamar atenção com um voo supersônico sobre a casa de um amigo, deixando todas as janelas da vizinhança trêmulas, eram outra coisa. Pilotos de aviões de combate podem ser e são despedidos por coisas desse tipo.) No entanto, ficou mais fácil não cair na tentação de julgar quando percebi que a coragem de outro piloto de admitir que fizera um movimento idiota, para depois conversar sobre as possíveis consequências desse ato, poderia salvar a minha vida. Literalmente.

Na Nasa, onde a cultura organizacional é tão explicitamente focada na educação, não apenas nos logros, é muito mais fácil identificar os equívocos individuais como momentos de aprendizado, não como fatos capazes de encerrar uma carreira. Eu me lembro de um astronauta, também ex-piloto de testes, que se levantou numa reunião e começou a falar sobre o dia em que o seu T-38 (avião no qual todos treinamos para melhorar nossas habilidades) derrapou no final de uma pista, na Louisiana. Para um piloto, trata-se de um erro terrível, que gera enorme vergonha. O avião não sofreu muito, mas, se tivesse sofrido, o piloto poderia ter ficado de boca fechada, já que a moral da história poderia ser: "Está tudo bem quando tudo termina bem." No entanto, a moral sobre o que ele nos contou era: seja cuidadoso, pois o asfalto nessa pista é mais escorregadio que o normal, ele contém conchas incrustadas, logo é muito escorregadio quando chove. Tal informação foi muito útil para todos nós. Embora ninguém mais relacionasse aquele astronauta como o piloto que escorregou para fora da pista, nós certamente não o desmerecemos por ter evitado que derrapássemos também.

Após uma simulação de quatro horas, costumamos nos reunir por cerca de uma hora, mas isso não é nada. Após uma viagem espacial, nos reunimos todos os dias, o dia inteiro, durante um mês ou mais, para discutir um assunto de cada vez. Sistemas de comunicação, pesquisas biológicas, roupas de astronauta... Todos os aspectos de cada experiência são abordados separadamente, num encontro exaustivo com os responsáveis por cada seção. Nós nos reunimos no JSC, na principal sala de reuniões do Astronaut Office, um local cavernoso, sem janelas, e os especialistas mais veteranos sobre o assunto do dia se sentam ao redor da grande mesa oval, lado a lado com os astronautas recém-chegados do espaço, enquanto os especialistas não tão veteranos se sentam em cadeiras dispostas junto às paredes. A reunião tem cheiro de astronauta grelhado: os especialistas nos lançam perguntas, e nós fazemos o possível para respondê-las inteiramente, sem deixar lacunas, com o maior número possível de detalhes. Numa reunião sobre comida, por exemplo, nos perguntaram: "Como foi? Do que vocês gostaram? Por quê? Havia suficiente para todo mundo? O que vocês jogaram fora? E quanto às embalagens, poderíamos aprimorá-las de alguma forma?" (O nível de detalhamento no qual entrávamos ajuda a explicar por que a comida na Estação é, em grande parte, muito boa.)

Quando o assunto em pauta é um acontecimento inesperado, como uma EVA não planejada para localizar um vazamento externo de amoníaco na Estação Espacial, o que aconteceu na minha última missão, a conversa dura vários dias. Como explicarei mais adiante, esse foi um passeio no espaço muito pouco usual por uma série de razões, e o fator novidade tornou a discussão especialmente longa e envolvente. A sala estava repleta de gente tentando desconstruir e reconstruir os acontecimentos e também tentando entender o que poderiam aprimorar para a próxima vez.

Como em qualquer dessas reuniões, todos queriam revisar o que *nós* poderíamos ter feito melhor, engrandecer e apontar os nossos erros, para que outros astronautas não os repetissem. Um dos principais propósitos de um interrogatório é aprender todas as lições possíveis, e depois incluí-las no documento que chamamos *Regras de voo*, para que todos na organização saiam beneficiados do encontro.

Os vários *Regras de voo* formam o corpo de conhecimento — registrado em manuais — mais complicado de ser compilado e listam, passo a passo, o que fazer se algo como isso acontecer e por quê. Essencialmente, são documentos extremamente detalhados, com procedimentos-padrão de operações específicas para cada tema. Se eu, por exemplo, estivesse a bordo da Estação Espacial Internacional e um sistema de refrigeração falhasse, um *Regras de voo* teria uma explicação passo a passo de como consertar o problema, bem como a razão por trás de cada procedimento.

A Nasa captura nossos passos em falso, desastres e soluções desde o início dos anos 1960, quando as equipes de terra da era Mercury começaram a reunir as "lições aprendidas" num compêndio que hoje lista milhares de situações problemáticas: de falhas nos motores a problemas nas maçanetas de portas e nos computadores e suas soluções. Os nossos procedimentos de voo são baseados em tais regras, mas os *Regras de voo* são, na verdade, produzidos para o Controle de Missões, para que, no caso de termos problemas em órbita, eles possam nos guiar, dizendo o que devemos fazer.

Vendo tal obsessão com as preparações, é interessante notar a frequência de problemas enfrentados no espaço. Embora as práticas em terra sejam inúmeras, é muito comum o erro de cálculo ou o esquecimento de algo óbvio, e sempre precisamos de uma nova regra de voo para corrigir tais desvios. Em 2003, quando eu era chefe de robótica na Nasa, uma tripulação da Estação Espacial chegou bem perto de, inadvertidamente, atingir o ponto frágil de uma espaçonave acoplada à Estação com o Canadarm2. Na reunião que se seguiu, ficou óbvio que a quase colisão fora detectada em terra, mas que não havia uma maneira simples e clara de alertar a tripulação. O canal de comunicação era incrivelmente intricado: vídeos e informações do espaço eram enviados a Houston, onde um especialista numa determinada área tinha de reconhecer o problema e alertar o controlador de voo de robóticas, no Controle de Missões, que depois deveria avisar o diretor de voo e o Capcom, que por sua vez deveria entender a situação e dizer aos astronautas o que fazer e também quem poderia fazer a coisa certa. E tudo isso deveria acontecer enquanto o braço robótico continuava se movendo, cada vez mais perto de esmagar o único veículo que poderia trazer a tripulação de volta para casa.

No interrogatório, percebemos que, embora os astronautas tenham sido muito bem-preparados para usar um braço relativamente simples da espaçonave, que estava bem-iluminada e tinha pouca coisa que poderia ser atingida, eles tinham sido menos treinados para manipular um braço robótico mais sofisticado, numa estrutura mais complexa e pouco iluminada na Estação Espacial Internacional. Portanto, aproveitando a calma dos momentos posteriores, decidimos que, além de fazer alterações no treinamento, deveríamos encontrar uma resposta mais ágil e menos ambígua, que poderia ser utilizada no caso de um problema ser detectado em tempo real. Parece uma coisa óbvia, certo? Mas ninguém pensara nisso antes. E tínhamos de levar em conta as comunicações via rádio (que poderiam sofrer interferências), os membros da tripulação cuja língua materna não fosse o inglês, os próprios controles do braço robótico e a urgência do problema detectado. Chegamos à conclusão mais simples possível, que envolvia a chamada de rádio mais simples possível e a reação mais simples possível por parte da tripulação: quem visse o Canadarm2 aproximando-se perigosamente, podendo colidir contra outra coisa, deveria dizer "parem tudo" três vezes seguidas. E quem ouvisse tal comando, em terra ou no espaço, deveria repeti-lo em voz alta. A tripulação deteria o braço com um simples interruptor. Isso foi registrado como uma nova regra de voo, e as tripulações e o Controle de Missões passariam a treinar com o Protocolo Parem Tudo sempre em mente, discutindo-o após cada operação robótica, em simulações e em órbita. Conclusão: o braço robótico nunca atingiu uma estrutura acidentalmente.

Como deve estar mais claro agora, mesmo as decisões muito simples podem ser extremamente difíceis no espaço. A beleza dos *Regras de voo* é que eles nos oferecem a certeza na hora de chamadas duras. Em 1997, por exemplo, eu era Capcom do STS-83, que, pouco após o lançamento, pareceu apresentar um problema na célula de combustível. As células de combustível geram eletricidade, como se fossem uma espécie de bateria, e uma das três a bordo parecia ultrapassar o limiar de voltagem permitido. No Controle de Missões, pensamos que o problema poderia ser um sensor, não a própria célula de combustível, e estávamos inclinados a ignorá-lo. Mas os *Regras de voo* insistiam que a célula de combustível deveria ser desativada. Sendo assim, com apenas duas células de combustível operantes, outra regra de voo veio à tona: a missão deveria ser interrompida.

Se estivesse em nossas mãos, a STS-83 provavelmente teria seguido o seu caminho, pois a espaçonave poderia voar muito bem com apenas duas células de combustível, caso nenhum outro problema surgisse. Em tempo real, a tentação de assumir o risco é sempre maior. No entanto, as regras de voo eram inequívocas: a espaçonave deveria voltar à Terra. Como Capcom, o meu trabalho era dizer ao comandante: "Veja bem, eu sei que vocês acabaram de subir, mas precisam voltar. E comecem a descer agora mesmo." Para a tripulação, era terrível escutar isso, pois todos tinham passado muito tempo treinando para aquela missão específica e voltariam à Terra três dias após o lançamento, com grande parte dos seus objetivos frustrados. Eu tenho certeza que eles ficaram com ódio das regras de voo quando abandonaram o estado de órbita — e ainda mais quando descobrimos que a célula de combustível em questão funcionaria perfeitamente caso eles permanecessem no espaço. (Mas essa história terminou bem: a mesma tripulação embarcou novamente três meses mais tarde, num lançamento que não estava previsto, e desta vez nada aconteceu.)

Uma das razões que nos permitem continuar ampliando as fronteiras da capacidade humana e, ao mesmo tempo, manter as pessoas em segurança é que os *Regras de voo* nos protegem contra a tentação de assumir riscos, tentação que é ainda mais forte após um longo período de preparação para um lançamento. A Soyuz, por exemplo, pode ser lançada sob praticamente qualquer condição climática, mas o ônibus espacial era um veículo muito menos rude, e seus critérios de lançamento estavam escritos a ferro e fogo. Tínhamos de calcular o vento, o frio, a quantidade de nuvens... As condições mínimas tinham de estar reunidas para um lançamento seguro. Nós compilávamos tais condições quando não havia urgência nem pressão, quando tínhamos tempo suficiente para analisar cada detalhe e cada consequência. E fomos obrigados a revisá-las em quase um terço de todos os lançamentos. Com regras duras e ágeis, e totalmente entregues a elas, era uma dádiva de Deus tê-las em mãos no dia de um lançamento, quando sempre pairava a tentação de dizer: "Sim, está um pouquinho mais frio hoje do que gostaríamos, mas... vamos tentar assim mesmo."

Eu tinha ajudado em tantos lançamentos no Cabo Canaveral que já esperava um adiamento por problemas climáticos no momento em que estava preso no meu assento, no interior do *Atlantis*, em novembro de 1995, preparado para a minha primeira viagem espacial. Aliás, cinco minutos antes do nosso lançamento, a missão STS-74 foi adiada. Aquele dia, o clima era ótimo na Flórida, mas ruim em todos os pontos de aterrissagem fora do país. As chances de sermos obrigados a abortar a missão após o lançamento eram muito pequenas, mas as regras eram claras: não tínhamos opção. Ninguém a bordo ficou feliz com isso, mas ninguém resmungou. Após tantos anos de treinamento, por que não esperar mais um dia? Eis um lado positivo do hábito de analisar as pequenas coisas: nós aprendemos a ser muito, muito pacientes (e, de fato, partimos no dia seguinte.)

O fanatismo da Nasa com os detalhes e as regras pode parecer ridículo para quem nos vê de fora. No entanto, quando astronautas são mortos em trabalho, o motivo é quase sempre um descuido com detalhes que, num dado instante, não pareciam importantes. Aliás, antigamente, os astronautas não usavam roupas pressurizadas no lançamento e na volta à Terra (a ideia de usá-las tinha sido posta em questão, mas deixada de lado). Para que se preocupar com isso se estavam a bordo de um veículo com várias camadas de redundância? Parecia um exagero, e as roupas ocupariam muito espaço, pesariam no interior do foguete, além de dificultar as manobras por parte da tripulação. Os russos só começaram a usar roupas pressurizadas no momento do lançamento e aterrissagem quando uma válvula de ventilação perdeu a pressão e uma Soyuz ficou despressurizada durante sua volta à Terra, em 1971, matando os três cosmonautas a bordo em segundos. Os astronautas dos ônibus espaciais só começaram a usar roupas pressurizadas quando o *Challenger* explodiu no momento do lançamento, em 1986. No caso do *Challenger* e do *Columbia,* detalhes aparentemente muito pequenos (uma falha no O-ring e uma peça de espuma desalojada) causaram terríveis desastres.

É por isso que, individual ou organizacionalmente, temos a paciência de debulhar as menores coisas mesmo quando (aliás, especialmente quando) estamos atrás de grandes objetivos. Aprendemos a lição da pior maneira possível e hoje sabemos que as menores coisas importam.

Na noite anterior à minha primeira caminhada no espaço, em 2001, eu estava calmo e muito consciente do fato de estar a ponto de fazer algo que passara sonhando em grande parte da minha vida. A STS-100 era a minha segunda missão espacial e também a primeira vez que teria tanta responsabilidade numa tarefa crucial em órbita. Eu era EV1, o principal passeador espacial. E me sentia preparado. Passei anos estudando e treinando. Ainda assim, queria me sentir ainda mais preparado e passei algumas horas polindo o visor da minha roupa espacial para que não ficasse embaçado com a minha própria respiração. Desempacotei e chequei cada peça da engrenagem de que precisaria para fazer o passeio, deixando o máximo possível preparado e prendendo tudo com muito cuidado à parede do ônibus espacial, com velcro. Depois, voltei a checar duas e até três vezes o que fazia, enquanto, ao mesmo tempo, repassava mentalmente os procedimentos que aprendi na piscina de Houston.

Scott Parazynski e eu fomos treinados durante um ano e meio para instalar o Canadarm2, braço robótico que construiria a Estação Espacial Internacional, que na época era um bebê. Em maio de 2001, a Estação tinha apenas uma fração do tamanho que tem hoje. As suas primeiras partes tinham sido lançadas ao espaço há apenas três anos, e a primeira tripulação se hospedou em 2000. A nossa tripulação ainda não tinha estado no interior da Estação. Acoplamos a Endeavour à Estação poucos dias antes, mas não tínhamos podido abrir a escotilha, pois o nosso EVA partiria da câmara de ar comprimido do ônibus espacial — o que, em essência, era uma ponte de despressurização entre as duas espaçonaves.

Aquela noite, eu me sentia como uma criança na véspera do Natal. Eu queria dormir para que a manhã chegasse mais rápido. O visual, no entanto, era mais próprio do Halloween: no ônibus espacial, adormecíamos em sacos de dormir presos às paredes e ao teto, como se fôssemos uma estranha reunião de crisálidas humanas, flutuando e paralisados. Eu acordei no meio da noite para checar a luz verde do meu relógio de astronauta Omega Speedmaster. Faltavam várias horas. Todos estavam dormindo. Também voltei a dormir, até o momento que, após um ruído de estática, o pequeno alto-falante do ônibus espacial entrou em ação, tocando uma música vinda de Houston, uma música que Helene escolheu para me despertar: "Northwest Passage", de Stan Rogers, um dos meus cantores *folk* preferidos. Cuidadosamente, saí do meu saco de dormir, peguei o microfone, agradeci à minha família e a todos no Controle de Missões e comecei a me preparar para o passeio no espaço.

Os passos que devem ser seguidos antes de uma EVA são múltiplos e sequenciais — caso um deles seja esquecido, o astronauta nunca voltará à espaçonave. Ainda teríamos muitas horas ocupadas até que Scott e eu pudéssemos sair pela câmara de ar comprimido, e a Nasa havia coreografado todos esses passos em blocos de cinco minutos, chegando a ditar quando e o que comer no café da manhã: PowerBars e suco de *grapefuit* reidratado. Eu me barbeei, tomei banho e usei o toalete — pois não queria ser obrigado a usar a minha fralda. Depois vesti a roupa com líquido refrescante, que parece uma roupa íntima bem esquisita, cheia de tubos de plástico transparentes por onde flui água, cuja temperatura podemos controlar. A roupa é dura, como uma fantasia barata de Halloween, mas isso não importa quando estamos do lado de fora: quando o Sol está brilhando em cima de nós, durante um passeio no espaço, o tecido do traje espacial fica extremamente quente e o ar-condicionado personalizado nos parece uma ótima ideia.

Mais ou menos quatro horas mais tarde, Scott e eu finalmente flutuávamos, vestindo nossas roupas de astronauta dos pés à cabeça, enquanto, com muito cuidado e lentamente, a câmara de ar era despressurizada, e eu checava e voltava a checar os *displays* de LED em nossas roupas, pois queria ter a certeza de que funcionavam bem e nos manteriam vivos no vácuo do espaço. Se eu saísse e, por algum motivo, surgisse um vazamento na roupa, os meus pulmões e tímpanos arrebentariam, e a minha saliva, suor e lágrimas entrariam em ebulição. Eu sofreria uma descompressão. A única boa notícia é que, em 10 ou 15 segundos, eu perderia a consciência. A falta de oxigênio no cérebro acabaria comigo.

No entanto, flutuando tranquilamente na câmara de ar eu não pensava no meu falecimento. Esse é o instante mais tranquilo do dia, mais ou menos quando, durante um longo voo de avião de uma ponta a outra dos Estados Unidos, olhamos pela janela e vemos Nebraska. Tudo se agitará em algum momento futuro, mas naquele instante estamos num limbo, ainda presos à espaçonave por nossos cordões umbilicais, fios que parecem anacondas e nos oferecem refrigeração, oxigênio, comunicação e energia.

Quando a câmara de ar estava finalmente despressurizada, agarrei a maçaneta da escotilha e girei — não foi fácil, pois nada é fácil quando estamos vestindo um traje espacial. Enquanto girava a maçaneta, eu conversava calmamente com Houston, mas ouvi um clique e percebi a escotilha se movendo, então pensei: "Ufa, está abrindo." Numa missão anterior, a maçaneta ficou emperrada, completamente trancada, e os astronautas foram obrigados a desistir e voltar ao interior da espaçonave. Na verdade, a maçaneta tem forma de bueiro e deve ser removida e guardada num compartimento parecido com uma estrutura de prender bicicletas. Eu continuava sem poder ver o lado de fora, pois um tecido branco isolava a abertura. No entanto, de repente, a câmara de ar ficou mais brilhante, tomada pela luz do Sol. Quando guardei o tecido, eu estava olhando para a baía do compartimento de carga do ônibus espacial, com apenas uma lasca do universo no meu campo de visão. Claro que tudo o que eu queria era sair de lá, mas se separar do cordão umbilical é complicado e temos que fazê-lo com extremo cuidado, pois os conectores são frágeis. Depois, devemos ocultar e guardar o cordão na parede, para que esteja preparado caso seja necessária uma volta rápida à câmara de ar para nos mantermos vivos.

Hora de sair. O astronauta, um trambolho quadrado, e o dilema do buraco redondo. A minha saída não seria charmosa. No entanto, a minha preocupação principal naquele momento era evitar sair flutuando pelo espaço. Portanto, como fomos ensinados, eu me amarrei ao Scott, que estava amarrado à estrutura, e ao mesmo tempo segurava outro cabo que deveria ser preso no trilho montado numa lateral do ônibus espacial. Baixei a aba dourada do meu visor para proteger os meus olhos da luz do Sol e, com cuidado, retorci o meu corpo, volumoso por conta do traje espacial, e saí da câmara de ar. Eu continuava nas entranhas daquele monstro, na baía do compartimento de carga, mas a minha roupa havia se transformado na minha única e pessoal espaçonave, a única responsável por me manter vivo. Ao sair da baía, a minha existência se reduziria a um simples foco: prender o meu cabo ao arame trançado que pendia de uma ponta à outra do veículo. E foi o que fiz, para depois avisar a todos que já estava preso. Nesse momento, Scott pôde se soltar do interior e se unir a mim. Esperando por ele, dei uma olhada para trás, pois queria ter a certeza de que não tinha ativado, acidentalmente, o tanque de oxigênio da minha mochila e foi então que percebi o universo. A escala era, graficamente, chocante. As cores também. A incongruência era entorpecente: antes eu estava lá, no interior de uma pequena caixa, e agora... Como isso era possível?

O que saía da minha boca era uma única palavra: uau. Só que mais alongada: uaaaaaaaau. A minha mente estava a mil, tentando entender e articular o que eu via, procurando analogias para uma experiência tão única. Deve ser sempre assim, pensei. Aquilo era como estar absorto na limpeza de um painel de vidro, para depois olhar para trás e perceber que estamos dependurados numa das laterais do Empire State, com Manhattan espalhada aos nossos pés, viva. Teoricamente, eu sabia que estava me aventurando no espaço, mas ao ver tudo aquilo fiquei chocado, profundamente chocado. Num traje espacial, não sentimos gosto, cheiro nem tato. Os únicos sons que ouvimos são os da nossa própria respiração e, através do fone, escutamos vozes sem formas físicas. Estamos numa bolha que contém apenas nós mesmos, depois afastamos os olhos do que estamos fazendo e o universo surge, de supetão, diante dos nossos olhos. A imagem é opressora, visualmente, e nenhum outro sentido é capaz de nos alertar para o fato de que estamos a ponto de sermos atacados por uma beleza crua.

Outra analogia: imagine que você está na sua sala de estar, lendo um livro atentamente, mas de repente ergue os olhos, sem pensar, e se vê diante de um tigre. Sem aviso, sem sentir cheiros nem ouvir sons, você apenas vê a presença da fera, de repente. Havia algo similarmente surreal e com aspecto de sonho na imagem que eu tinha diante dos meus olhos, imagem que eu não seria capaz de reconciliar com a minha prosaica luta, imediatamente anterior, para prender um cabo num gancho. Claro que eu dei umas olhadas pelas janelas do ônibus espacial, mas naquele momento eu entendi que não vira nada, não exatamente. Preso à lateral de uma espaçonave que girava ao redor da Terra numa velocidade de 17.500 milhas por hora, eu pude verdadeiramente *ver* a beleza assombrosa do nosso planeta, as infinitas texturas e as cores. E, do outro lado, o veludo negro do espaço, brilhando, cheio de estrelas. Tal imersão visual é vasta e esmagadora, e eu poderia ficar olhando aquilo para sempre — mas lá estava Scott, do lado de fora da câmara de ar, flutuando na minha direção. Tínhamos um trabalho a fazer.

Após cerca de cinco horas, a instalação corria bem, ainda que um pouco lenta, quando eu, de repente, percebi que gotículas de água flutuavam no interior do meu capacete. A EVA exige muito do nosso físico, portanto, ao longo dos anos, decidimos incluir alguma espécie de comida no interior do traje espacial (tiras de açúcar com gosto de fruta ou algo parecido), para que ao menos tivéssemos o que comer. No entanto, nunca descobrimos como fazer isso funcionar, e a ideia se transformou numa confusão, num obstáculo mais do que uma ajuda. Por isso costumamos levar apenas uma bolsa de água. Nós mordemos a ponta de um canudo para abrir uma pequena válvula, depois sugamos a água — hipoteticamente, claro. A minha bolsa de água não estava funcionando bem desde o início da EVA, e naquele momento parecia vazar. Ótimo.

Eu estava tentando ignorar aquelas pequenas bolhas de água flutuando na frente do meu rosto quando, de repente, o meu olho esquerdo começou a arder, perversamente. Era como se um enorme grão de areia tivesse entrado no meu olho. Instintivamente, ergui a mão para limpá-lo... mas as minhas mãos se chocaram contra o visor do capacete. "Você está dentro de um traje espacial, idiota!", pensei, sem fôlego. Tentei piscar os olhos repetidas vezes, e também mover a cabeça com força, de um lado para o outro, querendo deslocar o que quer que fosse, mas o meu olho continuava a arder, e eu não conseguia mantê-lo aberto por mais de um embaçado segundo, antes de fechá-lo novamente.

Nós treinamos muitas eventualidades que podem acontecer durante uma EVA, mas a cegueira parcial não é uma delas. O que eu deveria fazer? Veja bem: eu estava apertando parafusos no Canadarm2, usando uma grande broca operada manualmente. Os meus pés estavam presos no apoio, como deveriam estar, e o meu cabo firmemente atado à Estação. Eu não sofria qualquer risco iminente. O resto dos meus sentidos funcionava bem e eu continuava com um olho em perfeitas condições. Resolvi continuar trabalhando e não dizer nada a ninguém. Fui em direção ao parafuso seguinte e comecei a colocá-lo no lugar. O meu olho esquerdo, no entanto, já não estava apenas ardendo, mas também começando a ficar cheio de lágrimas.

As lágrimas precisam de gravidade. Na Terra, um pequeno conduto gera lágrimas que escapam dos olhos, levando junto algum agente irritante, depois escorrendo para baixo, passando por nossas bochechas e secando o nosso canal lacrimal, o que faz com que o nosso nariz escorra. Porém, na falta de gravidade, as lágrimas não escorrem para baixo. Elas permanecem no mesmo lugar enquanto estivermos chorando, e uma bola cada vez maior de líquido salgado se acumula, formando uma bolha vacilante no interior do nosso globo ocular.

Mas vamos observar um aspecto-chave da minha anatomia. Os meus bisavós eram todos do norte da Inglaterra e do sul da Escócia, e ainda que os habitantes do norte da Inglaterra e os escoceses sejam conhecidos por sua dureza e estoicismo, não são conhecidos por seus narizes. Em vez de um nariz orgulhoso, protuberante, ou nariz de falcão, eles me legaram uma ponte mais humilde, e isso ajudou para que a crescente bolha de lágrimas do meu olho esquerdo corresse facilmente para o direito, como se uma comporta tivesse arrebentado, invadindo o outro lado.

Resultado: o meu olho direito também se fechou, pois o que contaminava o esquerdo fora diluído pelas minhas lágrimas. Em pouco tempo, o meu olho direito também lacrimejava fortemente. Eu tentei forçar para que eles permanecessem abertos, mas não deu certo. Tudo o que eu enxergava era um borrão aquoso, antes que os meus reflexos tomassem conta da situação e os meus olhos se fechassem novamente. No espaço de poucos minutos, passei da visão total à cegueira. No espaço. Segurando uma furadeira.

"Houston, EV1. Tenho um problema." Quando as palavras saltaram da minha boca, rapidamente imaginei a reação em terra, pois servi como Capcom em várias missões. Num primeiro momento, eles se preocupariam comigo, depois, segundos mais tarde, todos do Controle de Missões estariam absortos: começariam a lançar teorias sobre as causas do problema, pensando em voz alta o que aquilo poderia significar operacionalmente, e tentando encontrar soluções.

Para mim e para Scott, evitar reações seria o melhor caminho: eu não via nada, mas ele estava bem e continuava trabalhando na instalação elétrica, em outra parte da Estação. Seria inútil se ele parasse e se aproximasse de mim. Ele não poderia fazer nada para me ajudar. É óbvio que, se não houvesse solução para o meu problema, ele teria de me levar de volta à câmara de ar comprimido e me devolver, em segurança, ao interior da espaçonave, mas nós dois concordamos que ainda não era o momento. E eu não queria voltar. Precisava fazer aquele trabalho. O meu país contava comigo. O Canadarm2, desenvolvido e construído no Canadá, é ao mesmo tempo um teste e uma prova cabal da nossa capacidade robótica. A EVA, por sua vez, também é um assunto de extrema importância, pois eu era o primeiro canadense a fazer um passeio no espaço. Em outras palavras, aquele não era um bom momento para se ter um problema no olho.

Felizmente, o diretor de voo era Phil Engelauf, que me conhecia bem. Trabalhei com ele durante muitos anos como Capcom de vários voos de ônibus espaciais, e ele me deu um bom tempo em vez de exigir a minha volta imediata ao interior da espaçonave. Ele me deixou esperando enquanto um grupo de pessoas lutava para mensurar o tamanho do perigo que eu corria. Eu sabia que o ambiente era agitado na Terra, pois sempre que um Capcom falava comigo, eu ouvia um burburinho por trás: *Como isso aconteceu? A situação pode piorar? O que poderíamos fazer?* E não era insignificante o fato de o braço estar apenas parcialmente preso — sim, a segurança da tripulação era a prioridade número um, mas não poderíamos deixar um equipamento vital voando ao lado da Estação.

Após alguns minutos, o foco em terra era descobrir o que estaria causando a contaminação nos meus olhos. Como se tratava de um assunto espacial, eles foram diretamente ao pior cenário possível: o problema poderia estar relacionado com o sistema de purificação de ar na roupa de caminhada no espaço, que tem como base o hidróxido de lítio para remover o dióxido de carbono. O hidróxido de lítio é uma substância muito cáustica e pode atingir seriamente os pulmões, sendo a irritação dos olhos um dos primeiros sinais de vazamento. Portanto, eu poderia estar sentindo um dos primeiros sintomas de exposição ao hidróxido de lítio, e teria alguns minutos de vida. A Capcom, Ellen Ochoa (hoje diretora do Johnson Space Center), pediu, calmamente, que eu abrisse a válvula de expurgo — ou seja, que eu abrisse um buraco na minha roupa e começasse a deixar o ar potencialmente contaminado que estava respirando sair por completo, ou pelo menos até que fosse bem diluído pelo oxigênio fresco que era bombardeado no interior da minha roupa.

Fazer isso era contrário aos meus instintos de sobrevivência, mas tudo bem. Eu abri a válvula (por sorte, pratiquei tal movimento tantas vezes que consegui alcançar a área atrás da minha orelha esquerda e abri-la sem qualquer problema, e sem ver nada) e comecei a expelir o ar para o espaço. Eu estava cego, ouvindo um barulho sibilante, enquanto o meu oxigênio viajava alegremente em direção ao universo. Aquele foi um momento de paz, curiosamente. A caminhada no espaço é uma experiência sobretudo visual, pois os nossos demais sentidos mal são estimulados. As cores brilhantes da Terra, os reflexos da espaçonave e a escuridão profunda do espaço são a confirmação de onde estamos. Portanto, sem ver nada, o meu corpo dizia que nada fora do normal estava acontecendo. Eu me sentia como se estivesse debaixo de uma coberta, na minha cama, em casa, sonhando com a Estação Espacial, e não dependurado do lado de fora dela, quase morrendo.

A minha Capcom escutava os médicos, os engenheiros biomédicos e todo mundo que trabalhava no Controle de Missões, mas ela disse, como se estivéssemos tendo uma conversa agradável: "Então, Chris, estamos reunindo toda a informação, queremos saber como vai a pressão do seu oxigênio nesse momento. Como você está se sentindo?" Ainda que fosse estranho, eu me sentia despreocupado, pois Scott estava por lá comigo. Ele é físico, piloto comercial e escalador de montanhas, e nunca conheci ninguém que trabalhasse melhor do que ele: a mente e o corpo de Scott não param nunca. Além do mais, eu continuava respirando, e muita gente capacitada estava trabalhando para tentar resolver o problema. Eu tinha certeza de que não morreria nos próximos sessenta segundos. O fato de eu não estar tossindo me deixava relativamente confiante de que não havia ocorrido um vazamento de hidróxido de lítio. Eu tinha que deixar as pessoas em terra fazerem o seu trabalho e expulsar o meu oxigênio como precaução, mas estava decidido: não permitiria que aquilo se arrastasse por muito tempo. A roupa que eu usava guardava uma significativa quantidade de oxigênio, suficiente para oito ou mesmo dez horas, e eu carregava um tanque secundário de oxigênio. Portanto, poderia permanecer vivo por um bom tempo. Mas precisava voltar ao trabalho, e quem sabe quanto tempo seria necessário até que eu terminasse de prender o braço robótico?

Na verdade, eu estava ficando ansioso: estávamos perdendo tempo. Eu não estava contribuindo em nada com o projeto e tinha viajado ao espaço para fazer isso. Portanto, comecei a tentar pensar em tudo o que poderia fazer para deixar a cegueira de lado: girei a minha cabeça para roçar os olhos contra alguma parte do capacete, piscando-os várias vezes seguidas. Eu sabia que os médicos estariam dizendo a Phil: "Vamos levá-lo para dentro da espaçonave imediatamente e descobrir o que está acontecendo." E resolvi dizer: "Sabe de uma coisa? Eu não sinto nenhuma irritação no pulmão, e acho que os meus olhos estão começando a limpar um pouco." De certa forma, isso até era verdade. Os meus olhos continuavam me matando, mas eu me sentia ligeiramente menos cego.

Perguntei se poderia parar de liberar oxigênio ao universo e Phil disse que sim. Enquanto isso, continuei piscando, piscando e piscando. Por sorte, vinte minutos mais tarde, eu enxergava alguma coisa. Claro que os meus olhos ardiam e tudo estava um pouco nublado, mas eu me sentia bem o suficiente para continuar instalando o braço. Avisei à Terra que estava pronto para voltar ao trabalho. Felizmente, a resposta foi: "Tudo bem, você está sozinho aí. É você quem sabe qual é a verdadeira situação." Ao mesmo tempo, o Controle de Missões passou uma instrução à tripulação no interior do ônibus espacial: eles deveriam ter todo o equipamento médico pronto para que, quando eu voltasse, limpassem minhas lágrimas e a casca ao redor dos meus olhos, para que pudéssemos tentar entender o problema.

No final das contas, o Controle de Missões acabou permitindo um passeio no espaço bem longo para nós dois — e o nosso, segundo os cálculos, deveria durar seis horas e meia. A maior parte deles dura sete horas ou menos, mas como Scott e eu não parávamos de dizer à Terra que estávamos nos sentindo bem, ficamos quase oito horas, pois queríamos tentar deixar tudo resolvido.

Quase no final, eu olhei para baixo, pois queria ver o mundo. Tendo superado aquele obstáculo e sabendo que tínhamos feito tudo o que deveríamos fazer, aquele foi um grande momento. Porém, numa caminhada no espaço, o último passo é tão importante quanto o primeiro. Então, enquanto a câmara de ar não estivesse mais uma vez comprimida, enquanto não estivéssemos de volta à espaçonave, eu não poderia relaxar. Assim que relaxei, eu me senti completamente sem forças, simplesmente flutuando, desajeitado, tremendo de frio. O meu corpo estava sem combustível. Porém, quando um dos médicos da tripulação se aproximou, segurando um cotonete de algodão com mais de noventa centímetros, que ele mesmo fez com o que havia a bordo, e dizendo que eu deveria roçá-lo no meu olho para conseguir amostras, eu ainda encontrei forças suficientes para sorrir.

Mais tarde, conversando sobre o que deu errado, todos suspeitamos das gotinhas da minha bolsa de água. Elas poderiam ter se misturado a uma capa de suor ou a algo vindo dos meus cabelos, ou mesmo a algo presente no interior da própria roupa. Nós pensávamos em todas as possibilidades, junto ao Controle de Missões, quando a Capcom perguntou: "Chris, você se lembrou de usar o líquido para evitar o embaçamento?" Claro que eu tinha me lembrado. Na noite anterior, eu havia polido o visor da minha roupa, pois assim ele não ficaria embaçado como uma máscara de esqui. "Pois a gente acha que você não fez isso muito bem. Provavelmente, não retirou o líquido por completo." Segundo eles, a solução que usei era basicamente detergente para lavar louça. Pense nisso misturado a algumas gotas de água soltas: o que invadiu os meus olhos deve ter sido sabão. A minha primeira resposta a essa novidade foi: "Sério? A gente usa *detergente*? Um xampu de bebê, desses que não fazem chorar, não seria uma opção?"

Mas a minha segunda resposta foi: "Da próxima vez, vou ser mais cuidadoso com os detalhes." Uma caminhada no espaço, junto a um equipamento de vários milhões de dólares que era (e continua sendo) absolutamente vital para a construção da Estação Espacial Internacional, foi ameaçada por conta de uma microscópica gota de solução de limpeza.

Quando saí para a minha EVA seguinte, dois dias mais tarde, limpei o meu visor com tanta força que fiquei surpreso ao ver que não o arranhei. Mais tarde, a Nasa trocou a solução que usávamos para limpar nossos visores por algo menos nocivo. Porém, nesse meio-tempo, graças ao meu descuido altamente vociferado, todos os astronautas passaram a limpar enlouquecidamente o interior de seus visores. Quando dois homens também ficaram parcialmente cegos em seus passeios no espaço, o Controle de Missões já conhecia o problema: "Você se lembra de Hadfield? O problema é a solução para evitar o embaçamento."

Por isso é tão importante ficar atento às pequenas coisas. E, mesmo no meu tipo de trabalho, aquilo era uma pequena coisa.

5

AS ÚLTIMAS PESSOAS DO MUNDO

Ninguém vira astronauta por acidente. Em média, os astronautas mais novos têm 34 anos, e o desejo de conseguir tal trabalho guiou suas escolhas durante muitos anos. Hoje, as chances de serem recrutados são menores do que nunca. No último recrutamento canadense, em 2009, apenas dois astronautas foram escolhidos entre 5.351 candidatos. Naquele ano, a Nasa revisou 3.564 inscrições para nove postos. O processo de seleção é rigoroso e invasivo. Ter um Ph.D. é uma boa jogada, mas uma polipose nasal é uma bola fora. Os candidatos que chegam às fases finais se submetem a exames físicos e a uma infinidade de entrevistas e testes escritos. As pessoas dispostas a passar por tudo isso são, por definição, altamente competitivas.

Eu sabia que era assim quando me candidatei ao meu trabalho. E não acreditava que seria selecionado (muito pelo contrário, pois o processo destruía os nossos nervos), mas eu tinha confiança em ser um bom lutador e piloto de teste. Ser escolhido como um dos quatro novos astronautas da CSA pareceu ser a maior afirmação possível da minha competência, e fiquei orgulhoso e animado quando, pouco depois, pediram que fizesse minhas malas e seguisse para Houston, com Marc Garneau, para começar os treinamentos como membro da turma de 1992. Estávamos no apogeu da era dos ônibus espaciais, e a nossa seria uma turma bem grande para os padrões da época: 24 pessoas, no total. Tomamos o elevador para o Astronaut Office, no JSC, quietos, mas risonhos: aquele era um dos locais de mais difícil acesso do mundo, e conseguimos entrar. Nós éramos o *crème de la crème.*

E descemos do elevador.

De um momento para outro, não éramos ninguém. Nem mesmo éramos chamados de astronautas, mas de Ascan, que significa "candidatos a astronautas". Éramos a plebe. Não era preciso a formação de um exército para sermos chutados para escanteio. Bastava dar uma olhada ao redor e ver pessoas que passamos anos idolatrando fazendo seus trabalhos. Quando me deram uma mesa ao lado de John Young, um dos primeiros astronautas da Gemini, um dos 12 únicos homens que pisaram na Lua, além de comandante da primeira missão com um ônibus espacial, não senti que realizei meu sonho. Eu me senti um mosquito.

No meu primeiro ano no JSC, fui do topo da minha carreira ao ponto mais baixo da cadeia alimentar e estive lá embaixo na companhia de um grupo de pessoas que tinham conseguido feitos incríveis e estavam determinadas a voltar ao topo imediatamente. Não quero dizer que não existia camaradagem. Existia. Cada turma tinha seu caráter e apelido próprio: os membros de uma turma grande eram chamados de "sardinhas", e nós, que entramos em 1992, éramos os "leitões" (em parte graças a um desenho dos Muppets chamado "Porcos no espaço", e por outro lado porque, logo no início, decidimos patrocinar um porco vietnamita no Zoológico de Houston). Sem dúvida, havia uma sensação de que estávamos juntos naquela história, mas o ambiente era também altamente competitivo, ainda que a competição jamais fosse explicitada. Cada um de nós era avaliado e comparado em tudo o que fazia, *tudo mesmo*, e estava bem claro que as vagas nas viagens espaciais dependeriam do nosso desempenho. As exigências, portanto, eram insondáveis. Eu nunca negaria um pedido ou uma oportunidade e, como todos os demais, continuei tentando dar a impressão de que tudo o que fazia era fácil para mim.

Enquanto isso, a minha família se mudava para Houston, o que significava nova casa, novos colégios para as crianças e um novo trabalho para Helene. O primeiro ano é muito duro para as famílias, por causa das mudanças e dos ajustes. O casamento de alguns Ascan implode, em parte devido à tensão de alguns cônjuges, mas principalmente, eu acho, por conta da luta dos astronautas para se adaptar ao novo ambiente e à sua hierarquia. A história é mais ou menos assim: *Os meus sonhos se tornaram realidade e, embora eu me sinta um mosquito insignificante, continuo sendo capaz de conseguir grandes feitos, então o problema deve ser... o meu casamento!* Eu tive muita sorte, pois a minha família encarou nossas várias mudanças com um sentimento de aventura. Ainda assim, vindos do mundo militar, os nossos primeiros momentos em Houston foram um pouco desconcertantes. Aquele parecia um ambiente militar, mas não era. Nos esquadrões, as famílias dos pilotos costumam morar próximas umas das outras, na mesma base, e tendem a fazer coisas juntas. Na Nasa, porém, todos estamos muito ocupados. Tendo crescido acostumado a certo ritmo social, eu me senti sozinho num primeiro momento.

De certa maneira, ir trabalhar todos os dias era desconcertante. No meu ano como Ascan, a quantidade de aprendizado era desencorajadora, e não havia muitas oportunidades a que se ater. Após o primeiro ano, meu trabalho envolvia reuniões intermináveis para nos certificarmos de que todos os experimentos científicos eram resguardados para os voos espaciais. No meio-tempo, como todos os meus colegas de turma, fazia treinamentos mais genéricos: geologia, meteorologia, mecânicas orbitais, robótica, e assim por diante. As pessoas que passaram um ou dois anos no Astronaut Office parecem anos-luz à frente dos demais, mesmo sem nunca terem participado de uma missão espacial.

E chegou o dia em que a primeira pessoa da nossa turma foi selecionada para uma viagem ao espaço. Que grande momento. "Nossa, um de nós conseguiu!" Parecia a afirmação de um grupo. Era como se, finalmente, todos estivéssemos no mesmo caminho. Depois, a segunda pessoa recebeu sua oportunidade, e não fui eu. "Tudo bem, eles escolheram um cientista... Não estavam procurando um piloto", eu disse a mim mesmo. Depois, no meio da noite, pensei: "Eu sou canadense. Deve ser por isso que não me chamaram." E chamaram a terceira pessoa, depois a quarta, e eu comecei a pensar: "O que há de errado comigo? Sempre fui bom em todas as coisas. Por que nunca sou selecionado?"

Foi então que a atitude realmente começou a importar. Eu me lembro muito bem de ter pensado, naquela época: "Não seja idiota." E me lembrei que não estava sentado, sem fazer nada. Eu estava aprendendo muito todos os dias, tanto que quase podia ouvir meus neurônios chamuscando.

Porém, quando estamos acostumados ao êxito, é duro não se sentir mal quando somos preteridos. Curiosamente, os astronautas que mais sofrem com isso são os naturalmente talentosos. Da mesma maneira que algumas pessoas pegam um taco de golfe pela primeira vez e se saem incrivelmente bem, certos astronautas são simplesmente mais talentosos que o resto de nós. Eles têm ótimas mãos e pés. Na primeira vez que pisam num avião, podem voar tão bem ou melhor que o instrutor. Alguns são estrelas acadêmicas, donos de incríveis habilidades interpessoais. Seja lá quais forem suas combinações de talentos, eles se destacam, e até chegarem ao JSC tudo é muito fácil: ganham as competições de voo, têm acesso a todos os testes, contam as melhores histórias... E tudo sem derramar uma gota de suor.

No entanto, o êxito precoce é um péssimo professor. Quando isso acontece, somos recompensados por nossa falta de preparação e, quando nos vemos no meio de uma situação para a qual *devemos* nos preparar, não somos capazes. Não sabemos como fazê-lo.

Mesmo a pessoa mais talentosa do mundo, em algum momento do treinamento para astronauta, atingirá um ponto em que o seu talento se esgotará. O volume de informações complexas e de habilidades a serem adquiridas é simplesmente grande demais para que alguém consiga abarcá-lo durante o processo. Alguns chegam a esse ponto e percebem que não serão capazes de seguir em frente baseados apenas em seus talentos natos — precisam sentar e estudar. Outros nunca chegam realmente a entender isso e, de uma maneira estranha e tortuosa, acabam numa posição onde nunca imaginaram estar: no final da linha. Eles não sabem o que devem fazer para se superar e sair da zona de conforto para depois avançar. Em geral, também não reconhecem as próprias fraquezas e são, portanto, relutantes na hora de aceitar a responsabilidade quando algo não termina bem. Não são pessoas que gostaríamos de ter em nossas equipes quando estamos trabalhando em terríveis condições ambientais, com equipamentos altamente especializados e uma longa lista de metas a cumprir num curto período de tempo. Eles deixam de ser os astros e ganham a reputação de "pessoas com as quais não podemos contar quando as coisas vão mal".

É ampla a variedade em termos de capacidade e habilidade nos corpos de astronautas, bem maior do que as pessoas imaginam, embora muito menor do que no passado, quando cinquenta pessoas viajavam ao espaço a cada ano e as tripulações eram maiores. Portanto, não temos que ser bons em tudo. No ônibus espacial, precisávamos de apenas duas pessoas boas em operações robóticas. Hoje, na tripulação de apenas três pessoas comportada pela Soyuz, pelo menos uma delas deve ser um cosmonauta, e se você não for bom em robótica ou não estiver preparado para fazer uma EVA, provavelmente não será selecionado.

Quando as missões duravam apenas duas semanas, as tripulações eram formadas mais ou menos como uma equipe esportiva: a questão principal era a boa mistura. Os administradores queriam nomes com experiência e novatos e buscavam atingir um equilíbrio entre perfis acadêmicos e militares, entre pessoas mais diretas e outras mais tranquilas, afáveis. Claro que a questão política dava suas cartas: importava de quem seria a vez de voar, e também a nacionalidade do astronauta. Nós, canadenses, não costumávamos frequentar o topo da lista. Porém, quando o Canadarm2 estava sendo instalado, fazia sentido que um de nós fosse selecionado. Certas tripulações não se davam muito bem, mas isso não era tão importante. Quando vamos passar algumas semanas longe da Terra, somos capazes de nos relacionar com quase qualquer pessoa. Não precisamos passar os melhores momentos das nossas vidas, devemos apenas fazer o nosso trabalho.

Na Estação Espacial Internacional, por outro lado, a homogeneidade é muito valorizada, pois precisamos de uma redundância de habilidades. Lá, se apenas uma mulher entre três astronautas passou por treinamento médico e ela se sente mal e precisa de cuidados, seria um sério problema. O treinamento para a Estação também é muito mais solitário. Durante dois anos, os astronautas ficam praticamente sozinhos, treinando e estudando com instrutores. Depois, nos últimos seis meses antes do voo, quando todos adquiriram as habilidades requisitadas, começamos a nos integrar como uma equipe.

Às vezes, a integração não é fácil, pois não chegamos a entender nossos companheiros de viagem. É mais ou menos como um casamento feito às pressas, mas sem os direitos conjugais. E a lua de mel é passada num isolamento de seis meses, onde devemos ser capazes de contar uns com os outros para absolutamente tudo: companheirismo, sobrevivência e também para assumir responsabilidades que gerem uma boa divisão do trabalho.

"Com quem você vai viajar?", portanto, é a primeira pergunta que os astronautas se fazem. Ninguém que ir ao espaço com um idiota. No entanto, em certos momentos, somos obrigados a aceitar a nossa tripulação. Não podemos ficar desejando uma viagem com Neil Armstrong. Temos de tentar descobrir os pontos fortes e fracos de nossos colegas e compará-los com os nossos. Não podemos trocar os tijolos, e mesmo assim devemos construir um muro juntos.

Às vezes temos sorte. Tom Marshburn e Roman Romanenko, os colegas de tripulação da minha última missão, eram donos de grandes habilidades técnicas e de uma fortíssima ética de trabalho. Além disso, são duas pessoas fáceis de conviver e agradáveis, dentro e fora do nosso planeta. Eu não precisei me preocupar quando soube que viajaria ao espaço com eles. Na verdade, fui obrigado a driblar a vontade de me gabar por conta da minha sorte.

Quanto mais longa a viagem, mais importantes as personalidades. Se três pessoas não se dão bem na Terra, são ainda menores as chances de uma boa tolerância após alguns meses sem os benefícios do banho. Ou do uísque escocês. Alguns dos primeiros americanos que foram à *Mir* para longas temporadas passaram por depressões e se sentiram isolados e irritados, tudo por conta de colegas de tripulação e da sensação de falta de apoio por parte do Controle de Missões. Quando não é possível sair para tomar ar fresco, os conflitos de personalidade podem comprometer uma missão ou mesmo tirá-la completamente dos trilhos. Algumas tensões mantidas em fogo brando acabaram em ebulição no passado, de acordo com relatos dos primeiros cosmonautas em missões de longa duração. E esses homens podem nos contar histórias cheias de revezes sobre choques de personalidades. Escutei rumores sobre murros e sobre gente que se recusava a conversar com os companheiros (e com a equipe em terra) durante dias. Hoje, portanto, a Nasa busca um tipo certo de pessoas: as que costumam se dar bem com os demais.

No entanto, uma coisa não mudou: os astronautas são, sem exceção, extremamente competitivos. Acho que já mencionei isso antes. Mas como reunir um grupo de pessoas altamente competitivas e pedir que cooperem em grande escala, a ponto de fazer com que procurem oportunidades para ajudar os demais a se destacarem no que fazem?

É mais ou menos como reunir um grupo de corredores e dizer a eles que, a partir de um determinado momento, passarão a correr fazendo revezamento. Eles continuarão tendo de correr o mais rápido possível, mas deverão se ajudar para que os companheiros possam correr ainda mais rápido que eles e descobrir um jeito de passar o bastão de maneira perfeita, pois assim os seguintes corredores poderão alcançar êxitos ainda maiores que os seus.

Para alguns astronautas, a transição é relativamente indolor. Pode até ser um alívio, após décadas de trabalho solitário. Para outros, no entanto, trata-se de um enorme choque no seu sistema de operações e requer uma reorientação importante.

Eu estava em algum ponto entre esses dois extremos. Para a minha decepção, eu era o tipo de pai que raramente deixava meus filhos vencerem. Eles tinham de conquistar suas vitórias, e bem-conquistadas. Eu não tenho muitos arrependimentos na vida, mas um dos maiores é esse: quando o meu filho Kyle tinha uns dez anos e, orgulhoso, me mostrou quantas voltas era capaz de nadar sem respirar, pulei na piscina e nadei por mais tempo do que ele. Fiz isso sem pensar, e foi uma grande demonstração do poder destrutivo da competitividade. Eu não apenas ganhei do meu filho, mas arrisquei a sua autoconfiança e o nosso laço de amizade.

Por outro lado, demorei poucos anos para aprender a lidar com pessoas terrivelmente competitivas e encarar o êxito como o resultado de um esforço coletivo. Para nutrir e reforçar o comportamento expedicionário (em outras palavras, a habilidade de trabalhar em grupo, de modo produtivo e animado, mesmo em duras condições), os astronautas devem sobreviver a duros treinamentos, na água e na terra. Ao longo dos anos, fiz alguns desses treinamentos junto aos exércitos norte-americano e canadense, participando em selvagens expedições em Utah e Wyoming, comandadas pela National Outdoor Leadership School (Nols). As especificidades das experiências eram diferentes, mas o foco sempre foi o mesmo: descobrir como prosperar, não apenas individualmente, mas em grupo, quando saímos da nossa zona de conforto.

Os treinamentos de sobrevivência simulam muito bem certos aspectos da viagem espacial. Nos dois casos, um pequeno grupo de pessoas é atirado em ambientes desafiadores, com objetivos específicos para cumprir, e sem ninguém mais em quem confiar além deles próprios. A Nols, por exemplo, nos dividia em equipes, e nos revezávamos como líderes, sempre com o objetivo de atravessar, em segurança e num período entre 10 e 14 dias, uma rota selvagem. Tratava-se de uma dura experiência coletiva: noites maldormidas, necessidade de orientação, de descer penhascos, de buscar água potável e assim por diante, sem nunca deixar de carregar uma mochila pesada.

No treinamento em Utah, me lembro de chegar ao topo de uma serrania especialmente desanimadora e olhar para o vale onde deveríamos montar acampamento aquela noite. Todos sentiram um aperto no coração. Não havia maneira de chegar lá. Estávamos cansados e mal-humorados. Caso houvesse uma chance de abandonar tudo aquilo e ser levado, de avião, ao Hilton mais próximo, acho que grande parte do grupo teria aceitado a proposta imediatamente. Porém, após analisar a situação, Scott "Doc" Horowitz e eu pensamos que poderia ser possível descer ziguezagueando uma das ladeiras. Se estivéssemos equivocados, no entanto, o grupo poderia ficar preso por lá ao cair da noite, com as temperaturas despencando. E estaríamos em um perigo muito maior no meio de uma ladeira cheia de pedras do que no topo do penhasco. Portanto, em vez de persuadir a todos que seguissem a nossa rota, Scott e eu nos voluntariamos a desbravá-la. Provamos para nós mesmos que era factível, depois voltamos ao topo para mostrar ao demais como descer em segurança. Eis a lição: ter boa liderança significa liderar o caminho, não exigir que os demais façam o mesmo que você. Bancar o valentão, acirrar rixas e competir pelo domínio são, mesmo em situações de baixo risco, ótimas maneiras de destruir o moral e diminuir a produtividade. Algumas equipes da Nasa, poucas, na verdade, por algum motivo não conseguiram se manter unidas e foram incapazes de completar os exercícios de sobrevivência, e tal fato, sem dúvida, foi levado em conta pelos responsáveis do JSC para as seleções para viagens especiais.

Outra coisa que aprendemos nos treinamentos de sobrevivência é que a administração de riscos é crucial quando estamos no meio do nada. Eu fui extremamente cuidadoso enquanto descia aquele penhasco, pois, se torcesse o tornozelo, por exemplo, não seria visto como um herói ou mártir, mas como o homem que comprometeu a missão. Pensar em grupo é uma boa saída quando o assunto é assumir riscos. Quem pensa apenas em si mesmo não é capaz de ver a situação como um todo. Nas montanhas de Utah ou dependurado do lado de fora da Estação Espacial Internacional, machucar-se (ou perder o único martelo do grupo, ou mesmo se precipitar num procedimento traiçoeiro) cria sérios problemas para toda a equipe.

No meu ponto de vista, a lição de todos os meus treinamentos de sobrevivência é que a principal pergunta a ser feita, quando formamos parte de uma equipe, na Terra ou no espaço, é: "Como posso ajudar o grupo a chegar ao ponto desejado?" Ninguém precisa ser um super-herói. A empatia e o senso de humor costumam ser mais importantes, e me lembrei disso num dos meus treinamentos de sobrevivência mais duros, no interior de Quebec, junto a outros cinco astronautas. Estávamos no topo dos Laurentians, onde o terreno é montanhoso e fazer caminhadas é desafiador mesmo sob as melhores condições possíveis. Mas era fevereiro, e a neve parecia implacável. Ela não parava de cair, acumulando quase meio metro por dia. E, durante duas semanas, teríamos que vencer os montes, calçando botas de neve e abrindo uma trilha para um trenó repleto de comida e suprimentos. Quando eu falo em trenó, todo mundo imagina a descida de uma montanha, mas a nossa experiência não foi essa. O nosso pesava mais de 130kg e não saía do lugar se não o puxássemos, o tempo todo. Nós nos revezávamos à frente do trenó, lutando para arrastar aquela coisa, às vezes morro acima. Dávamos 15 passadas e, exaustos a ponto de cuspir sangue, tínhamos de parar e trocar de lugar com as pessoas que seguiam à frente do trenó. Eu era o único canadense e deveria estar acostumado aos duros invernos, mas... não estava. Não cresci nesses terrenos selvagens, dormindo em picos repletos de neve.

Tal situação era perfeita para desenvolver habilidades de liderança (e também disposição para seguir um líder), além de ser um grande teste de resistência física e força mental. Olhando para trás, na verdade, vejo as marcas agradáveis e épicas do empreendimento: a neve que nos cegava, o trenó tão pesado, a dura labuta. Naquele momento, no entanto, nada disso parecia agradável.

Foi então que o comportamento expedicionário entrou em cena. Podíamos decidir nos chafurdar no sofrimento ou focar no que era melhor para o grupo (atenção: o melhor nunca é o sofrimento). Por experiência própria, digo que buscar maneiras de melhorar o ânimo nunca é uma perda de tempo, especialmente quando estamos a dez graus negativos. Em nosso suprimento havia um abacaxi, o que era bem estranho, e alguém teve a ideia de entalhar um rosto nele e chamá-lo de Wilson, em homenagem à bola de vôlei que foi a única companhia de Tom Hanks numa ilha deserta tropical, após um acidente de avião, no filme *Náufrago*. Wilson se transformou em mais um membro da nossa equipe e era tratado com a mesma reverência que Hanks dispensava à sua bola de vôlei. No entanto, o abacaxi acabou ganhando uma aparência nada bonita e o funeral foi inevitável. Mas Wilson serviu ao seu propósito: levantou o nosso moral.

Durante a expedição em Quebec, tive uma ideia que sempre uso como distração quando as coisas ficam complicadas: sugiro que, um a um, todo mundo descreva a forma como ficou noivo de sua esposa ou marido. Todos gostam de contar suas histórias. E eu gosto de ouvi-las, pois grande parte dos astronautas eram mais velhos do que eu quando ficaram noivos, e os seus pedidos foram muito mais bem-orquestrados que o meu. Eu, por exemplo, pedi Helene em casamento no dia dos namorados. Eu tinha 21 anos, ainda estava na academia militar, e a levei para um jantar à luz de velas, com um anel no bolso, pois queria fazer o pedido no restaurante. Porém, quando chegamos lá, decidi que não seria a coisa certa e resolvi deixar o pedido para mais tarde, quando estivéssemos sentados na beira da cama do Holiday Inn de Kingston, em Ontário. Eu estava nervoso, ela soltou um grito e nenhum de nós se lembra exatamente do que disse, embora as lembranças de Helene sejam bem mais poéticas do que as minhas. Dividir essa história com outros astronautas, no meio daquele treinamento de sobrevivência, fez com que eles conhecessem um pouco da minha vida, e as histórias deles, que continham discursos perfeitamente planejados, ditos em praias banhadas pelo Sol, fez com que eu conhecesse um pouquinho das suas vidas. Contar histórias era também uma maneira de nos distrair e esquecer um pouco a dura tarefa de carregar aquele trenó no meio da neve.

Fisicamente, aquela foi a segunda experiência mais dura da minha vida. A primeira foi quando eu tinha uns 14 anos e, com a minha família, passei um longo dia de verão no campo, colhendo milho. Estávamos sentados, prontos para jantar, quando o meu pai entrou em casa, após ter saído para enfiar um longo termômetro numa lata de milho em conserva para ver se os grãos não estavam aquecendo demais e fermentando. Eles estavam fermentando. Se não agíssemos rapidamente, os ganhos de um ano da fazenda seriam perdidos. Levantamos da mesa e corremos para o celeiro, onde, usando pás, começamos a mover os grãos, constantemente, do fundo para o topo das latas, e cada lata tinha quase dois metros de altura. O objetivo era arear e refrescar os grãos. A minha família inteira trabalhou durante a noite para salvar a safra. Não tínhamos a opção de parar de trabalhar.

E não podíamos nos lamentar. O meu pai era um trabalhador incansável, não acreditava que as crianças deveriam reclamar e desaprovava o lamento, pois acreditava ser contagioso e destrutivo. Aliás, comparar dados de quanto uma situação pode ser injusta, complicada ou ridícula costuma unir as pessoas e, algumas vezes, é por isso que as queixas parecem não ter fim, pois tal cadeia reforça a sensação de que estamos lutando sozinhos contra o mundo inteiro. Da mesma maneira, com uma velocidade incrível, o calor da união potencializa o azedume do ressentimento, fazendo com que trabalhos duros sejam encarados como ainda mais intoleráveis, o que não ajuda a terminá-los. O lamento é a antítese do comportamento expedicionário, que trata de reunir as tropas ao redor de um objetivo comum.

Isso é fácil de ser alcançado numa situação desencadeada por um acontecimento fora do normal, como uma missão espacial para recuperar um telescópio ou para instalar um equipamento na Estação Espacial Internacional. Quando o objetivo é bem-definido e o tempo, limitado, grande parte das pessoas se mantém focada nele. Na Estação Espacial, por outro lado, os objetivos são mais intricados: manter os experimentos em dia e manter a Estação. São várias as tarefas meticulosas, que exigem zelo. Como acontece com as tarefas domésticas, elas parecem nunca ter fim. Além disso, ficamos tempo demais por lá, o suficiente para um acúmulo de pequenas queixas e irritações, e tudo isso parece ganhar mais importância com o tempo. Portanto, como comandante da Expedição 35, eu deliberadamente desencorajava a lamentação sempre que a notava em alguma conversa. Ainda assim, não poderia impor a minha vontade sobre os demais membros da tripulação. Só com o reconhecimento de todos eles sobre o valor do comportamento expedicionário seria possível que nos tornássemos um grupo livre das reclamações.

E cada um deles fez algo para promover o espírito de equipe. Tom, por exemplo, que era médico, sabia como tratar a todos de forma gentil e sempre oferecendo apoio. Quando percebia que alguém precisava de ajuda, parava o que estivesse fazendo e ajudava o próximo. De alguma maneira, Tom conseguia deixar claro que a única coisa que importava para ele era nos ajudar. Era como se ele nos dissesse que estávamos lhe fazendo um favor ao permitir que nos ajudasse. Roman, por sua vez, é uma dessas pessoas alegres, que sempre parecem a ponto de soltar uma gargalhada. Ele entende a necessidade da diversão e, quando necessário, levantava o nosso humor pegando uma gaita ou a guitarra da Estação e tocando o *riff* de uma canção que todos conheciam.

A bordo da Estação Espacial Internacional, existe uma bolsa com artigos de festas: uma pequena árvore de Natal e luzes, ovos de Páscoa de plástico, chocalhos de fim de ano, vários chapéus de festa e assim por diante. Essas coisas foram se acumulando ao longo dos anos e oferecem um registro arqueológico interessante e informativo sobre as antigas tripulações, mas resolvi mencioná-las porque Roman não parava de mexer na tal bolsa. Quando participava de videoconferências com a família ou amigos, ou quando queria gravar uma mensagem para alguém, ou mesmo num de nossos jantares de grupo, ele vestia uma jaqueta laranja exótica e uns óculos de Groucho Marx, ou qualquer outra coisa que o deixasse com uma aparência ridícula, para os demais caírem na risada. Ele também não parava de repetir novos vocábulos que aprendia em inglês, aplicando-os de maneira que sabia serem ridículas. Uma vez, quando estávamos trabalhando numa peça traiçoeira, que precisava ser ligeiramente sacudida, ele lançou uma repentina instrução, com um forte sotaque russo: "Sacode o que a mamãe te deu, meu filho!", e caiu na gargalhada.

Mas também trabalhei com gente complicada. Um astronauta, particularmente rude, participou de vários lançamentos dos quais fui Capcom. Tínhamos de trabalhar juntos, especialmente na missão que ele controlou. O Capcom é o maior representante da tripulação na Terra, e eu gostava de contribuir para que tudo corresse bem no espaço, menos quando trabalhava com esse homem. Ele era muito habilidoso tecnicamente, mas também arrogante e dado ao confronto, era o tipo de pessoa que costumava praguejar comigo, me censurar e que, várias vezes, me chamou de completo idiota. Comecei a evitar conversar com ele e, quando ele me desancava na frente do Controle de Missões, eu queria revidar na mesma moeda, encontrar aliados e tentar convencê-los de que não fizera nada errado. Tudo naquele homem me afetava de forma negativa, profissional e pessoalmente.

No entanto, pensei: "Nossa, ele é muito eficaz. Essa é a maneira que ele tem de competir, sempre tentando aterrorizar e desdenhar dos demais. O objetivo dele é o impacto negativo e está funcionando. Ele está fazendo com que eu duvide da minha competência."

Perceber isso me ajudou a parar de reagir emocionalmente àquele abuso e tentar descobrir como aproveitar a situação da melhor maneira possível. Rapidamente, percebi que não deveria aceitar aquele comportamento como algo pessoal. Eu era apenas uma das centenas de pessoas da equipe de apoio que ele imaginava estar planejando sua queda. Certa vez, ele deixou uma secretária aos prantos. Mesmo não nutrindo muito respeito pessoal por ele, aquele homem era um veterano e eu tinha de respeitá-lo profissionalmente, não importando se ele me respeitava ou não. Resolvi deixar suas críticas de lado. E foi o que fiz. Cheguei ao ponto de enxergá-lo como o grande operador de um veículo complexo, dono de grandes habilidades e alguns problemas com fundamento. A chave para trabalhar bem com aquele homem era entender que os problemas eram dele, não meus, e que tudo parecia emanar da insegurança dele. Ele era incapaz de enxergar os colegas como outra coisa além de competidores decididos a destruí-lo e que, portanto, deveriam ser atacados como moscas.

Uma vez, num voo para Washington, a bordo de um jato da Nasa, parei para abastecer e um militar que não me conhecia, ao perceber de quem era o avião, perguntou: "Ei, você conhece o...? Que idiota!" Aquilo foi notável: de tudo o que ele poderia dito, resolveu falar mal do tal astronauta. Eu disse apenas: "Nossa! Você o conhece mesmo."

Aquela história me atingiu em cheio. Eu ficaria horrorizado se um estranho encontrasse um colega meu e perguntasse: "Ei, você conhece o Chris Hadfield? Estive com ele uma vez. Que idiota!" E seria ainda mais terrível se esse meu colega, alguém que me conhecesse muito bem, concordasse com isso.

Foi uma alegria quando esse astronauta deixou o trabalho. Porém, olhando para trás, aprendi muito com ele. Aprendi, por exemplo, que quando devemos fazer uma crítica dura não é boa ideia agir de modo selvagem. Devemos ser cirúrgicos e apontar o problema em vez de atacar a pessoa. Nunca ridicularize um colega nem faça observações indiretas, não importando o quão tentador seja e quão hilário pudesse ser o resultado. Quanto mais veterano você for, maior será o impacto do seu comentário. Não seja direto com as pessoas que trabalham com você. Antes de qualquer coisa, conte até dez.

Tais regras costumam ser boas em qualquer situação, especialmente em assuntos espaciais. Quando enfrentamos problemas sérios em órbita, uma emergência médica ou a falha catastrófica de um equipamento, os colegas de tripulação são as nossas únicas esperanças de sobrevivência. Eles são as únicas pessoas no mundo nessas circunstâncias. Tento manter isso sempre em mente, todos os dias da minha vida, e não apenas no espaço, mas também na Terra.

Se os nossos colegas de tripulação são as únicas pessoas do mundo, eles devem ser os últimos que você desejaria irritar ou afastar da sua vida. Eu cresci numa fazenda, com quatro irmãos e irmãs, e por isso recebi muitas lições em primeira mão sobre a importância de mostrar consideração em assuntos difíceis. Mas eu precisava de outra lição, que recebi na minha última missão.

Eu estava na Estação Espacial Internacional havia umas três semanas quando percebi que precisava cortar as unhas. Eu nunca tinha estado tanto tempo no espaço, e não prestei atenção nesse detalhe, mesmo sabendo que lidar com um aparador de unhas sem gravidade seria algo complicado. Mas tive uma ótima ideia: cortaria as unhas ao lado do filtro de entrada de um conduto de ar. Dessa maneira, imaginei que as minhas unhas seriam sugadas pelo conduto. E funcionou! Cheguei a gravar tal feito em vídeo para que as pessoas na Terra pudessem ver como um ato mundano se transforma em algo estranhamente interessante na falta de gravidade. No entanto, não pensei nas implicações. No fim de semana seguinte, Kevin Ford, comandante da Expedição 34 e responsável por limpar aquela área da Estação, soltou os parafusos para poder aspirar a parte traseira do painel do filtro e acabou sendo atingido pelas minhas unhas no rosto e em todo o corpo. Ele fez o que pôde para recolhê-las com o aspirador, mas não deve ter sido uma tarefa muito agradável. Depois, se aproximou de mim e, educadamente, disse que, da próxima vez que eu cortasse as unhas, seria ótimo se as aspirasse imediatamente do filtro. Fiquei arrasado, mas tudo o que pude fazer foi pedir desculpas e gravar na minha mente que, da próxima vez que resolvesse me gabar de alguma esperteza, deveria pensar nas consequências inesperadas.

No aspecto geral, aquilo não foi grande coisa. No entanto, se eu continuasse cometendo erros parecidos, todos a bordo poderiam ficar irritados, e isso poderia afetar a nossa eficiência como um grupo. Se você é visto regularmente como uma pessoa descortês, ou que só pensa em si mesmo, isso causa um impacto direto na comunicação e, normalmente, também na produtividade global. As pessoas simplesmente não trabalharão tão bem com você como poderiam trabalhar com alguém cujo comportamento fosse um pouco mais expedicionário.

Ao longo dos anos, aprendi que investir no êxito alheio não faz, necessariamente, com que as pessoas apenas aumentem o seu prazer de trabalhar comigo, mas também aumenta as minhas chances de sobrevivência e êxito. Quanto mais um astronauta aprende, quanto mais aperfeiçoa sua capacidade de fazer alguma coisa, eu também melhoro.

Na Expedição 34/35, a última da qual participei, Roman era o comandante da Soyuz, e eu me sentava à sua esquerda, sendo copiloto, e Tom à sua direita. A Soyuz foi projetada para ser pilotada por duas pessoas. Portanto, quem sentava à direita não tinha qualquer responsabilidade além de cuidar de si mesmo, e por isso não recebia treinamento detalhado. Poderíamos deixar apenas uma maleta naquele assento, pois nada aconteceria. Mas Tom queria aprender sobre a Soyuz, por motivos pessoais (ele poderia salvar a pátria, caso notasse algo importante que eu ou Roman não estivéssemos percebendo) e também pensando na nossa empresa: quanto mais profunda fosse a sua experiência, mais valorizado ele seria na avaliação posterior ao voo da Nasa. Isso fez com que, anteriormente ao voo, eu gastasse um pouco mais do meu tempo e energia treinando-o durante horas, explicando os processos em detalhes. Mas foi um ótimo investimento, e não apenas pensando nele como astronauta, mas também na sua capacidade como colega de tripulação. Ainda nas simulações, Tom poderia ter um livro de defeitos aberto na página certa e ser capaz de apontar o que Roman deveria fazer para corrigir algo que deu errado. Se eu tivesse dito: "Veja bem, Tom, por que você não cuida de si mesmo? A gente vai te levar e trazer de volta da Estação, não se preocupe", o nosso grupo não teria se demonstrado tão coeso.

Para mim, "superqualificar" colegas de tripulação é uma rede de segurança para todos, e fiquei feliz ao saber que Tom e Roman pensavam da mesma maneira e também investiam no meu sucesso. Durante os treinamentos, quando falhei num exame prático de atracação da Soyuz, a expressão no rosto de Roman era de compaixão. Ele me presenteou com histórias da época quando, junto a outros cosmonautas, falhou em vários testes, sugerindo técnicas e táticas que eu poderia utilizar para melhorar o meu desempenho, depois me felicitou quando repeti o teste e fui aprovado. E ele não fez isso porque era uma boa pessoa, mas porque quanto melhores fossem as minhas habilidades, mais a sua mente estaria em paz. Ele queria um colega de tripulação que pudesse, em caso de emergência, ser útil de alguma forma.

Não basta arquivar o seu temperamento competitivo. Você deve tentar, conscientemente, ajudar para que os demais tenham êxito. Algumas pessoas enxergam isso como um tiro no pé. Por que ajudar outras pessoas para que elas ganhem vantagem competitiva? Mas não enxergo dessa maneira. Ajudar a melhorar o outro não quer dizer que eu ficarei pior. Na verdade, isso normalmente melhora o meu desempenho, especialmente em situações estressantes. Uma vez, eu estava treinando sobrevivência na água, no Mar Negro, onde, em grupos de três, simulávamos pousos da Soyuz no mar. A história era que mergulhávamos no oceano e precisávamos sair do interior da cápsula, para depois subir a bordo de uma jangada, tudo em menos de meia hora, sempre usando as técnicas adequadas. Eu fazia o exercício com André Kuipers, um astronauta veterano, corpulento, que ainda assim voava na Soyuz, e com Max Ponamaryov, um cosmonauta pequenino e forte, de quase trinta anos, que tinha acabado de concluir o treinamento introdutório. Era verão, usávamos roupa pressurizada e fazia calor no interior da cápsula, tanto calor que fomos obrigados, por segurança, a engolir um transmissor para que outras pessoas pudessem monitorar a nossa temperatura corporal. Suávamos como loucos e basicamente só queríamos sair daquela minúscula cápsula o mais rápido possível. Porém, primeiro, tínhamos que nos livrar das nossas roupas pressurizadas (o que é complicado mesmo com muito espaço livre ao redor) e vestir roupas de sobrevivência na água, que são parecidas com roupas usadas por pilotos de motoneves, e depois um equipamento à prova d'água por cima dela. Em outras palavras, estaríamos muito mais desconfortáveis ainda antes de sair da cápsula.

No entanto, focar no desconforto só pioraria a situação. Resolvemos focar em como apoiar uns aos outros e fazer da primeira experiência de comando de Max um grande êxito. André, que é médico, não parava de nos dizer que deveríamos beber mais água, para não ficarmos desidratados, mas Max, que sem dúvida sentia alguma pressão por ser novato e queria demonstrar o seu valor, parecia relutante num primeiro momento. Por isso, André e eu começamos a tomar uns goles de água, o que fez com que ele se sentisse à vontade para beber também. Aliás, Max começou a trocar de posição com André, que, mesmo sendo o maior de nós três, recebeu o menor assento, o da esquerda, e teve muitos problemas para se livrar da sua roupa pressurizada. Quando o calor parecia insuportável, fingi tremer e disse: "Nossa, que frio!" E isso não serviu apenas como um alívio cômico, mas por algum motivo também físico, e todos começamos a tremer. Por alguns momentos, quase acreditamos que não estávamos banhados em suor. A roupa de sobrevivência na água não cabia em André, mas nós o ajudamos a vesti-la da melhor maneira possível. Logo depois, a operação de saída foi perfeita e Max emergiu das águas como um perfeito comandante.

Talvez, pudéssemos completar a simulação no mesmo tempo se a nossa atitude fosse "cada um por si", ou se eu e o André tivéssemos tomado a dianteira, já que éramos mais experientes. Mas tenho as minhas dúvidas. Focados em ajudar Max a vencer, nós conseguimos superar as dificuldades físicas e melhorar o nosso desempenho individual. O outro grupo, durante o mesmo exercício, não conseguiu trocar de roupa e teve de ser resgatado, o que lhes obrigou a repetir a manobra no dia seguinte. Aliás, aquele exercício tinha muito menos a ver com sobrevivência na água e muito mais com trabalho em equipe.

O que vou dizer vai contra o senso comum, mas acho que é verdade: promover os interesses dos nossos colegas nos ajuda a nos mantermos competitivos, mesmo num campo em que todos são excelentes. E isso é fácil de ser feito quando entendemos que temos interesse no êxito dos nossos colegas. Em momentos de crise, queremos que eles nos ajudem a sobreviver e a alcançar o sucesso. E eles talvez sejam as únicas pessoas capazes de nos ajudar.

6

A PARTIR DESTE MOMENTO, O QUE PODERIA ME MATAR?

Da mesma maneira como é mais perigoso caminhar por um bairro degradado sozinho, um piloto militar está mais vulnerável quando sobrevoa sozinho um terreno inimigo. Por isso aprendemos a voar em formação: quando temos alguém ao nosso lado, cuidamos uns dos outros.

No entanto, também é possível nos matar, e sem fazer muito esforço. Voar em formação fechada requer um foco afiadíssimo. Temos que ser capazes de ignorar absolutamente tudo e simplesmente seguir o líder, executando as manobras com precisão. Percebi a importância de fazer isso numa das primeiras vezes que voei em formação, num treinamento básico sobre jatos. Estávamos em nossos Tutors. Éramos quatro em linha e nos distanciávamos como as pontas dos dedos das mãos. Eu era o terceiro, estava entre outros dois, e notei algo surgindo no meu campo de visão. Aliás, o que notei estava no interior do meu visor. Era um inseto qualquer, e tão perto do meu olho que foi difícil distingui-lo.

Era uma abelha. Uma abelha bem grande, e muito perto dos meus olhos.

Não é raro que um inseto fique preso no cockpit quando o fechamos, mas eu nunca tinha percebido um deles no interior do meu visor. E aquela abelha se movia lentamente. Devia estar grogue, por conta do ar rarefeito da altitude. A desorientação pode deixar uma abelha na defensiva e disposta a picar, mas não havia nada que eu pudesse fazer. Não poderia assoprá-la para fora do visor, pois eu estava usando máscara, e ao mesmo tempo não queria alarmá-la. O importante era continuar voando sem percalços. Além disso, eu estava preso entre dois aviões. Não poderia me afastar, sem antes avisar. Se eu quebrasse a formação, deixaria os pilotos ao meu lado em risco. Os nossos aviões seguiam muito próximos.

Saber que as apostas eram altas me ajudou a evitar o instinto de aumentar a distância entre o meu rosto e aquela abelha. No entanto, não posso dizer que fui capaz de me esquecer da sua presença, e seria impossível não acompanhá-la com os olhos. Fechar os olhos não era uma opção. Ainda assim, consegui guardar a informação até o momento em que pude passar uma mensagem de rádio ao líder, pedindo para me afastar um pouco, abrir o meu visor e liberar a abelha.

Nada é capaz de deixar a nossa mente mais focada do que pilotar um jato. Eis um dos motivos por que a Nasa exige que os astronautas pilotem aviões T-38: guiá-los nos força a nos concentrar e priorizar, de modo semelhante ao necessário no interior de uma espaçonave. Ainda que os simuladores sejam ótimos para construir, passo a passo, conhecimentos sobre um procedimento específico, a pior coisa que pode acontecer numa simulação é tirarmos uma nota baixa em nosso desempenho. Num T-38, por outro lado, avião de treinamento antigo, rápido, mas com pouco tanque de combustível e não muito ágil nas manobras, temos de operar sistemas complexos e imperdoáveis, e num ambiente dinâmico. O clima e os ventos estão em eterna mutação. Somos constantemente forçados a tomar decisões: voltar ou acelerar quando temos pouco combustível? E o que fazer quando uma tempestade se aproxima e há algo de errado com o avião? No entanto, tomar decisões de vida ou morte, sem hesitar, é uma habilidade que exige constante adaptação. Para voar num T-38, devemos estar sempre firmes.

Mesmo durante um voo tranquilo, é crucial manter o foco e estarmos preparados para qualquer eventualidade. Quando estamos a 150 pés do chão, viajando a 400 nós, o que é comum no caso de pilotos de combate ou de teste, devemos nos concentrar no que temos diretamente à nossa frente. Caso contrário, morreríamos. Esse tipo de foco, tão intenso, tem menos a ver com o que enfrentamos do que com o que ignoramos. Quando digo ignorar, estou falando em bloquear por completo. Devemos fingir que as discussões com o chefe e as preocupações financeiras não existem. Devemos ser capazes de nos manter indiferentes a tudo o que não acontecerá nas próximas milhas. Existe apenas uma questão essencial: a partir deste momento, o que poderia me matar? E focar nesse perigo, seja ele qual for, é o que poderá nos manter vivos.

Claro que a sorte também tem o seu papel. Uma vez, dei um puxão no manche enquanto treinava uma batalha de homem contra homem, num CF-18, e sem querer desconectei o meu traje anti-G, ou seja, antigravidade. Os CF-18 têm um painel (HUD) que parece uma projeção brilhante, verde, à frente de uma tela. Não é preciso olhar ao redor, toda a informação importante está ali, naquele painel. Uma câmera de vídeo filma o tal HUD e, mais tarde, sempre assistíamos à fita para ver o que aconteceu e discutir. Por conta disso eu soube que fiquei inconsciente, durante 16 segundos, após o meu cotovelo ter batido na mangueira do traje anti-G no exato momento em que o avião atingia a maior aceleração possível. Resultado: o sangue sumiu do meu cérebro e eu desmaiei. Quando voltei, pensei: "Nossa, que sono bom. Me sinto ótimo. Mas o que é isso? Parece que alguém está falando pelo rádio. Será que estou dormindo? Que estranho... parece o Denis. Espera. O que está acontecendo? Eu estou num *avião*?" Tudo isso passou pela minha cabeça até o momento em que abri os olhos e descobri: sim, eu estava num avião, e Denis, o outro piloto, simulava um tiroteio contra mim, sem entender por que eu voava tão tranquilamente.

Aqueles 16 segundos poderiam ter sido suficientes para me matar. E para matar Denis. Foi a sorte que me manteve vivo enquanto estava inconsciente. Em seguida, entrou em cena a "percepção operacional": ser capaz de enxergar a situação como um todo e focar no que poderia me matar dali em diante; foi isso o que me manteve vivo após eu ter recuperado a consciência. Não perdi um segundo pensando no motivo que me levou a desmaiar. Numa crise, o "porquê" é irrelevante. Eu tinha de saber onde estava e deveria priorizar o que importava naquele minuto. E o que importava era voltar à Terra imediatamente. Mais tarde, eu teria muito tempo para descobrir o que aconteceu. (E descobrimos. Por conta disso, a conexão do traje anti-G ao CF-18 foi alterada, para que não pudesse ser desconectada acidentalmente.)

Se estamos focados nas coisas erradas, como numa abelha no capacete ou no que desconectou nosso traje antigravidade, é bem provável que deixemos escapar uma breve oportunidade de nos salvar num momento crítico. No caso de uma emergência real, num avião de combate (na falha de uma engrenagem durante a decolagem, por exemplo, ou num incêndio no cockpit), costumamos ter apenas um ou dois breves segundos para tomar as decisões que determinarão se vamos morrer ou não. Não há tempo para consultar *checklists*. Precisamos conhecer o que está em "negrito", ou seja, as ações absolutamente vitais à nossa sobrevivência — em nossos manuais, elas estão destacadas e em letras maiúsculas e negrito.

"Negrito" é um termo conhecido dos pilotos, palavra mágica que descreve os procedimentos capazes de, num momento de crise, salvar nossas vidas. Costumamos dizer que o "negrito é escrito com sangue", pois costuma surgir após a investigação de um acidente. Ele destaca os vários passos que deveriam ter sido dados para evitar um acidente fatal, mas que não foram dados.

Em Bagotville, em 1986, o meu melhor amigo, Tristan de Koninck, e eu passamos pela experiência com mais poder de aproximar dois homens: fomos juntos a uma clínica para fazer nossas vasectomias. Essa foi uma cláusula inegociável para que eu mantivesse o meu casamento com Helene logo após ela engravidar do nosso terceiro filho, Kristin. Tristan era pai de duas meninas, mais ou menos da idade dos nossos filhos, e a sua esposa acreditava que o casamento deles se beneficiaria com um pouco menos de fertilidade.

Na clínica, entrei primeiro e fingi gritar e espernear durante o procedimento, pois sabia que ele estaria ouvindo na sala de espera e queria assustá-lo. Mas não funcionou. Tristan tinha sido Snowbird, ou seja, piloto acrobático, durante dois anos antes de começar a pilotar aviões de combate, e possuía nervos de aço. Saímos doloridos da clínica, mas sorridentes.

Cerca de um mês mais tarde, fui enviado a Bermuda. Tristan voltou ao Canadá, onde fez uma apresentação com o CF-18 na ilha Prince Edward. O céu estava nublado, com cerca de 300 pés de nuvens, quando ele, no dia seguinte, levantou voo para voltar a Bagotville. Num primeiro momento, ele voou baixo, depois entrou no meio das nuvens. Passado um minuto, o avião começou a cair a 700 milhas por hora. A queda destruiu o avião, e tudo o que encontraram do meu amigo foi um pequeno pedaço do seu calcanhar. Aquilo foi inexplicável. Tristan era um excelente piloto, com uma formação bem superior à minha.

Quando voltei a Bagotville, para o funeral, cantei "This Old Guitar" usando o seu violão. Era o mesmo violão que ele usava quando tocávamos juntos. Foi uma das coisas mais difíceis que já fiz na vida. E tive de ensaiar centenas de vezes, até conseguir terminar a minha performance sem cair no choro.

Passado um tempo, trabalhei na investigação do acidente, mas nunca descobrimos o que aconteceu com o avião de Tristan. Ele não fez qualquer ligação usando o rádio. A telemetria e os dados do radar do avião não eram conclusivos. Quando o CF-18 apresenta falhas sutis nas suas telas, ficamos sem saber como ganhar altitude. Pode ter sido esse o problema. No entanto, várias outras coisas ocorrem no interior dos nossos corpos durante uma rápida aceleração. O nosso próprio sistema pode nos alimentar com informações não acuradas. Quando entramos rápido demais numa nuvem, confiamos nos instrumentos para saber o que está acontecendo. Portanto, se eles mentem, ficamos debilitados, perdidos, e podemos descer verticalmente sem perceber o que está acontecendo. Ainda assim, pode ter sido outro o motivo do acidente. Nunca saberemos. A única certeza que tenho é de que Tristan conhecia os "negritos", mas nem isso foi capaz de salvá-lo.

Conhecer os negritos pode salvar vidas, mas não é nenhuma garantia. Você pode ser o melhor motorista do mundo, com o carro mais seguro do mundo, mas, se um caminhão avançar o sinal e passar por cima do seu carro, nada disso adiantará. Na teoria, sempre entendi isso, mas perder um amigo tão próximo, uma pessoa que sabia ser um ótimo piloto, fez com que entendesse na prática. Estar sempre atento ao lado escuro, debulhar as pequenas coisas, enxergar os nossos colegas como as últimas pessoas vivas no mundo, conhecer o que está em negrito e reconhecer o momento de utilizá-lo... Algumas vezes, nada disso nos salva. Porém, numa crise real, que outra esperança podemos ter? Quanto mais coisas sabemos, mais afiada será a nossa percepção operacional e mais equipados estaremos para lutar contra algo inesperado, pois lutaremos até o fim.

Tristan foi o meu primeiro amigo piloto que morreu fazendo o seu trabalho. Depois dele, porém, perdi praticamente um amigo piloto por ano. Faz parte do nosso trabalho como pilotos de combate. Todos sabemos que isso é uma realidade, mas nunca nos acostumamos a ela. Cada perda é um choque profundo, seguido de uma onda de pesar. Nunca culpei um avião por tirar a vida de um amigo. Na verdade, sempre soube que deveria culpar uma série de circunstâncias.

Portanto, o impacto nunca me levou a ter medo de voar, mas me deixou mais determinado a entender o que poderia ser feito para que eu e outros pilotos pudéssemos vencer sérios problemas.

Como piloto de teste em Pax River, passei anos tentando entender como deixar os aviões de combate mais seguros. E fazia isso pensando, de maneira sistemática, no que poderia matar um piloto, para depois criar um novo "negrito" capaz de ajudar a prevenir tal problema. O objetivo era oferecer aos pilotos de frotas regulares, que tinham acabado de se formar no treinamento básico de jatos, tudo o que eles deveriam saber sobre como resolver um problema para que, mesmo não conseguindo salvar seus aviões, pudessem escapar, salvando a si mesmos.

E fizemos isso tirando aviões F-18 do controle, deliberadamente, para depois descobrir como controlá-los. Era uma experiência louca. Fisicamente, era como viajar numa montanha-russa: pode ser confortável na subida, mas quando começa a descer o pânico cresce e surge a sensação de uma força externa, imprevisível. Entre as violentas acelerações e giros nauseantes, éramos os únicos responsáveis por manter várias coisas sob controle, como altitude e engrenagens, coisas que poderiam sofrer com as constantes mudanças de pressão do ar. Ao mesmo tempo, tentávamos analisar a experiência: qual era a taxa de rotação? Foi muito complicado segurar o manche?

Trabalhar como piloto de testes em programas "fora de controle" reforçou a minha habilidade de focar no que é essencial, mesmo atolado num verdadeiro caos. Eu aprendi a nunca desistir de um problema e a nunca ter certeza que tudo terminará bem. No entanto, nunca imaginei que colocaria tudo isso em prática em terra firme.

Se não tivesse entendido como focar e resolver um problema, não teria viajado ao espaço pela terceira vez. Aliás, quase não viajei.

No final de agosto de 1990, quando era piloto de teste em Pax River, voltei a Stag Island com a minha família, para passar umas férias. Logo após a nossa chegada, os meus parentes deram uma grande festa, o tipo de evento em que as pessoas se reúnem ao redor de uma churrasqueira, tocam violão e bebem uísque, ao mesmo tempo que comem milho e cachorro-quente. Na mesma noite, acordei com dor no intestino. Sempre que como muito, sou pego pela minha gula, mas aquilo foi diferente. Eu estava em agonia. Quando a manhã chegou, fui levado ao Hospital Geral de Sarnia. Eles me injetaram morfina, o que fez com que eu alucinasse, pensando em montanhas-russas e cobras, com o meu pai convencido de que eu estava morrendo de câncer e os médicos falando em cirurgia exploratória.

Assustada, Helene chamou Charlie Monk, médico e nosso amigo de Stag Island. Ela explicou a Charlie que, se eu não voltasse a Pax River em algumas semanas, e em perfeitas condições, como estava previsto, poderia perder meus exames médicos. A carreira de um piloto militar depende de exames médicos. Perdendo tais exames, estamos fora. A cirurgia abdominal seria particularmente problemática: quando estamos num avião de combate, vestindo um traje anti-G, o peso extra no nosso abdômen pode acabar com os pontos de uma operação no meio da viagem. Charlie explicou tudo isso aos médicos que me tratavam. No entanto, três dias mais tarde, quando eu estava melhorando sem que eles soubessem a causa do meu problema, decidiram que a operação seria a única solução.

Abrindo o meu corpo, encontraram o problema: um mero filamento de cicatriz da pele, formado após uma operação de apêndice aos meus 11 anos, criou uma ponte sobre o meu intestino, que o estava estrangulando. O cirurgião cortou tal filamento e voltou a fechar o meu corpo, deixando uma impressionante cicatriz de vinte centímetros no meio da minha barriga. Mas eu me sentia bem. Duas semanas mais tarde, estava andando a cavalo. Quando voltei a Maryland, os médicos da Marinha norte-americana me checaram e permitiram que eu voasse. Um mês após ter saído do hospital, eu estava de volta num F-18.

Na época, pareceu muito arriscado, mas o meu atendimento de emergência foi uma verdadeira sorte. Se o problema no meu intestino não tivesse sido localizado em 1992, ano em que dei entrada no processo para ser aceito pela Nasa, eu falharia no exame médico. Um problema que eu nem sonhava ter poderia destruir as minhas chances de um dia ser astronauta. Os candidatos à Nasa costumam ser regularmente dispensados por mínimos revezes médicos.

Nas duas décadas seguintes, o meu problema de saúde mais sério foi uma gripe. Passei nos exames físicos para os voos no ônibus espacial sem qualquer problema, e em 2001 fui aprovado no exame médico mais rigoroso do mundo, que me permitia viajar à Estação Espacial Internacional. Anos mais tarde, no final do outono de 2009, a tripulação da Expedição 35 foi destacada e eu soube que seria o comandante. Trabalhei com esse objetivo durante toda a minha vida adulta, e foi um orgulho conseguir a vaga, mas ao mesmo tempo me sentia muito pequeno frente a tudo aquilo. Eu queria responder à altura, justificando a confiança da Nasa e o investimento da CSA. Seria a primeira vez que um canadense comandaria a Estação Espacial Internacional, e apenas a segunda vez que tal posição era deixada nas mãos de alguém que não fosse norte-americano ou russo.

As tripulações são treinadas para cuidar de tudo a bordo, do dispensador de água potável aos sistemas do módulo japonês, mas os graus de especialização variam. Estar certificado como usuário significa ter conhecimentos básicos, ser capaz de ligar e desligar alguma coisa. Os operadores, por sua vez, podem comandar um módulo ou um sistema sem ajuda e sabem como funcionam, mas não como consertá-los. Os especialistas podem fazer tudo isso: operar, entender e consertar. Ser especialista em todos os módulos e sistemas exigiria muitíssimas viagens e centenas de horas extras de treinamento, mas eu nunca chegaria a utilizar na Estação Espacial Internacional grande parte do que eu aprenderia. Mas tudo bem. Resolvi tentar ser designado como especialista no maior número de módulos e sistemas possíveis. Aquela seria a minha última chance de fazer uma contribuição real ao programa espacial, pois nunca mais teria uma chance de sair da Terra.

Por volta de outubro de 2011, eu era especialista em quase todos os sistemas, experimentos e módulos. Estava treinando havia dois anos, trabalhando durante as noites e fins de semana e passando 70% do meu tempo na Rússia ou em outro ponto do planeta. E fiquei contente ao voltar a Houston com Helene, por algumas semanas, mas o meu estômago não parecia muito bem. Eu continuava me recuperando da gripe, por isso resolvi visitar a clínica da Nasa. O médico me disse não acreditar que o problema fosse a gripe. Ele me enviou ao hospital, suspeitando de uma obstrução intestinal, que foi confirmada com uma ressonância magnética.

A notícia não era nada boa. No entanto, algumas obstruções se curam sozinhas. Era o que eu esperava que acontecesse, mas aquela internação no hospital acabou confirmando a crença de que tudo o que pode dar errado acaba dando errado: acidentalmente, eles me desidrataram e, após três dias, eu estava muito mais doente do que quando entrei no hospital. O cirurgião que cuidava do meu caso avisou que me operaria no dia seguinte. Ele queria fazer o que o cirurgião de Sarnia fizera em 1990: abrir uma grande incisão no meu abdômen e procurar o problema. No entanto, em duas décadas, os procedimentos de laparoscopia tinham avançado muito, passando a envolver uma mínima incisão e o uso de um laparoscópio para transmitir as imagens ao monitor de vídeo. Como a cirurgia era minimamente invasiva, os riscos de complicações eram muito mais baixos do que os da cirurgia tradicional, e o tempo de recuperação também seria menor.

Porém, como eu já tinha passado por tudo aquilo, a ideia de ser operado naquele hospital não era nada agradável. Além do mais, se o cirurgião me operasse usando as técnicas tradicionais, com bisturi e abrindo uma grande incisão, eu não viajaria à Estação Espacial Internacional em 2012. Seria desqualificado pelos médicos. No entanto, se a técnica utilizada fosse a laparoscopia, eu teria alguma chance. Isto, claro, se o problema se revelasse de fato menor. Tínhamos 24 horas para resolver a questão e eu estava, naquele momento, me sentindo realmente mal. Helene fez uma ligação e, em pouco tempo, fui enviado a outro hospital, onde recebi um tratamento excelente, sendo encaminhado à laparoscopia com o dr. Patrick Reardon, que cuidou da ex-primeira dama Barbara Bush.

Ele fez duas mínimas incisões no meu abdômen e, usando aparelhos parecidos com uma cobra, com apenas três milímetros de largura, rapidamente localizou o problema: a cirurgia de 1990 criou uma aderência de quatro centímetros, um pingo de cicatriz, basicamente. Grande parte das operações abdominais resulta em aderências, que são uma das causas mais comuns de obstruções, por conta da sua capacidade de torcer ou bloquear os intestinos. E era exatamente isso o que acontecia comigo: aquela aderência, provavelmente inflamada por conta do vírus da gripe, estava colando os meus intestinos à parede abdominal. Quando o dr. Reardon soltou a aderência, tudo voltou ao devido lugar. Após inspecionar minhas entranhas, ele fechou a incisão e disse que eu não deveria ter novas complicações.

No entanto, eu sabia que isso não era certo. Surgiu um novo problema para ser resolvido no meu trabalho: eu teria que convencer os poderosos de que estava perfeitamente saudável para viajar ao espaço. Além do mais, eu não era portador de nenhuma condição crônica e um dos principais cirurgiões da América do Norte me liberou sem ressalvas. No entanto, caso surgisse uma ocorrência no espaço, a nossa missão seria interrompida, eu teria de voltar à casa mais cedo e outra tripulação seria obrigada a adiantar sua partida para nos substituir. O custo disso tudo seria astronômico.

Porém, antes de convencer outras pessoas de que eu poderia viajar ao espaço, eu deveria convencer a mim mesmo. Eu queria voltar ao espaço, claro, mas, se existisse alguma chance de um problema físico obrigar a minha evacuação da Estação Espacial Internacional, eu deveria assumir a responsabilidade e me afastar da missão. Eu precisava descobrir qual era o risco real de uma recorrência. Eu e Helene começamos a pesquisar e conversar com médicos. Nesse meio-tempo, eu me sentia perfeitamente bem e decidi voltar aos treinamentos, mas não estava liberado para uma viagem espacial. Todos os países envolvidos na Estação Espacial Internacional deviam assinar a minha permissão, o que seria complicado por conta do dinheiro investido por eles no projeto.

Nos dois meses seguintes, um painel de especialistas (composto por cirurgiões, médicos militares e autoridades em medicina aplicada às viagens espaciais) pensou no assunto para enviar uma recomendação à Multilateral Space Medicine Board (MSMB), que incluía representantes dos Estados Unidos, Canadá, Europa, Japão e Rússia. Para decidir se eu apresentava ou não risco estatístico, eles precisavam de estatísticas. Portanto, um médico foi contratado para revisar as pesquisas sobre as possibilidades do surgimento de uma nova obstrução após uma cirurgia. No entanto, como já sabíamos, grande parte dos estudos foi feita antes das cirurgias com laparoscopia serem comuns, e muitos deles misturavam pessoas que tinham passado por procedimentos pequenos, como o meu, com outras que tiveram problemas sérios, como grandes traumas internos após acidentes automobilísticos ou operações para a remoção de tumores. E tais estudos demonstravam que o risco de um problema futuro era inaceitavelmente alto: 75%.

Eu não sou especialista médico, mas algo me dizia que aquelas informações não tinham muito a ver com a minha situação. O meu problema foi pequeno e resolvido com o auxílio da tecnologia mais moderna e menos invasiva possível. O próprio dr. Reardon disse ao MSMB que o meu risco de sofrer uma nova obstrução intestinal na Estação Espacial Internacional era de apenas 0,001%. Ou seja, a chance de sermos obrigados a evacuar a Estação para me trazer de volta era significativamente menor do que as chances de um astronauta ser obrigado a abandonar a missão por um problema dentário.

Achei importante que tal risco mínimo também fosse incluído no contexto. Viajar ao espaço é inerentemente perigoso, e atividades como a caminhada no espaço aumentam tal perigo. Vendo por esse prisma, o risco de recorrência era irrelevante. Conversei com os dois médicos canadenses que faziam parte do MSMB, apresentando-lhes o máximo de informações possível sobre os procedimentos de laparoscopia, para que eles estivessem bem-preparados para a reunião. Quando os membros do comitê internacional se reuniram, em novembro de 2011, a decisão foi unânime: eles me liberavam para viajar ao espaço, mas queriam ver alguns dos estudos feitos pelo dr. Reardon.

Ufa! No final, tudo sempre termina bem. Mas essa história ainda não terminou. Dois meses mais tarde, soube que alguns médicos da Nasa não estavam satisfeitos com o resultado e pediram novas provas aos seus colegas canadenses. No entanto, como acontece com vários médicos muito solicitados, o dr. Reardon não teve tempo para publicar os resultados. Aliás, ele não tinha nem um artigo de jornal acadêmico impresso para entregar, apenas a sua opinião de especialista, baseada em sua extensa experiência. Portanto, sem o meu conhecimento, um novo painel, este formado por quatro cirurgiões que mexiam com laparoscopia, teve que decidir se seria uma boa ideia fazer o que eles chamavam de "uma rápida olhadinha lá dentro", ou seja, uma cirurgia exploratória para ver se eu realmente estava bem ou não.

Ninguém falou nada sobre isso comigo nem com os cirurgiões da Nasa, que seriam os primeiros responsáveis caso algo acontecesse na Estação Espacial Internacional. Tanto segredo e tanto paternalismo me chatearam. Eles pareciam confiar em mim para comandar uma espaçonave internacional, mas tomavam decisões sobre o meu corpo, como se eu fosse um ratinho de laboratório, sem me dar qualquer explicação. Uma coisa eu aprendi: não poderia supor que todos os médicos eram especialistas em qualquer procedimento e problema de saúde. As informações que cavamos sozinhos tinham sido importantes até então e deveriam ser capazes de balizar os riscos médicos no contexto de uma viagem espacial. Portanto, manter-me longe da jogada só faria sentido se os especialistas fossem oniscientes e se eu não pudesse dar qualquer contribuição à discussão.

Isso foi outra coisa que me chateou. Da mesma maneira que um grupo de cabeleireiros pode nos recomendar um novo corte, um grupo de cirurgiões pode recomendar uma cirurgia. E foi exatamente isso o que aconteceu, ainda que três dos quatro cirurgiões acreditassem que o risco de recorrência era baixo ou inexistente.

Assim sendo, em janeiro, fui chamado para uma nova cirurgia. A minha primeira reação "Tudo bem, mas só vou fazer isso porque vocês insistiram" rapidamente se transformou num firme "Não". Eu e Helene estávamos pesquisando como loucos, e quanto mais aprendíamos, mais idiota parecia aquela "rápida olhadinha lá dentro". Encontramos dois estudos que cobriam casos exatamente iguais ao meu: após a recuperação de uma cirurgia, as pessoas desenvolveram obstruções que foram resolvidas com laparoscopia. A taxa de recorrência? Zero. Para mim, aquela seria a melhor prova de que eu poderia viajar à Estação, especialmente sabendo que, de todos os outros ângulos, a minha saúde era, como sempre, excelente. Além do mais, como acontece em qualquer cirurgia, o procedimento que estava sendo proposto poderia acrescentar uma boa quantidade de novos riscos. Eu poderia apresentar uma reação adversa a um anestésico ou desenvolver uma infecção. Também poderia ser vítima de um erro cirúrgico. E qualquer dessas coisas poderia me eliminar da missão espacial. Na minha cabeça, uma operação desnecessária não fazia sentido, além de abrir um problemático precedente: e quanto aos outros 20% de astronautas que passaram por operações de apendicectomia e também poderiam sofrer aderências? Eles fariam uma cirurgia exploratória para uma "rápida olhadinha"?

Havia algo mais a ser considerado: os riscos que correria o próprio programa espacial, caso eu não participasse da missão. Eu era o substituto de outra comandante, Sunita Williams, que deveria decolar em julho. Quem mais poderia substituí-la? A resposta, com o pouco tempo que faltava, era: "Ninguém." Assim como Suni, eu fui treinado para viajar no banco esquerdo de uma nova espaçonave, a Soyuz 700, que era digital, não analógica, e portanto tinha painéis e procedimentos de controle diferentes. Se eu fosse afastado, a CSA não poderia me substituir. Nenhum outro canadense estava qualificado para voar na Soyuz, no modelo novo nem no antigo. A Nasa também não poderia me substituir, pois o meu substituto por lá era um astronauta que nunca viajou ao espaço antes. Sem dúvida, ele era um homem muito competente, mas não poderia ser treinado até julho. Para buscar alguém qualificado, como pontuou o astronauta-chefe do JSC, cinco outras tripulações seriam afetadas, gerando um significativo risco ao programa como um todo. Se as chances de eu me sentir mal no espaço fossem altas, a única opção seria assumir o risco. Mas elas não eram altas. Na verdade, eram tão baixas que poderiam ser negligenciadas.

Os meses seguintes da minha vida, enquanto eu continuava a treinar para a expedição, mesmo sem saber se a lideraria ou não, foram dignos de Kafka. Eu fazia um esforço para me concentrar nos treinamentos, aprendendo tudo o que podia, e ao mesmo tempo tentava ignorar a confusão nos bastidores. Eu era refém de um enigma burocrático no qual a lógica e as informações simplesmente não contavam. Tudo o que importava eram as políticas internas e as opiniões amadoras. Médicos que nunca tinham feito uma laparoscopia davam pitacos. Todos falavam em riscos médicos, como se os enormes riscos ao programa espacial fossem irrelevantes. Eu e Helene, junto a outros médicos da Nasa, passamos muito tempo e gastamos muita energia mergulhados em estudos, conversando com especialistas, enviando e-mails a administradores, criando complicados gráficos e quadros para comparar dados médicos e diferentes fatores de risco. Nós simplesmente buscávamos novos caminhos para persuadir os administradores de que o meu voo seria seguro.

Ao mesmo tempo, o MSMB anunciou: as evidências reunidas foram capazes de convencer os membros internacionais do painel de médicos, mas não os norte-americanos, que queriam mais provas.

Tais notícias não eram boas. Nós tínhamos apresentado o que considerávamos, junto aos especialistas que nos ajudaram, evidências esmagadoras. Se isso não resolvia o problema, o que poderia resolver? Era como se estivéssemos tentando vencer um caso contra uma superstição, contra algo que a ciência não é capaz de responder. Poderíamos, por exemplo, apresentar todas as evidências possíveis para garantir que não há risco de passar embaixo de uma escada, mas um supersticioso continuaria evitando as escadas.

O CSA não parava de dizer que eu deveria ficar calmo e não me preocupar. Eles tinham certeza de que tudo terminaria bem. E tal postura, claro, tinha a ver com a manutenção do caráter nacional: os canadenses são conhecidos por sua educação. Somos uma nação de pessoas que seguram a porta para os demais passarem e que não param de agradecer, mas também fazemos muitas brincadeiras com isso. Como poderíamos tirar trinta canadenses bêbados de dentro de uma piscina? Bastaria dizer: "Por favor, saiam da piscina." Aliás, sob circunstâncias normais, eu e Helene seríamos os primeiros a sair da piscina, mas aquela não era uma circunstância normal. Tudo indicava que os canadenses estavam exagerando na sua pose de canadenses, confiando que a lógica, no final das contas, resolveria a situação. Mas para nós, sem dúvida, a nossa coleta de dados era crucial (aliás, crucial para mim e também para o projeto espacial canadense). Muitos milhões de dólares tinham sido investidos no meu voo. Muitas experiências canadenses seriam enviadas na minha missão. Ter um canadense no comando de uma espaçonave internacional não seria uma mera fonte de orgulho patriótico, mas também uma justificativa para o nosso programa nacional, cujo fundamento, como o da Nasa, vive sob eterna ameaça. Se parássemos de tentar resolver o problema, eu não viajaria ao espaço, pois um único médico veterano da Nasa poderia me vetar.

Porém, na última hora, poucos dias antes de um encontro marcado para o mês de março, quando a Nasa finalmente tomaria a sua decisão, alguém da MSMB apresentou uma solução: um ultrassom seria capaz de revelar se eu poderia sofrer outra aderência. Fiquei estupefato. Durante meses, não parei de buscar outros caminhos, algo menos invasivo que uma cirurgia, e a resposta sempre era: "Não, a única opção possível é a cirurgia." No entanto, de repente, todos pareciam acreditar no ultrassom, que seria, claro, operado pelo radiologista mais qualificado. Mas essa pessoa estava de férias, e eu tive uma semana para fazer algumas pesquisas, tempo suficiente para descobrir que o ultrassom apresenta 25% de chance de falsos positivos. Em outras palavras, o teste poderia determinar uma aderência, embora tal diagnóstico tivesse uma em cada quatro chances de ser falso. Ainda assim, mesmo que eu tivesse uma aderência, quem poderia saber se ela deveria ou não ser tratada? Ninguém parecia se preocupar com isso, só Helene e eu.

Quando chegou o dia do ultrassom, passamos os 45 minutos de viagem até o hospital resignados. Tínhamos lutado por aquela missão até o último minuto. E o momento da verdade havia chegado, de conversar sobre o que fazer caso o ultrassom detectasse algo negativo. Pensamos em algumas possibilidades: eu poderia permanecer em Houston mais tempo do que o planejado ou me retirar e buscar trabalho como consultor aeroespacial.

A principal decisão que tomamos no caminho para o hospital foi que não definiríamos nada baseados naquela experiência. Eu não passaria o resto da minha vida sendo o comandante que não comandou, o pobre coitado que não conseguiu viajar pela terceira vez ao espaço. Nós, que já tínhamos visto o que havia acontecido com outros astronautas que perderam suas missões, chegamos à conclusão de que o que poderia nos matar, metaforicamente, não seria o ultrassom, mas a perda de propósito. Felizmente, também conhecíamos o "negrito" que poderia nos salvar: focar na jornada, não na chegada ao destino. Deveríamos continuar olhando para o futuro, e não ficar de luto pelo passado.

Chegamos ao hospital nos sentindo muito bem. Independente do que acontecesse, continuaríamos nos sentindo bem. O especialista passou um gel no meu estômago, depois usou vários aparelhos para observar a região. A inspeção não começou de forma animadora. O médico disse: "Ah, não era isso o que eu esperava ver." Ele esperava observar um movimento, o chamado "deslizar intervisceral", e girou o monitor para que eu também pudesse ver. Helene segurava a minha mão, de costas para o monitor. Estava tensa, mas resignada. Um minuto se passou. Fui obrigado a admitir que nada se movia.

Eu falhei. No entanto, mesmo desapontado, estava curioso. Será que eu realmente não estava com a razão? Havia algo de errado comigo, no final das contas? Os meus olhos ficaram grudados no monitor. Comecei a respirar de maneira mais curta, estirando e relaxando os músculos do estômago, desejando fazer com que tudo lá dentro se movesse. Eu queria ir ao espaço, claro, mas também queria ter a certeza de que estava bem.

Após anos de estudos e treinamentos, uma minúscula parte do meu intestino poderia tomar conta da situação. E, milagrosamente, foi isso que aconteceu. O médico sorriu, depois ligou o gravador para registrar o movimento no vídeo: deslizar intervisceral. Outro doutor entrou na sala e verificou o resultado. O alívio era palpável.

De volta ao nosso carro, Helene e eu começamos a ligar para algumas pessoas que sabiam daquela história toda. Era como se tivéssemos vencido uma espécie de luta entre Davi e Golias. Aliás, mesmo sem saber, até então, eu passei a minha vida adulta inteira me preparando para aquela luta. Aquele foi o meu último teste "fora de controle", trabalhando com um problema sério e complexo, ao mesmo tempo em que permanecia, profissionalmente, em queda livre, mas sem nunca perder o foco no objetivo final da missão: preparar a minha tripulação para a viagem espacial, sem me importar se eu estaria ou não nela. No entanto, não havia tempo para festejar a vitória. Eu tinha trabalho para fazer.

Afinal de contas, eu viajaria ao espaço.

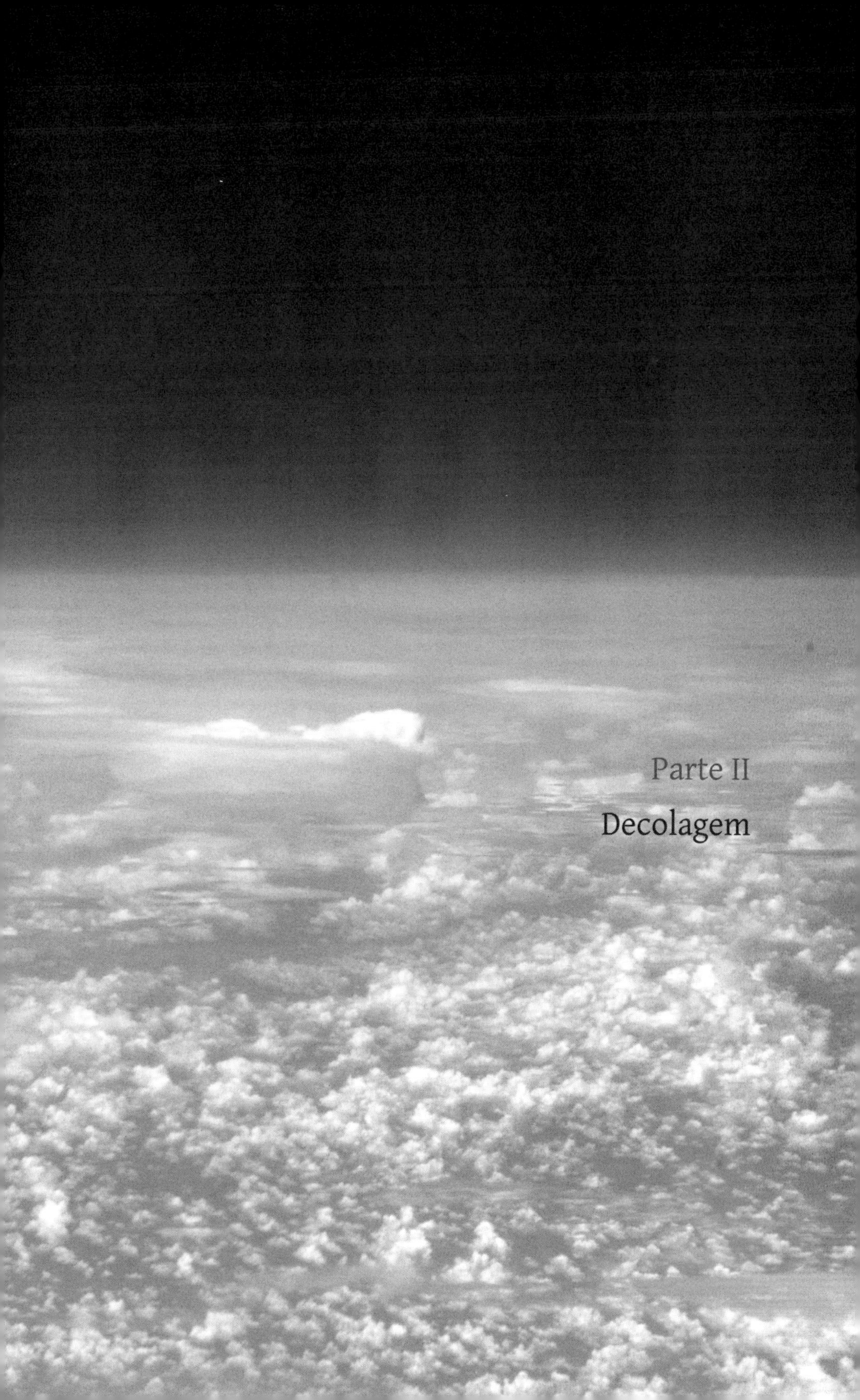

Parte II
Decolagem

7
A BASE SILENCIOSA DO CAZAQUISTÃO

Muita gente pensa que os dias anteriores ao lançamento estão entre os mais estressantes na vida de um astronauta. Na verdade, a situação é oposta: a semana anterior ao lançamento costuma ser a mais próxima que encontramos da serenidade, profissionalmente falando. Um dos motivos para isso é que nada é deixado para o último minuto. Nós nos preparamos para um lançamento específico durante anos, sempre pensando e sonhando com a viagem espacial. O outro motivo é que passamos por uma quarentena anterior ao voo. Os astronautas chamam tal período de "prisão de colarinho branco", o que é uma brincadeira, mas apenas parcialmente. Temos guarda-costas, não podemos sair das áreas reservadas e grande parte dos visitantes é obrigada a falar conosco através de um vidro. No entanto, claro que *queremos* estar por lá, e temos todos os serviços, somos paparicados e esperamos o momento da decolagem com tanta atenção que um observador casual nunca imaginaria que a razão de nossa estada é médica. A ideia é nos proteger de infecções terrestres que poderiam nos deixar doentes (ou menos produtivos) no espaço.

Em órbita, um mero resfriado é muito importante. Sem gravidade, nossas cavidades nasais não se limpam e o nosso sistema imunológico não luta de modo tão eficiente, o que nos faz sentir muito mais doentes, e por muito mais tempo. Além disso, num espaço confinado, é bem provável que o resto da tripulação também seja infectado. Foi exatamente isso o que aconteceu na missão Apollo 7, em 1968. O comandante Wally Schirra passou grande parte dos 11 dias de missão com uma forte gripe. No final das contas, todos os membros da tripulação estavam tão doentes que se recusaram a vestir o capacete durante a aterrissagem. Eles temiam que, por conta da pressão no momento da entrada na atmosfera, seus tímpanos estourassem, e queriam equalizar a pressão da mesma maneira que a equalizamos num avião: prendendo o nariz enquanto se tenta expelir o ar dos pulmões, e fazer isso com capacete seria impossível. As conversas da tripulação com o Controle de Missões, em Houston, foram reconhecidamente severas, e nenhum dos três astronautas voou novamente. Aliás, já mais velho, Schirra apareceu em anúncios de Actifed, o descongestionante que usou no espaço.

Na década de 1960, os astronautas costumavam partir ao espaço perfeitamente saudáveis, mas um vírus normalmente aparecia já nos primeiros dias de missão. A tripulação da Apollo 12 também utilizou o Actifed. Todos os astronautas da Apollo 8 tiveram gastroenterite, o que deve ser bem menos agradável em órbita do que na Terra. Porém, apenas em 1970 a Nasa decidiu que seria uma boa ideia isolar a tripulação antes do lançamento. A Apolo 13 foi a gota d'água. Três dias antes do lançamento, um substituto foi chamado para o lugar de um tripulante que contraiu sarampo (e que, no final das contas, nunca desenvolveu a doença). No voo, e no meio de um sério problema (um tanque de oxigênio explodiu, causando sérios danos a um dos módulos do foguete), outro tripulante desenvolveu a infecção. Desde então, a quarentena anterior ao voo é obrigatória.

Quando o ônibus espacial ainda funcionava, passávamos seis ou sete dias de quarentena, mais ou menos o tempo necessário para que um vírus se manifeste. No Kennedy Space Center (KSC), os nossos cômodos eram espartanos (pequenos e inóspitos quartos com um armário e uma cama dura, ao estilo dos barracões militares), mas o ambiente era amigável. Para os tripulantes, o lançamento era algo muito importante, e o ônibus espacial carregava sete pessoas e voava regularmente. O pessoal do KSC estava acostumado a enviar astronautas ao espaço. Quando o programa foi suspenso, em 2011, tinham sido feitos 135 lançamentos, grande parte deles sem gerar muita repercussão na mídia.

Hoje, quando a Soyuz é o único veículo que viaja à Estação Espacial Internacional, partindo não da Flórida, mas da quase desértica estepe do Cazaquistão, a experiência de quarentena é totalmente diferente. Apenas 12 humanos deixam o planeta a cada ano, e ficam no espaço durante meses, não uma ou duas semanas. E isso é tempo suficiente para começar a se sentir em casa por lá, e também para que qualquer coisa aconteça durante a nossa ausência. Saber que algo ruim poderia acontecer com as pessoas que amamos enquanto estamos no espaço, sem poder fazer nada para ajudá-las nem voltar mais cedo para casa, injeta um sabor mais formal e contemplativo à experiência de quarentena.

Outra diferença: os russos, tão austeros e durões frente a uma série de coisas, acreditam que os astronautas merecem um bom descanso. Em Baikonur, no Cazaquistão, a quarentena era mais longa que no Cabo Canaveral (12 dias inteiros), mas algo parecia dizer que a Roscosmos não acreditava ser tempo suficiente. Antes do meu último voo e *antes* da quarentena, Roman, um colega de tripulação, foi enviado, junto à sua família, a um *spa* durante cinco dias, para começar o processo de relaxamento. (Além disso, após o voo, os cosmonautas ficam meses longe do trabalho enquanto os astronautas voltam ao escritório poucas semanas após seu regresso à Terra, embora não exijam de nós uma carga completa de trabalho assim que entramos no recinto.)

Hoje, o objetivo da quarentena é muito mais psicológico do que médico. Um tempo afastados do mundo nos obriga a uma pausa, a pensar no que vamos fazer e, deliberadamente, a começar nossa transição a uma nova forma de existência. Emocional e fisicamente, a quarentena é uma espécie de casa no caminho para o espaço.

Em dezembro de 2012, quando saímos de Star City, na Rússia, e voamos para o Cazaquistão, tivemos aqueles costumeiros momentos de agitação para entrar no avião, mas depois... calma. Eu, Tom e Roman saíamos de um agitado período de preparação em direção à placidez do lançamento: o avião no qual viajamos deveria estar repleto de planos, esperanças e sonhos. Olhando pela janela durante a aterrissagem, no entanto, a vista não me pareceu nada encantadora. O rio Syr Darya serpenteava, escuro, entre as planícies marrons da paisagem, pontuada apenas por edifícios de apartamentos dispersos e baixos, com pequenos satélites no topo. Não havia montanhas e as árvores eram muito raras. Aquele parecia o tipo de lugar que, se fosse atingido por um meteoro, não seria um inconveniente para ninguém e, provavelmente, ninguém saberia.

Baikonur é uma base de lançamento espacial: os voos ao espaço são sua principal indústria, sua razão de existir, mas não há nada remotamente *cool* ou futurista nesse lugar. Nem se trata de um local animador, pois as mudanças extremas de temperatura não encorajam a vida social. No verão, o calor é opressor, mas quando chega dezembro o frio é tanto que, após alguns minutos ao ar livre, sob um céu azul, os meus cílios começavam a congelar. Nos arredores de Baikonur, os camelos entravam e saíam por buracos nas cercas enquanto vira-latas uivavam devido à chegada do inverno. Aquilo parecia uma cidade-fantasma com resquícios históricos da era soviética, o que significa uma boa dose de triunfalismo. A árvore plantada por Yuri Gagarin, o primeiro ser humano a sair do planeta, de alguma maneira conseguia vencer um terreno que, de outra forma, estaria vazio.

No meu primeiro dia por lá, havia uma espécie de "e se" pairando no ar, em parte porque a cidade era um pouco bizarra (sendo ao mesmo tempo de outro mundo e prosaica), mas também porque cheguei muito perto de não poder estar lá. Fazer o *check in* no que é conhecido, afetuosamente, como Hotel Cosmonauta me ajudou a acreditar que sim, aquilo tudo estava acontecendo. Embora as atrações turísticas de Baikonur não possam rivalizar com as do Cabo Canaveral, devo dizer que os quartos dados à tripulação eram consideravelmente mais espaçosos: tive direito a vários cômodos, além de uma enorme banheira de hidromassagem. O ambiente lembrava o charme institucional de uma residência universitária. Astronautas e cosmonautas ficavam numa das alas, a outra ala era do pessoal de apoio e instrutores. Havia mesas de pingue-pongue e carteado, uma ótima sala de ginástica e outra de jantar. Tudo muito limpo (esterilizado, na verdade: eles passavam água sanitária no piso e nas paredes diariamente, para evitar os germes) e a comida era ótima (o pessoal da cozinha era fanático por limpeza, para que não houvesse qualquer possibilidade de comermos algo estragado).

O café da manhã incluía aveia, iogurte, *tvorog* (queijo cottage russo), omelete com caviar vermelho, caqui, mel, nozes e compota de fruta, e para beber tínhamos café, chá ou suco de chicória. Os almoços e jantares eram variados banquetes que incluíam sopa, peixe grelhado, costeleta, *pelmeni* (a versão russa do ravióli) ou *manti* (bolinho turco de massa cozida recheada com carne), além de vegetais frescos e sobremesa preparada na hora. Quando pedíamos um *brownie*, eles com muita satisfação cortavam um grande pedaço, bem fresco, repleto de frutas secas e coberto com calda de chocolate.

Bem cedo, no nosso primeiro dia em Baikonur, finalmente fomos ver a nossa Soyuz, que nos levaria ao espaço. Na nossa volta, no verão, nos encontraríamos com uma delegação de construtores do foguete para o tradicional brinde ao êxito e à amizade — brinde que incluía uma mínima e simbólica gota de combustível do foguete, o que, mesmo misturado com água, continua com gosto de querosene: um horror. Ainda que de forma sutil, o foguete que construíram para nós era diferente do simulador da Star City. Após quase todas as missões, o desenho do veículo é ligeiramente alterado. Durante a *primerka*, ou teste de adequação, passamos cerca de uma hora no interior da Soyuz, vestindo nossas roupas pressurizadas Sokhol, vendo onde realmente estavam os comandos e quanto tempo demoraríamos para fazer cada coisa. Ficamos satisfeitos: a nave era robusta e familiar.

O restante dos nossos dias em quarentena foram repletos de atividades, mas tranquilos. Fazíamos tarefas não muito exigentes, como reunir os itens pessoais que gostaríamos de levar ao espaço. Mas isso não tomava muito tempo, pois a Soyuz é tão pequena que o peso e o balanço afetam sua forma de voar. A mala permitida é do tamanho de um pequeno kit de barbear. Consegui guardar nela uma nova aliança de casamento para Helene, algumas condecorações, um relógio para a minha filha Kristin (nos voos anteriores, levei os relógios que dei aos meus dois filhos mais velhos) e uma foto de família para os meus pais, além de algumas palhetas de guitarra com o emblema da Expedição 35. Tudo o que eu levava eram coisas que poderia dar de presente como souvenirs "viajados".

Na quarentena, também fazíamos ginástica, mas com cuidado, ainda mais quando um diretor russo acabou com o tendão de Aquiles numa partida *indoor* de badminton. Se isso acontecesse comigo, eu seria enviado a Houston, não à Estação Espacial Internacional. Naquele momento, porém, o meu afastamento não seria um problema para a Nasa, pois o meu substituto estava bem ali, no Hotel Cosmonauta. A equipe de substitutos fazia tudo o que era pedido à tripulação original, e essa rotina seguia firme até as horas anteriores ao lançamento. Para garantir que o show não acabasse caso um desastre surgisse no caminho, as duas equipes viajaram a Baikonur em veículos diferentes. Nunca se sabe...

No nosso trabalho, os treinamentos não acabam nunca, nem quando estamos na Estação Espacial Internacional, mas diminuem consideravelmente nos dias anteriores ao lançamento. Estávamos perfeitamente capacitados para voar, tínhamos completado as "qualificações finais" e assinado o tradicional livro de pré-lançamento, no velho escritório de Yuri Gagarin, em novembro. Portanto, em Baikonur, tivemos apenas algumas aulas de revisão: revisamos as lições aprendidas em recentes missões, por exemplo, e ensaiamos a atracação da Soyuz com um simulador portátil. No geral, a carga de trabalho era leve e incluía atividades como entrevistas com a imprensa (sempre a uma distância segura, por conta de possíveis germes). Também autografamos incontáveis pilhas de fotos da tripulação, aparentemente uma para cada habitante da Rússia.

Enquanto a equipe substituta dava uma volta pelos museus locais (com muito cuidado, sempre enxergando os demais como portadores ambulantes de vírus), nós permanecemos "presos", lendo livros e aproveitando a conexão *wi-fi* (na Estação Internacional, a internet é tão lenta quanto a da era discada). Às tardes, nos reuníamos e, com instrutores e com a equipe de apoio, seguíamos para o *banya*, a versão russa da sauna. Após tudo isso, tocávamos violão e tomávamos uns goles de uísque. Éramos um grupo internacional de amigos, reunidos por conta de nossa missão.

A rotina e o estresse foram afastados do nosso caminho, pois deveríamos estar focados (emocional, intelectual e fisicamente) na missão. Num primeiro momento, me senti um pouco perdido: após anos estudando e ensaiando, de repente as exigências formais sobre nós eram poucas e não havia qualquer desafio a ser encarado. Porém, rapidamente, me ajustei àquela existência simplificada. Livre de responsabilidades diárias, como preparar nossas próprias comidas e lavar nossas roupas (o que fazem todos os astronautas, pelo menos na Star City e quando estão fora de casa, e às vezes até em casa), peguei leve e aproveitei a oportunidade de colocar minhas ideias no lugar. Tom, Roman e eu ficaríamos longe de casa por alguns meses, assumindo uma boa quantidade de altos riscos. Portanto, o melhor que podíamos fazer para nós mesmos era deixar que a realidade dominasse a nossa mente, até que a seriedade do nosso propósito encontrasse uma certeza cabal: sim, estávamos prontos para fazer tudo aquilo.

Com o fim da quarentena se aproximando, me senti cada vez mais confiante e focado. No entanto, duvido que sentiria a mesma coisa caso alguém tivesse me dito: "Tudo bem, apareça em Baikonur na manhã de quarta-feira, você viajará ao espaço à tarde." Se as coisas funcionassem assim, eu passaria o dia anterior correndo para fazer tudo o que deve ser feito antes de uma viagem: arrumar malas, pagar contas, pegar a roupa limpa na lavanderia. Mesmo sendo pessoas altamente competentes, quando estamos correndo, a toda velocidade, tentando não furar um prazo ou perder um objetivo, normalmente acabamos sem fôlego, atentos ao que resta ser feito e nunca focados na tarefa que teremos à frente. Ainda assim, é possível que a gente consiga resultados incríveis, mas provavelmente oferecendo menos do que teria oferecido sem tanta correria. Para mim, de qualquer maneira, aproximar-me de uma situação que gera grande pressão me sentindo calmo e totalmente preparado tem mais um benefício: sou capaz de viver mais intensamente o momento, absorvendo-o e me engajando nele, apreciando-o melhor no seu transcurso do que em retrospecto.

Claro que formatar esse tipo de pensamento é complicado, e outras pessoas também são obrigadas a tirar o pé do acelerador quando não estamos disponíveis, literal ou figurativamente. Se falhamos ao reconhecer esse fato e não agimos de acordo com ele, podemos criar as mesmas distrações e conflitos que deveríamos tentar evitar ao encarar um grande desafio. As pessoas ao nosso redor, de alguma maneira, passarão o seu recado, dizendo que a nossa dedicação exclusiva é muito parecida com o que chamamos de egoísmo obstinado.

Nos meus primeiros anos em Houston, eu me apresentava como voluntário para qualquer coisa, na Nasa e na CSA, e não parava em casa. Passado um tempo, comecei a perceber que, quando voltava para casa, ninguém mais me esperava como um herói. As crianças não corriam para a porta, irradiando alegria. Algumas vezes, elas pareciam um pouco chateadas ao me ver, especialmente quando eu dizia o que esperava delas (como tinham se comportado, se seguiam as regras da casa). Helene não teve problemas ao tentar me explicar esse estranho fenômeno. Da maneira mais diplomática possível, ela me disse que eu estava passando tanto tempo fora que as crianças se acostumaram a viver sem mim, que elas tinham desenvolvido suas próprias maneiras de fazer as coisas e que não gostavam muito das minhas tentativas de recuperar o tempo perdido. Em outras palavras, passei a ser um visitante na minha própria casa e teria que esperar um bom tempo até conseguir voltar a exercer os direitos da minha paternidade. Helene também sugeriu que eu estava exagerando nas atividades extras. Será que elas realmente me aproximavam dos meus objetivos profissionais? Ou eu simplesmente aceitei o hábito de dizer sim no trabalho e não em casa?

Tivemos uma conversa parecida em Bagotville, quando os nossos filhos tinham menos de cinco anos e eu passava grande parte dos meus dias livres em treinamentos militares. Sem rodeios, Helene perguntou: "Você quer ter uma família ou apenas uma carreira? Eu, sem pestanejar, abro espaço para que você tenha as duas coisas e aceito assumir 90% da responsabilidade de casa até voltar a trabalhar fora, mas não posso assumir 99%." Ela se entregava inteiramente a mim e de forma voluntária, mas ao mesmo tempo me encorajava, da maneira mais direta possível, a começar a avaliar se a minha obstinação em aceitar todos os trabalhos voluntários era realmente importante para o meu crescimento profissional ou apenas algo que eu gostava de fazer. Após essa conversa, tentei priorizar as coisas de maneira diferente, tentei estar mais atento aos efeitos das minhas decisões na vida dela e no meu relacionamento com as crianças.

Havia chegado a hora de repensar a minha situação em Houston. A realidade da vida de um astronauta é que viajamos 70% do tempo e não temos muito controle sobre a nossa agenda. Portanto, quando surge certa margem de flexibilidade, devemos tomar decisões que claramente comuniquem gratidão à nossa família e também o nosso desejo de estar com eles, do jeito que eles querem, pelo menos de vez em quando.

Na quarentena, por outro lado, não há possibilidade de alcançar um equilíbrio entre vida profissional e pessoal. As nossas responsabilidades domésticas são atiradas pela janela e a vida familiar posta à margem, e ponto final. Em Baikonur, a minha família e a família de Tom Marshburn chegaram juntas ao contingente da CSA/Nasa, três dias antes da partida. Elas ficaram num hotel muito próximo de onde estávamos. E podíamos receber visitas das nossas esposas e filhos, mas por períodos de tempo muito curtos e estritamente agendados, e eles, antes de nos ver, tinham de ser examinados por um médico (porém, mesmo assim, éramos encorajados a manter uma distância de pelo menos um braço dos nossos familiares). Longas negociações foram feitas para que o meu irmão Dave pudesse entrar por meia hora, para que tocássemos violão juntos e gravássemos uma música, sempre sentados longe um do outro, por segurança. A filha de Tom, Grace, na época com dez anos, não podia estar no mesmo ambiente que o pai. Crianças menores de 12 anos são consideradas muito propensas a infecções e impetuosas para o ambiente monástico da quarentena e só interagem com os astronautas via telefone, com um vidro a prova de som entre eles.

Ainda que a quarentena tenha sido criada para proteger os astronautas, sem dúvida é uma prática complicada para as nossas famílias. Para começo de conversa, elas são obrigadas a vir até nós, no Cazaquistão, local de difícil acesso para qualquer pessoa que não more no Quirguistão. Portanto, elas não ficam apenas à mercê da nossa agenda, mas também de tradições de "diversão" que nem sempre são enxergadas por elas como divertidas. Um ou dois dias antes do lançamento, nós sempre vemos *O sol branco do deserto*, filme russo com um herói tipo Lawrence da Arábia, com nossos colegas de tripulação e familiares (que parecem estar se divertindo muito menos do que nós, por conta dos seus risos forçados).

Para nós, que voaremos ao espaço, rituais como esse impõem uma estrutura reconfortante e previsível nos dias que antecedem o lançamento. No entanto, para as nossas famílias, eles parecem obrigações adicionais, e num momento que estão carregando fardos extras. Nossas esposas não apenas lutam com as obrigações domésticas, mas são as responsáveis por servir de anfitriãs aos amigos e parentes que vêm nos visitar. Quando seguimos para a plataforma de lançamento, serenamente focados em nossas missões, as nossas esposas tendem a se sentir muito estressadas. Como diz o meu colega Mike Fossum: "Sejamos sinceros: nossos sonhos são os pesadelos delas."

E tudo era muito mais estressante quando o ônibus espacial ainda voava. Antes da minha primeira viagem espacial, em 1995, Helene e eu convidamos todo mundo que conhecíamos, e essas pessoas convidaram todo mundo que elas conheciam, para assistir ao lançamento. Reunimos 700 convidados. *Olha só, uma viagem para a Flórida com lançamento espacial incluído e um crachá VIP da Nasa? Aceito!* Cerca de uma semana antes do grande dia, uma horda de familiares e amigos apareceu em Cocoa Beach, na Flórida. Até o nome do lugar evocava uma viagem de férias, e eles se divertiram muito, jogaram golfe e foram à Disney World, além de aproveitarem a praia e a cidade, ao mesmo tempo que o seu parente/amigo astronauta estava trancafiado. Claro que queríamos que eles se divertissem, mas o meu papel era muito limitado nisso tudo. Helene, por sua vez, preparou uma festa, incontáveis cafés da manhã, almoços, jantares e outros eventos, além de ter concedido diversas entrevistas à imprensa ("Sim, eu me sinto orgulhosa!"). Os vários encontros estavam na ordem do dia: as pessoas se sentiam, compreensivelmente, animadas e com vontade de socializar, e todos queriam o máximo acesso possível aos familiares diretos dos astronautas. Helene, basicamente, ficou sem tempo para nada.

O lançamento de Baikonur, em dezembro de 2012, foi uma história completamente diferente. Seriam permitidos, no máximo, 15 convidados, incluindo a família mais próxima — e era muito caro chegar lá, via Rússia, pouco antes do Natal. Os nossos amigos mais chegados e as nossas famílias, além de membros da CSA e da Nasa, lotaram um hotel em Moscou. Helene e a esposa de Tom, Ann, ajudaram a organizar os passeios a pé, oferecendo recomendações de restaurantes, e responderam a inúmeras perguntas sobre o que vestir, como chegar à estação de metrô e a que horas sairia o ônibus para o aeroporto. Helene me confessou que se sentiu organizando um casamento. Faltava apenas o noivo.

Quando, após alguns dias, todos seguiram para o Cazaquistão, a bordo de um avião antigo fretado pela Nasa, o ambiente era ainda mais festivo. O *jet lag*, as gélidas temperaturas, que chocavam os próprios canadenses, e uma completa falta de habilidade linguística foram aparentemente remediados com noites selvagens nos "pontos mais quentes" de Baikonur. Quando Helene e os meus filhos iam me visitar no hotel para passar uma ou duas horas ao meu lado, o máximo permitido a cada dia, eles chegavam com incríveis histórias sobre parentes muito gentis e trabalhadores que tinham passado a noite anterior embriagados de vodca, divertindo-se como loucos e enfiando sutiãs alheios na própria cabeça.

Todos se divertiram muito, incluindo Helene, mas para ela havia também o estresse de combinar a logística de uma semana inteira de reuniões ao mesmo tempo que se preocupava com algo que pudesse adiar o lançamento. Claro que ela não se preocupava comigo, nós nem chegamos a revisar o meu testamento. Ela só queria que eu evitasse os pequenos problemas antes e após o lançamento. Além do mais, Helene é uma pessoa realista: ela sabe que as explorações são um risco, que alguns exploradores acabam morrendo e que se preocupar não mudaria esse fato. Algumas esposas ficam nervosas a ponto de sentirem náuseas antes da partida, mas a minha ficava animada com a proximidade do lançamento, e não apenas porque eu realizaria o meu sonho. Claro que ela se alegrava com a minha conquista, mas também se sentia aliviada. Helene estava pronta para voltar à sua vida real, às suas aventuras.

Felizmente, algumas pessoas da Nasa, mais sensíveis, perceberam há um bom tempo o quanto o lançamento é duro para as esposas e por isso criaram o papel dos acompanhantes de famílias: nós, destacados para uma viagem, podemos escolher dois astronautas que não estão treinando para uma missão. Um deles acompanhará a família imediata, e outro, os familiares mais distantes e amigos, no momento do lançamento. Em resumo, o acompanhante de famílias é um substituto da esposa: alguém sempre disponível para auxiliar em terra, e não apenas no lançamento, mas também depois, quando a vida volta ao normal, mas a missão segue o seu rumo. Eu fui acompanhante de famílias algumas vezes, e o trabalho inclui voltar ao hotel para recuperar o crachá de acesso esquecido por alguém, levar um tio que ficou arrasado numa festa de volta à sua casa, comprar sanduíches, contar as pessoas dentro do ônibus de turismo, lidar com reclamações sobre quartos de hotéis muito quentes ou muito frios. Essencialmente, somos uns burros de carga, mas isso nunca me chateou, até porque eu sabia que poderia precisar que alguém fizesse o mesmo pela minha família, caso algum dia eu voltasse ao espaço. Em 2012, foi Jeremy Hansen, um ótimo piloto de combate e astronauta canadense, quem passou os dias anteriores ao Natal contando os meus parentes em ônibus e na saída de museus, carregando suas malas de um lado para o outro, ajudando-os a trocar dinheiro e se certificando de que despertariam às quatro da manhã para pegar seus voos de volta, tudo com um eterno bom humor.

Ao escolher os acompanhantes de nossas famílias, não devemos pensar apenas nos astronautas mais sorridentes e mais propensos a aguentar o tranco quando a tia Ruby começar a soltar seus rompantes políticos. Na verdade, o ideal é pensar no astronauta que gostaríamos de ter ao lado de nossas esposas no caso de um ente querido falecer enquanto estivermos no espaço — ou no caso da nossa nave explodir, quando o acompanhante deverá permanecer disponível durante meses ou anos. No meu segundo lançamento, em 2001, Rick Husband foi um dos acompanhantes escolhidos e fez muito em nome da minha família. Quando ele voltou ao espaço, os acompanhantes da sua família (entre eles, um astronauta da CSA, Steve MacLean) tiveram que apoiar sua esposa na mais dura experiência imaginável: Rick era o comandante do *Columbia* quando o ônibus espacial se desintegrou na volta à Terra. Ao aceitarmos ser acompanhantes, sabemos que existe a possibilidade de acompanhar uma esposa não apenas num lançamento, mas também num funeral e, muito tempo depois, sempre fazendo coisas como ajudar a levantar fundos para a educação das crianças ou servir de advogado da família durante as investigações sobre o acidente. Por sorte, é possível que a gente nunca tenha de fazer esse tipo de coisa, mas devemos encará-las como uma possibilidade ao concordarmos em ser acompanhantes de uma família. Trata-se de uma enorme responsabilidade.

No entanto, nós deveríamos aceitá-la, e não apenas por motivos altruístas, mas também por interesse próprio. Anotar pedidos de café do Starbucks e saber que o avô de alguém comerá a manteiga sem glúten de sua marca preferida é ótimo para o ego. E tem mais uma coisa: ser acompanhante me obrigou a enxergar o mundo pelos olhos da família de um astronauta. A minha própria família, em uma ou duas ocasiões, me disse que não era fácil ser esposa ou filho de um astronauta. Kristin diz assim: "Quando o nosso pai é astronauta, o que há de mais interessante nas nossas vidas — crescer — não tem muito a ver conosco, trata-se de algo que não podemos controlar nem influenciar. O fato de o nosso pai ser astronauta supera qualquer outra coisa que as pessoas possam enxergar em nós." Os meus filhos lidaram com isso e superaram o desafio de várias maneiras. Os três são adultos com suas vidas resolvidas e muitos interesses pessoais. No entanto, de certa maneira, a minha carreira fez tudo ficar mais complicado para eles, e trabalhar como acompanhante de outras famílias me ajudou a entender que várias dificuldades nascem de conjunturas, não são específicas das nossas famílias. Apoiando famílias de colegas durante um lançamento, ficamos mais atentos às maneiras como os familiares lutam e se sacrificam — e não apenas quando seus pais, mães, maridos ou esposas estão no espaço, mas vários anos antes.

De 2007 em diante, passei seis meses de cada ano em Star City e também treinei nos Estados Unidos, Japão, Alemanha, Canadá e Cazaquistão. Eu ficava em casa apenas 15 semanas durante um ano inteiro e perdi muitos aniversários e férias. Inevitavelmente, a minha agenda era severa para todos ao meu redor. E não havia o que fazer, mas tentei antecipar as consequências negativas e pude imaginar como preveni-las. Muito antes de ir à quarentena, procurei descobrir maneiras de saber quais seriam os custos das pessoas ao meu redor e tentei compensá-las e incluí-las em todas as minhas conquistas.

Na minha segunda viagem no ônibus espacial, eu estava de quarentena no dia do aniversário de 16 anos do meu filho Evan. Esse é um dia importante para um adolescente, um ponto de inflexão, um momento em que ele pode tirar o seu título de eleitor e começar a se sentir um adulto. Mas os preparativos sobre o lançamento lançaram sombras sobre o seu aniversário, e Evan ficou muito chateado com isso. Na quarentena, eu estava isolado durante a chateação do meu filho, e Helene aguentou a situação sozinha. Porém, claro que a minha mulher tinha o direito de me visitar, e ela não ocultou a informação.

Francamente, eu não tinha sequer pensado nas consequências daquela coincidência de datas. E, àquela altura, a única solução seria tentar transformar o aniversário dele em algo especial, da maneira que fosse possível, mesmo de quarentena. Para tanto, numa das entrevistas que concedi, eu disse que acenderíamos as maiores velas do mundo (as engrenagens do ônibus espacial) para festejar o aniversário de Evan. As minhas palavras foram noticiadas, ele as escutou, e todos os que o conheciam também escutaram. Além disso, pouco antes de entrarmos na Endevour, eu enviei a ele um bilhete escrito à mão que dizia: “Feliz aniversário, Evan!” Por sorte, a mídia noticiou o gesto e a notícia correu. Evan ficou feliz, ou pelo menos mais feliz.

E eu aprendi a minha lição. *Tudo bem, eu não estarei em casa no Dia dos Namorados, então o melhor é preparar um cartão e comprar um presente imediatamente, já que ainda posso planejar as coisas da maneira correta, e assim tudo estará no seu devido lugar, no dia certo.* Planejar com antecedência é a maneira mais fácil de demonstrar às pessoas que possibilitam que a gente faça o nosso trabalho que não as deixamos de lado, que as amamos. Propor um brinde, mesmo com atraso, e agradecer aos seres mais queridos pela ajuda nunca será demais, principalmente se perdemos a oportunidade de fazer tudo isso na hora certa.

Ainda bem cedo, e com a ajuda considerável do fato de que sofrer em silêncio não é considerado uma virtude por nenhum membro da minha família, percebi que a única maneira justa de lidar com os revezes do meu trabalho era antecipando momentos complicados e tentando fazer com que a minha família se sentisse feliz com antecedência. Todos os anos, quando as crianças eram pequenas, eu as levava de férias, sozinho, por dez dias (à Europa, ao Grand Canyon, mergulhar em Florida Keys), e dessa maneira eu me aproximava delas e Helene podia descansar um pouco. Ela costumava apenas ficar em casa e ir ao trabalho, mas até hoje diz que aqueles dias estão entre os melhores da sua vida. Quando eu era obrigado a fazer turnês de relações públicas em locais exóticos, dando palestras sobre o programa espacial e explicando à imprensa o que fazíamos e para que servia o nosso trabalho, planejávamos tudo para que ao menos um de nossos filhos pudesse me acompanhar e ver o que eu fazia. Todas as noites, jantávamos juntos. Grande parte dessas turnês é cansativa. Uma entrevista atrás da outra (não é raro sermos agendados para seis ou sete eventos diários), e éramos obrigados a continuar trabalhando na viagem de volta. Ainda assim, conseguimos viajar juntos algumas vezes, o que sempre era positivo para a nossa família, pois todos tinham a chance de entender que, quando eu viajava, não estava me divertindo sem parar enquanto eles permaneciam em casa. Uma viagem dessas só é divertida quando a transformamos em algo divertido, e para mim sempre foi mais complicado quando eu viajava sem Helene ou um de nossos filhos. Infelizmente, passado um tempo, eles começaram a entender a situação e sempre queriam ver o itinerário e a minha agenda antes de aceitar o convite para me acompanhar.

Mas saiba que agradecer não é suficiente quando, para que possamos atingir nossas metas, exigimos dos demais enormes sacrifícios. E não se trata apenas de oferecer diversão, de organizar viagens, para que eles entendam a nossa mensagem. Também devemos tentar fazer o possível para criar condições de que o nosso cônjuge nutra uma liberdade que lhe permita se desenvolver sozinho de vez em quando. Isso não é fácil, mas com planejamento cuidadoso é possível, e não importa o tamanho da sua ambição ou as exigências do seu trabalho. Alguns astronautas acabam se casando com outros e formando famílias. Mesmo assim, entre os seus passeios no espaço, conseguem encontrar uma maneira de fazer com que isso funcione.

Quando temos um bom apoio, como eu sempre tive, podemos começar a imaginar, e também a desenvolver um sentimento egoísta, de que as nossas necessidades serão sempre prioritárias. Para tentar me resguardar disso, sempre que conseguia uma brecha na minha agenda, eu deixava que Helene a estruturasse, e sem me importar se ela me incluiria ou não em seus planos. Também passei a procurar oportunidades de passarmos mais tempo juntos. Nas manhãs de domingo, por exemplo, não importava o que estivesse acontecendo, Helene e eu tentávamos passear com os cachorros, depois preparávamos um café e resolvíamos as palavras cruzadas do *New York Times* juntos. Priorizar um tempo com a família — e transformar isso numa obrigação, da mesma maneira que uma reunião de trabalho é uma obrigação — sempre me ajudou a demonstrar às pessoas mais importantes da minha vida que, sim, elas são importantes para mim.

Além do mais, não se trata de algo desagradável para mim.

As consagradas tradições de astronautas nos fazem sentir parte de uma tribo, e são várias as tradições nas últimas horas de uma quarentena. Algumas são menos interessantes que outras. Na noite anterior à nossa partida, aplicamos em nós mesmos uma injeção, seguida, após um considerável intervalo, de outra. Ainda que eu não considere essa a minha melhor hora como astronauta, era sem dúvida melhor do que sujar a minha fralda no dia seguinte. Isso feito, um médico inspecionou várias partes do meu corpo (orelhas, língua, genitália) para procurar infecções, depois passou álcool no meu corpo inteiro, para o caso de haver alguma.

No dia 19 de dezembro, vesti meu terno azul de viagem e segui para o meu último café da manhã na Terra em 2012. Aquilo foi mais um ritual que uma refeição. Eu, Tom e Roman nos restringimos a tomar líquidos e um pouco de mingau, tudo ingerido com a certeza de que seria visto novamente algumas horas mais tarde — a náusea pós-lançamento é comum — e não teríamos acesso a um banheiro privado até a chegada à Estação Espacial Internacional, dali a dois dias. Um pouco mais tarde, seguimos para uma pequena sala para podermos brindar com as nossas esposas e com um representante veterano de cada uma das agências espaciais envolvidas no nosso voo: CSA, Nasa e Roscosmos. Todos dissemos algumas palavras, e os que voaríamos na Soyuz brindamos com *ginger ale*, não com champanhe.

Depois nos sentamos para fazer um minuto de silêncio. Os russos fazem isso antes de qualquer viagem, não importa se vão ao espaço ou à *dacha* de um amigo. Trata-se de uma maneira de honrar o significado do momento.

Estávamos praticamente prontos para abandonar o edifício onde vivemos por quase duas semanas. Para dizer adeus, assinamos as portas do local da quarentena, juntando nossos nomes a vários outros, depois seguimos pelo hall, em direção à saída. Um padre ortodoxo russo nos esperava, vestido dos pés à cabeça de preto, ao lado de um ajudante que segurava um balde de água. Ficamos de pé, na frente do padre, com a equipe de substitutos às nossas costas, e ele mergulhou o que parecia um rabo de cavalo no balde, depois lançou gotas de água em cima da gente. A verdade é que ele nos ensopou enquanto nos dava a benção.

Feito isso, abrimos as portas e seguimos para o ônibus que nos levaria em direção às nossas roupas de astronautas, ao nosso foguete, ao nosso capítulo seguinte. Todos os nossos convidados estavam de pé ali perto, agitando bandeiras e nos animando, gritando despedidas, batendo os pés. Aquele era um dia ensolarado, de sol radiante, mas muito frio. Fazia uns 25 graus negativos, mais ou menos. Por isso, ficarmos parados ao ar livre, com as mãos molhadas, não parecia uma boa ideia. Então, logo após acenar um pouco, subimos no ônibus e paramos de dar adeus. Pela janela, procurei meus filhos, minha esposa, e memorizei seus rostos, esperando que eles pudessem enxergar a gratidão e o amor estampados nos meus olhos enquanto o ônibus, exageradamente aquecido, seguia lentamente em direção aos portões de saída.

Estávamos a caminho.

8

COMO FICAR ACABADO (E SE SENTIR BEM NO DIA SEGUINTE)

Os invernos em Baikonur nunca são amenos, mas o de 2011 foi particularmente brutal. Durante as cerimônias anteriores ao lançamento de dezembro daquele ano, havia neve para todo lado e um vento gelado penetrava facilmente nas camadas de tecido, borracha e metal dos trajes espaciais da tripulação. No momento em que chegou à Soyuz, a tripulação estava dormente de frio. Então, para o nosso lançamento em dezembro de 2012, os russos decidiram tomar algumas precauções. Eles construíram trajes de neve acolchoados para nós, que eram complicadas peças que cobriam o resto do nosso equipamento como uma armadura. Tom, Roman e eu ficamos um pouco desconfiados quando os vimos. As fraldas já eram ruins o bastante. Agora precisávamos vestir edredons gigantes?

Estávamos em um vestiário, um prédio indescritível, de aparência industrial, a caminho da plataforma, e os técnicos dos trajes já haviam nos ajudado a entrar em nossas vestimentas Sokhol. Em russo, *sokhol* significa "falcão", mas aqueles falcões em particular só voariam dentro da nave espacial; como nossos berrantes trajes espaciais laranja, eles só seriam usados para nos proteger durante o lançamento e a aterrissagem, não para as caminhadas no espaço. Depois que os testes de pressão confirmaram que os trajes não tinham perfurações e podiam nos manter vivos se a Soyuz se despressurizasse no espaço, os técnicos começaram a nos enfiar nos de neve. Se não servissem para nada, pelo menos garantiriam um alívio cômico. Quando finalmente saímos pela porta lateral do edifício, parecíamos bonecos da Michelin, grandes e recheados. Para completar a imagem, nós três carregávamos o que pareciam lancheiras de alumínio, contendo nossos ventiladores.

Parecia como se ainda estivéssemos fingindo ser astronautas a caminho do espaço, como fomos por anos. Mas havia o ônibus, esperando para nos levar para a plataforma de lançamento. E nossas famílias, amigos e vários oficiais dos programas espaciais russo, americano e canadense, esperando atrás de um cordão de isolamento para vislumbrar os astronautas verdadeiros, totalmente paramentados, prestes a ir para o espaço. O céu estava sem nuvens e Sol brilhava, mas o ar estava pesado. Ouvi meu nome ser chamado e me virei, vendo flashes momentâneos de rostos familiares na multidão, e então estávamos no ônibus, dando adeus. Dessa vez, era adeus de verdade. Não veríamos aquelas pessoas de novo por muito tempo. Ou talvez para sempre. Havia o fato inegável de que estávamos prestes a fazer algo muitíssimo mais arriscado do que entrar em um avião. Eu estava certo de que sobreviveria àquele dia, mas mesmo assim não queria deixar uma última imagem que fosse muito sombria ou muito perturbadora para alguém. Ao acenar enquanto o ônibus lentamente partia, eu esperava parecer exatamente da maneira como me sentia: feliz de estar em meu caminho, confiante de que estava pronto para fazer minha parte, finalmente preparado para qualquer consequência.

Eu tinha certeza de que parecia aquecido. Depois de quase 15 minutos no ônibus, as janelas ficaram embaçadas e o veículo ficou insuportavelmente quente. Quando o motorista parou na estrada deserta, Roman, Tom e eu ficamos muito felizes em sair e respirar um pouco de ar fresco. Também tínhamos uma missão: fazer xixi no pneu traseiro direito do ônibus, como Yuri Gagarin aparentemente tinha feito. Geralmente considera-se isso uma tradição, mas na verdade, se você vai ficar trancado em um foguete, incapaz de deixar seu assento por umas boas horas, é simplesmente bom senso. No entanto, tínhamos um problema que as tripulações anteriores não tiveram: precisávamos descobrir como tirar nossos trajes de armadura acolchoada. No final, os técnicos que estavam conosco tiveram que nos ajudar a desamarrar todas as complicadas fivelas, que haviam fechado com tanta dificuldade menos de uma hora antes, para podermos urinar no pneu sem estragar nosso forro. Astronautas mulheres que levam uma garrafa com seu xixi para jogar no pneu devem se sentir tão envergonhadas quanto nós, mas eu duvido.

Depois, nossa tripulação substituta veio em seu ônibus — mesmo tão tarde, naquele dia, eles viajavam em um veículo diferente — para dar adeus. Todos se abraçaram. Eles estavam felizes em nos ver partir: uma vez que estivéssemos fora da Terra, eles estariam um grande passo mais perto de se tornarem uma tripulação principal. Seria a vez deles dentro de seis meses.

De volta ao ônibus, a alguns minutos da plataforma, nossos técnicos se ocuparam alegre e eficientemente amarrando, abotoando e fechando zíperes de nossos trajes de neve e checando nossos Sokhols; ao abri-los para urinarmos no pneu do ônibus, invalidamos todos os testes de pressão anteriores. Mais uma vez, estávamos prontos para a cerimônia de adeus com o alto escalão da indústria espacial russa. Havia quase cinquenta técnicos e oficiais esperando por nós, inclusive o líder da Roscosmos e o da Energia, a corporação responsável por construir o material espacial russo.

Roman saiu do ônibus primeiro. Naturalmente, como aquele era seu país e ele era o comandante da nossa Soyuz, ele era o centro das atenções, o que Tom e eu aceitamos muito bem. Um de nossos objetivos era que Roman emergisse da nossa missão como um potencial comandante da ISS na próxima vez em que voasse, então adotamos a seguinte atitude: "Não se importe com a gente, estamos com Roman." Nós o seguimos pelo asfalto até nossas marcas, onde ficamos de pé e saudamos formalmente o presidente da Roscosmos, Vladimir Aleksandrovich Popovkin. Depois, os seis mais altos dignitários tiveram a honra de nos acompanhar até as inclinadas escadas que levavam ao foguete, cada um enlaçando um braço de um dos astronautas. O dignatário que ganhou no cara ou coroa orgulhosamente se pendurou em Roman enquanto os outros, um pouco menos orgulhosos, ajudaram a mim e a Tom. É claro que não precisávamos de nenhuma ajuda, mas era um belo gesto simbólico de apoio e, como o resto dos rituais russos, dava um senso de cerimônia aos procedimentos.

Aquela era a primeira vez em que víamos a nossa Soyuz na vertical e pronta para voar — os russos consideram que dá azar uma tripulação ver sua nave na plataforma antes do dia do lançamento. Então, dois dias antes, apenas nossas famílias, amigos e tripulação substituta se reuniram antes do nascer do Sol para ver a instalação da Soyuz, que é uma cerimônia reveladora do destino: ela era transportada do local de montagem de veículos para a plataforma em um humilde e simples trem que rodava pelos trilhos, aparentemente em câmera lenta, enquanto os espectadores com hipotermia aplaudiam seu plácido progresso. Kristin me disse mais tarde que o entusiasmo dos nossos convidados para a grandiosidade pré-matutina da instalação do ônibus espacial só era igual ao de voltar para o ônibus aquecido. Quando o Sol nasceu e as temperaturas subiram para entorpecer pelo menos a mente, eles viram o foguete ser erguido, saindo da posição horizontal do trem e sendo posicionado em pé na plataforma pelo que pareciam enormes gruas de construção. Era uma boa oportunidade para eles verem a Soyuz de perto; no dia do lançamento, eles a veriam a cerca de um quilômetro e meio de distância — uma distância segura caso algo desse errado, mas perto o suficiente para que o solo sob seus pés ainda tremesse com a decolagem.

Enquanto eu era acompanhado até as escadas, percebi que nosso foguete estava encapsulado em uma grossa camada de gelo, como um velho congelador que precisa ser descongelado. Felizmente, aquilo não era nada com que se preocupar. Algumas versões da Soyuz voavam havia mais de 45 anos. No que diz respeito a foguetes, é um dos ônibus espaciais mais confiáveis e duráveis do mundo e pode ser lançado com segurança em quase qualquer clima.

Fui o primeiro a subir as escadas e, enquanto subia, o chefe da energia me deu um chute rápido e amigável na bunda — o equivalente russo ao teatral "merda para você". É um "caia fora" simbólico antes do lançamento e nada desagradável quando você está tão bem acolchoado quanto eu. No meio da subida, parei e me virei, assim como Tom e Roman, para dar um último adeus. Era um momento Kodak — três caras indo para uma incrível aventura — que decidimos, em um acordo tácito, manter misericordiosamente breve. Tínhamos um lugar para ir.

Cinquenta por cento do risco de uma falha catastrófica durante uma missão espacial de longa duração ocorre nos primeiros dez minutos após o lançamento. É a fase mais perigosa por segundo de um voo espacial. São tantos sistemas complexos interagindo ao mesmo tempo que mudar uma única variável pode ter um enorme efeito em cascata, e é por isso que treinamos tão duro e por tanto tempo para o lançamento: devemos saber como os dominós podem cair e estar prontos para fazer a coisa certa, em todos os tipos diferentes de cenário.

Muitas vezes, temos apenas alguns segundos para reagir. Sentimos a mesma pressão até durante os treinamentos. Ninguém quer morrer tão rápido — não fica bem.

Às vezes, as pistas de que algo está errado são muito sutis. Por exemplo, nos ônibus espaciais, quatro computadores, todos rodando o mesmo programa simultaneamente, controlavam o veículo. Laptops normais na Terra de vez em quando congelam ou têm problemas com seus programas, mas as chances de erros em computadores aumentam significativamente durante o lançamento, graças ao estresse: vibração, aceleração, mudança de corrente elétrica e ondas de calor. Esta é uma das razões pelas quais estes quatro computadores eram interligados, para poderem comparar o que estão fazendo. Se algum deles fizer algo estúpido, os outros três tomarão a dianteira e o desligarão. Mas se mesmo um pequeno erro de cronologia se desenvolver, dois dos quatro computadores poderiam se isolar e fazer uma traquinagem — dando ao veículo direções contraditórias em relação às dos outros — sem uma pessoa para desempatar e votar qual deles está certo. A principal maneira de descobrir se tínhamos uma "separação de pares" era monitorar o padrão de algumas luzes em um painel superior enquanto também tentávamos fazer um milhão de outras coisas. Mas esta não era uma tarefa que podíamos deixar de fazer. Se o ônibus espacial respondesse a direções conflitantes, digamos, virando-se repentinamente durante o lançamento, o veículo poderia simplesmente se partir durante o voo, incapaz de aguentar o distúrbio estrutural causado por mudanças rápidas no fluxo aerodinâmico. Para evitar catástrofes, tínhamos que reconhecer uma separação desse tipo de maneira instantânea e responder em segundos. O piloto e o comandante, simultaneamente, teriam que anular os quatro principais computadores e ativar o computador reserva, o que era relativamente primitivo, mas poderia, em uma emergência, trazer o ônibus de volta à Terra.

Durante o lançamento do ônibus espacial, também precisávamos recalcular, constantemente, como e quando desligar os motores manualmente em caso de emergência. Você não podia simplesmente desligá-los ab-ruptamente enquanto acelerava: imagine correr pela estrada a 100km/h e de repente desligar seu motor — não seria uma boa ideia para o carro. Ou para você. Bem, o risco é exponencialmente maior quando você viaja a 13 mil km/h e imensas bombas turbinadas, poderosas o suficiente para drenar uma piscina em menos de trinta segundos, fornecem combustível ao motor. Se o motor de um ônibus espacial não for desligado de modo cuidadoso e gradual, ele explodirá. Então, durante o lançamento, passamos muito tempo trabalhando em um problema hipotético: como, se algo desse errado, tiraríamos o pé do acelerador. De fato, em duas diferentes missões com o ônibus, as tripulações tiveram que desligar um motor, mas como elas estavam tão bem-treinadas para pensar em teias interconectadas de problemas com muita calma e rapidez, esses desligamentos não foram graves e ambos os voos continuaram como o planejado. É por isso, muito provavelmente, que você nunca ouviu falar deles até agora.

A Soyuz é um veículo muito mais simples de operar e é automatizado: se algo der terrivelmente errado, as chances de sobrevivência são muito maiores do que no ônibus espacial, pois a cápsula de reentrada onde a tripulação fica durante o lançamento automaticamente se destaca e é liberada. Foi isso o que aconteceu em 1983, dois segundos antes de uma Soyuz explodir na plataforma durante a contagem regressiva — a tripulação sobreviveu. Em 1975, depois de um sério defeito no propulsor no meio da subida, a pirotecnia automaticamente entrou em ação para liberar a cápsula da tripulação do foguete; enquanto ela caía de volta na Terra, seus paraquedas abriram corretamente, no tempo certo. No entanto, aquela Soyuz aterrissou em uma área remota nas montanhas e imediatamente começou a rolar em uma colina nevada, parando na beira de um abismo porque o paraquedas se enroscou na vegetação. A tripulação viveu para contar a história. Apenas uma vez os paraquedas falharam: no primeiro voo da Soyuz, em 1967. Vladimir Komarov, o cosmonauta a bordo — ele era o único, pois era um voo de teste —, morreu, a primeira fatalidade em voo na história da exploração humana do espaço. Desde então, felizmente, o veículo e seus paraquedas têm sido eminentemente confiáveis.

A nossa tripulação continuava confiante que, mesmo em caso de falha de um motor, sobreviveríamos. Entretanto, nem todas as falhas de motores são iguais, nem mesmo em um foguete altamente automatizado. Na Soyuz, um dos piores momentos para isso acontecer seria depois dos dois primeiros minutos de voo, quando o ônibus estaria bem alto, mas ainda não veloz o bastante. Ele cairia direto, de cabeça. Se a Soyuz voltar à Terra horizontalmente, baterá na atmosfera, como uma pedra saltitando na superfície de um lago, desacelerando antes de parar. Mas, se cair verticalmente, é como uma pedra largada de uma grande altura. O foguete bateria na grossa camada de ar da atmosfera de uma só vez, criando forças de desaceleração de até 24G — dá para sobreviver a isso, mas é extremamente difícil para humanos e para o veículo. O comandante da Soyuz teria cerca de quatro segundos para fazer uma mudança crucial: ao apertar botões no manete de controle manual, é possível desligar alguns dos controles automáticos e virar a cápsula de reentrada para uma orientação que reduza a força de desaceleração para 8 ou 10G. Mesmo que 14 ou 16G sejam uma força terrível, ainda é bem melhor que 24G. Então Roman praticou fazer isso incansavelmente e falamos sobre o assunto sempre, só para garantir.

Na verdade, havíamos praticado tudo tantas vezes — e pensávamos tanto no que poderia nos matar (ou apenas nos aleijar) — que nos sentíamos, ao ir para o lançamento, preparados para quase tudo. Tivemos inúmeras oportunidades de zerar nossas fraquezas e tentar melhorar nessas áreas, assim como inúmeras oportunidades de desenvolver e praticar novas habilidades. As resistências mental e emocional necessárias para lidar com a pressão e o estresse do lançamento se desenvolveram durante aquele processo lento e árduo. A nossa principal habilidade, a que nos tornou astronautas — a habilidade de sintetizar e resolver problemas complexos rapidamente, com informações incompletas e em um ambiente hostil — era algo com que nenhum de nós nascera, mas, naquele ponto, todos nós a tínhamos. Nós a desenvolvemos durante o trabalho.

Estarmos bem-preparados, todavia, não queria dizer que estávamos cansados. Para mim, assim como para qualquer um que esteja embarcando em qualquer tipo de missão difícil de conquistar, o lançamento parecia ao mesmo tempo intimidador e extremamente animador. Na minha primeira vez, senti uma excitação incontida misturada com o sincero desejo de iniciante de provar algo a mim mesmo. O meu segundo lançamento foi diferente; na época, eu fui tomado por um intenso senso de objetivo, sabendo que a instalação correta do Canadarm2 era crucial para o futuro da ISS. Antes dessa terceira vez, a última da minha carreira, senti que estava lidando com algo que conhecia, confiante em mim, na minha tripulação e na nossa nave. Era uma estranha combinação de se sentir tranquilo e quase pesaroso em relação ao que passei para chegar àquele ponto. Eu estava determinado a tirar o melhor de cada momento daquela incrível jornada, a gravar seus detalhes na minha memória. Eu teria que fazer aquilo. Eu jamais teria outra chance.

A Soyuz é tão pequena que faz um ônibus espacial parecer imenso. Uma minivan tem cerca de 4,6m^3 de espaço; a Soyuz tem 7,5m^3 de espaço para viver — teoricamente. Na realidade, muito do espaço é tomado por carga e equipamento amarrado com segurança para o lançamento. De qualquer modo, não é muito espaço para três adultos compartilharem durante alguns dias. Mas durante o lançamento, temos ainda menos espaço porque estamos confinados no módulo de reentrada, que é também a única parte da Soyuz que sobrevive ao retorno à Terra. Na nossa volta para casa, descartamos os outros dois: o módulo de serviço, que abriga instrumentos e motores, e o módulo orbital, que proporciona espaço de vida extra quando estamos em órbita.

Quando Tom, Roman e eu alcançamos o topo das escadas, um técnico nos levou a um pequeno elevador que zumbia e baqueava enquanto subia, e então nos deixou em uma cabine diminuta com um buraco na lateral, que me lembrava um iglu. Tiramos nosso edredom branco e depois, um de cada vez, engatinhamos pelo buraco para o módulo orbital. Eu me sentava à esquerda, era o piloto, então entrei primeiro, pois meu assento era o de mais difícil acesso. Depois do lançamento, o módulo orbital se tornou a nossa sala de estar, mas foi impressionante ver que ele já havia sido preenchido quase até o teto com uma mistura de equipamentos e suprimentos. Parecia um carro cheio para uma longa viagem que cruzaria o país. Vi minhas *checklists* presas no alto de uma pilha de bugigangas de um metro, mas já estava concentrado em me abaixar com cuidado para entrar no módulo de reentrada, onde ficamos durante a decolagem e a aterrissagem. Eu não queria que a grande válvula reguladora na frente do meu traje Sokhol arranhasse a escotilha.

Uma vez em meu assento, que foi feito sob medida para o meu corpo, para absorver o choque da aterrissagem, o nosso técnico de amarrações, Sasha, foi até lá para apertar o meu cinto de segurança. Você pode pensar que em um veículo tão diminuto o técnico teria que ser pequeno e rijo, mas Sasha era um grandalhão com o visual de um segurança de boate. Depois que ele me prendeu com segurança, pensei em lhe pedir para me passar as minhas *checklists*. Ele disse que faria isso, mas voltou à sala de espera sem dá-las para mim.

Meu trabalho era começar a checar os sistemas para garantir que tudo estava funcionando, mas... eu precisava daquelas listas. Eu os chamei, mas ninguém respondeu, pois estavam ocupados ajudando Tom. Ótimo. Eu teria que ligar a Soyuz de cabeça. Não. Má ideia. Depois que Tom se instalou em seu assento e Sasha o ajudou, lembrei-lhe que precisava do meu arquivo de dados. Sasha disse: "Ah, o cara lá em cima disse que você ainda não precisa dele." *Que* cara? E o arquivo não pertencia "ao cara", quem quer que ele fosse. Era meu. Mas eu não podia me mover. Quando Roman entrou, a cápsula de reentrada ficou tão cheia que Sasha não pôde ajudá-lo, então Tom e eu assumimos a função, e aí Roman olhou em volta e se perguntou onde estavam suas *checklists*. Finalmente, naquele momento, passaram-nas para nós. Eles queriam esperar, eu acho, até que alguém realmente confiável — um comandante, não apenas um astronauta qualquer — estivesse na área.

E no fim das contas, eu não precisava ter me preocupado. Tínhamos muito tempo para trabalhar em nossas listas e verificar se tudo estava funcionando como deveria. Tudo parecia muito familiar, semelhante aos simuladores: os mesmos assentos, as mesmas tarefas, as mesmas *checklists*. Até a mesma voz saía de nossos fones de ouvido: a de Yuri Vasilyevich Cherkashin, nosso instrutor. Tudo parecia igual a todas as vezes que havíamos praticado — até quando Roman puxou a grande alavanca e a pequena tranca, fechando a escotilha da cápsula de reentrada do nosso lado e Sasha fechou a dele dizendo: *"Schastlivovo puti." Bon voyage.*

O que poderia significar "hora de esperar mais um pouco". Ainda havia muito o que fazer antes de podermos decolar — as checagens de pressão eram o mais crucial. Tínhamos que ter certeza de que nosso veículo estava bem-selado. Estava. Então tínhamos que checar se nossos trajes Sokhol ainda estavam hermeticamente selados, pois, no caso de um vazamento na Soyuz, se tornariam nossa própria nave espacial individual, nos permitindo ganhar tempo para voltar à Terra. Sem eles, morreríamos rapidamente, mas não sem dor, por falta de oxigênio. Primeiro fechamos e trancamos nossos capacetes, lembrando um ao outro que precisávamos ouvir "dva zaschelkami" — dois cliques — quando fechamos nossos reguladores até nossos trajes inflarem como balões. Não é a melhor sensação do mundo — é difícil manter os ouvidos desobstruídos — mas dentro de 25 segundos sabíamos que podíamos confiar em nossos trajes espaciais em caso de emergência. Esperamos os três minutos prescritos para a equipe de terra também ficar satisfeita, então abrimos nossos capacetes e desligamos o suprimento de oxigênio. Já tínhamos o suficiente na cápsula — não precisávamos aumentar o risco de incêndio.

Com cuidado testei todos os painéis — são cerca de cinquenta, cobrindo tudo, de velocidade/altitude ao sistema de oxigênio da nave e as sínteses matemáticas de alvos orbitais — para ter certeza de que eles funcionavam como nos simuladores. E funcionavam. Havíamos controlado tudo que podíamos controlar. O nosso veículo era saudável. Fizemos tudo o que constava em nossas *checklists*. Nossos trajes funcionavam. Naquele momento, eu já estava havia duas horas sentado na Soyuz, joelhos quase esmagados contra meu peito. A parte de trás dos meus joelhos doía um pouco por causa do último teste de pressão e me lembrei de quando quebrei minhas costelas mais baixas praticando esqui aquático em Pax River. Mas, fora isso, eu me sentia bem. Normal. Na verdade, com fome, assim com Roman e Tom. Estava quase na hora do jantar e não tínhamos comido quase nada o dia inteiro. Teríamos que esperar mais algumas horas.

Lá fora, estavam removendo a ponte de apoio — a estrutura portátil com as escadas, elevador e sala de ingresso — do nosso foguete. Mais ou menos quarenta minutos para a partida. Yuri nos pediu para escolher algumas músicas que gostaríamos de escutar enquanto esperávamos e ele também escolheu algumas para nós. Ele nos conhecia bem. Quando as músicas começaram a tocar, sorríamos, explicando uns para os outros o significado particular de cada canção. Para Tom, havia violão clássico — ele era um bom violonista e planejava praticar na estação. Para mim, a canção do meu irmão Dave, "Big Smoke" [grande fumaça], ligando família, história, música e minha localização atual, sobre o que logo se tornaria uma grande nuvem de fumaça. Para Roman, o mais jovem de nós, um pouco de rock, do tipo que faz você querer dançar em seu assento, mesmo que esteja amarrado tão firme que seja difícil se mover. Eu pedi "If You Could Read My Mind", minha canção favorita de Gordon Lightfoot; meditativa e majestosa, ela sempre me deixa em paz. E como, de acordo com o calendário maia, estávamos a apenas dois dias do fim do mundo, escolhi a redenção em alta velocidade do Great Big Sea, "It's the End of the World as We Know It (and I Feel Fine)". Ouvimos "Beautiful Day", do U2, e "World in My Eyes", do Depeche Mode, que começa com "Let me take you on a trip/Around the world and back/ And you won't have to move/ You just sit still" [Deixe-me levar você em uma viagem/ pelo mundo e de volta/ você não vai precisar se mexer/ apenas sente-se imóvel].

Sentar-nos imóveis e permanecer calmos era exatamente o que tentávamos fazer enquanto os minutos corriam e o Sol baixava no céu. O lançamento estava marcado para logo após o pôr do Sol. Não queríamos que os nossos corações disparassem de excitação cinco minutos antes do lançamento. Debaixo dos trajes espaciais, estávamos usando algo parecido com um sutiã de treinamento com eletrodos para transmitir dados médicos à equipe em solo. Nenhum de nós queria dar à equipe de médicos que monitorava cada um dos nossos batimentos cardíacos algo com que se preocupar. Principalmente eu, não agora, não depois do que eu havia passado para ser liberado para voar. Na minha *checklist* para a subida, anotei um lembrete: "Fique calmo. Parâmetros médicos."

Transpire as besteiras. Sem deixar ninguém ver você transpirar.

Alguns minutos antes do lançamento, com "Here Comes the Sun" dos Beatles tocando, viramos a página da *checklist* para a que correspondia ao lançamento: havia apenas uma, cobrindo tudo, da ignição à interrupção dos motores. Era realmente incrível, para uma série tão complexa de eventos, mas precisávamos estar atentos aos nossos painéis. De qualquer forma, era algo que conhecíamos mais do que o suficiente. "*Miakoi posadki*", disse Yuri, a título de adeus. "Aterrissagens suaves." Também desejamos isso.

Os motores externos menores começaram a acender cerca de trinta segundos antes do lançamento — assim, o controle de terra poderia realmente se assegurar de que tudo estava pronto e funcionando de acordo antes de acender os motores que tinham potência suficiente para nos levantar da Terra. Era uma maneira de definirem suas apostas e para mim e Tom, uma suave iniciação para a Soyuz. Sentimos a sensação de algo ribombando, mas diferente do ônibus espacial, sem zunidos, sem balanços. Os motores do ônibus espacial eram maiores de um lado, então, quando se ligavam, sua força puxava e inclinava a nave. Os motores da Soyuz, no entanto, eram simétricos, acendendo através do centro de gravidade do veículo, então, enquanto há uma vibração crescente constante, não há movimento fora do centro, nenhum anúncio repentino e explosivo de que você está deixando o planeta.

O ribombar da potência só ficou mais forte e mais insistente enquanto ouvíamos a contagem regressiva em russo pelos nossos fones de ouvido e: "*Pusk*." Lançamento. Era uma sensação muito diferente da dos meus dois lançamentos com ônibus espaciais, muito mais gradual e linear enquanto o veículo queimava combustível suficiente para alimentar o lançamento. A aceleração inicial não me pareceu tão diferente de ficar sentado em solo. Sabíamos que estávamos deixando a plataforma mais pelo marcador que pela sensação de velocidade.

Do ponto de vista de quem olhava dos mirantes, aqueles dez primeiros segundos de lançamento foram sofridamente lentos. Mais tarde, Kristin admitiu que ela ficou aterrorizada, tanto que não quis tirar nenhuma foto ou desviar os olhos da Soyuz por um segundo. Comparado com o lançamento dos ônibus espaciais, o foguete parecia pairar sobre a plataforma um pouco demais. Um convidado comparou aquilo ao maior dos levantamentos de peso, dizendo que parecia que um levantador de peso invisível estava embaixo da nave, fazendo uma força tremenda para empurrar o veículo para fora do chão, mas uma falha sempre era uma opção.

Dentro do veículo, entretanto, estávamos cheios de expectativa, não de medo; prontos para que a máquina fizesse seu trabalho. Era como ser um passageiro em uma grande locomotiva, mas um que pode puxar o freio de emergência se necessário. Tínhamos algum grau de controle. O desafio era saber se o usaríamos e quando deveríamos fazê-lo. Dentro de um minuto, fomos puxados para nossos assentos com cada vez mais força. A subida inicial pareceu determinada, mas suave, meio como estar em um cabo de vassoura que uma mão invisível calmamente dirigia um pouco para a esquerda, depois um pouco para a direita, para trás e para a frente. O próprio foguete estava corrigindo sua atitude enquanto subíamos e o vento e as correntes de ar mudavam.

Todavia, a viagem se tornou menos suave quando continuamos. Quando nossos motores de primeiro estágio foram desligados e os propulsores se acenderam nas laterais, houve uma perceptível mudança na vibração e uma diminuição na aceleração — não na velocidade, sempre aumentando. Fomos jogados para a frente e depois constantemente empurrados para trás enquanto a Soyuz, ligada, rugia para cima. Esse movimento de diminuição e solavanco se repetiu quando os motores de segundo estágio se separaram, e quando os de terceiro estágio se acenderam — eram eles que nos levariam à velocidade orbital —, fomos atirados para trás com ainda mais força. Mas era muito bom sentir aquilo, pois um ano antes o terceiro estágio não ligou e uma nave de suprimentos não tripulada, Progress, caiu em uma região pouco populosa do Himalaia. Se aquilo acontecesse e os paraquedas da Soyuz funcionassem, se passariam dias até que alguém nos encontrasse. Todos nós fizemos treinamentos de inverno em áreas remotas para nos prepararmos para tal cenário, então tínhamos uma boa ideia do quanto aqueles dias seriam horríveis. Naquela época do ano, sem dúvida gostaríamos de ainda ter nossos trajes de boneco da Michelin.

Já lá em cima, respiramos com mais calma enquanto cada etapa importante passava, mas não era um processo estressante. Nós nos aproximamos de certos limiares em que sabíamos que era possível que algo muito ruim acontecesse, mas também tínhamos um plano para o que cada um de nós faria. Estávamos bem acordados e prontos para entrar em ação. Se algo desse drasticamente errado, os motores não se desligando a tempo, por exemplo, eu daria um comando e apertaria dois botões de emergência para acender os arrancos explosivos que separariam nossa cápsula do foguete. Eu teria cinco segundos para descobrir o que tinha dado errado e tomar as iniciativas necessárias. Nós três discutimos novamente quem faria o quê, com a permissão de quem, várias e várias vezes. Concordamos que se X não acontecesse em Y segundos, eu ativaria o controle de separação. Quem se senta à esquerda é a única pessoa capaz de alcançar aqueles botões. Levantei a tampa que normalmente cobre tais botões e estava pronto para apertá-los a qualquer momento, e foi um momento maravilhoso quando pude fechá-la.

Nove minutos haviam se passado. Nossos motores de terceiro estágio foram desligados, a Soyuz se separou, as suas antenas e os seus painéis solares foram descobertos. O controle de voo estava prestes a mudar de Baikonur para o Centro de Controle de Missões russo, em Korolev, um subúrbio de Moscou.

Toda tripulação traz seu próprio medidor de força gravitacional, um brinquedo ou bonequinho que colocamos à nossa frente para sabermos quando estamos sem peso. O nosso era a Klyopa, uma bonequinha de pano baseada em um personagem de um programa de TV russo, cortesia de Anastasia, a filha de nove anos de Roman. Quando o fio que a segurava de repente se distendeu e ela começou a subir, senti algo inédito para mim no espaço: cheguei em casa.

A vida de um astronauta é feita de simulações, práticas e previsões, tentando construir as habilidades necessárias e criar a mentalidade correta. Mas em última instância é tudo fingimento. É só quando os motores estão desligados e você confere que está na direção certa e indo rápido o suficiente que pode reconhecer: "Ei, conseguimos. Estamos no espaço." Talvez não seja tão diferente de um nascimento, que você sabia que aconteceria no fim da gestação; você leu os livros e viu as fotos, preparou o quarto do bebê e fez as aulas de preparação, tem um plano e acha que sabe o que está fazendo — e de repente, você é confrontado com uma criança berrando, e é absurdamente diferente.

Em 1995, eu era o único novato em nossa tripulação. Eu não queria parecer perdido, com aquele sentimento de primeiro dia no trabalho, de "Bem, o que devo fazer agora?". Só ficaríamos lá em cima por oito dias. Não queria passar nenhum deles me sentindo — e sendo — inútil. Então, quando ainda estava na Terra, pensei bastante, em sequência e em detalhes, exatamente no que aconteceria assim que alcançássemos a velocidade orbital, e criei uma lista de coisas que eu tinha que fazer. Não pensei em objetivos grandes e vagos como "demonstrar capacidades de liderança". Pensei em coisas reais e elementares, como colocar minhas luvas e as *checklists* na sacola do capacete, recolher os apoios para cabeça dos assentos de lançamento de cada um e colocá-los no "saco de lixo" de itens desnecessários para o voo de retorno.

Ter um plano de ação, mesmo para ações cotidianas, foi um grande benefício em termos de adaptação a um ambiente radicalmente novo. Por exemplo, eu nunca havia experimentado a gravidade zero anteriormente. Eu "sabia" exatamente como seria, por causa de todo o meu treinamento e estudo — só que não a conhecia de fato. Estava acostumado a ser puxado para o chão pela gravidade, mas agora sentia que estava sendo puxado para o teto. Uma coisa era ficar no meu assento e ver as coisas flutuando em volta, outra era levantar e tentar me movimentar. Era uma forma profundamente desorientadora de choque cultural, literalmente atordoante. Se movesse minha cabeça rápido demais, meu estômago revirava e eu ficava enjoado. Minha lista me dava algo em que me concentrar além da minha desorientação. Ao fazer a primeira coisa da lista e ver que dava certo, e depois a segunda e assim por diante, consegui encontrar a minha estabilidade. Desenvolvi algum ritmo; não me senti tão perdido.

É óbvio que você deve se planejar para um grande acontecimento como um lançamento. Não pode simplesmente improvisar. O que talvez seja menos óbvio é que faz sentido fazer um plano igualmente detalhado para como se adaptar depois. Adaptação física e psicológica a um novo ambiente, seja na Terra ou no espaço, não é instantânea. Sempre há uma distância entre chegar e se sentir confortável. Ter um plano que quebre o que você vai fazer em passos pequenos e concretos é a melhor maneira que conheço de ligar as pontas dessa distância.

Na Soyuz, não tínhamos que esquentar nossos cérebros para fazer uma lista. Havia vários trabalhos domésticos práticos para tomarmos conta assim que entrássemos em órbita, e o espaço confinado nos forçava a coreografá-las cuidadosamente. A primeira e mais importante: checar a pressão. Uma vez certos de que os sistemas automáticos estavam funcionando e que os canos de combustível dos propulsores de manobra estavam cheios, fechamos o suprimento de oxigênio e medimos a pressão de reentrada e a pressão orbital nas cápsulas por uma hora. Se ela caísse um pouco, tínhamos que voltar e nos dirigir para um dos locais de aterrissagem pelo mundo — ou, dependendo da seriedade da situação, ir para qualquer lugar e esperar que não caíssemos no quintal de alguém.

Mas nossa nave estava bem, então Roman abriu a escotilha que dava para o módulo orbital e flutuou para cima, para sair de seu traje Sokhol. Tínhamos que nos revezar: simplesmente não havia espaço suficiente na Soyuz para três adultos saírem de seus trajes espaciais ao mesmo tempo. Sair deles era mais fácil que entrar, mas ainda era estranho, ainda mais porque o interior do Sokhol, nesse momento da jornada, estava particularmente pegajoso e dando a sensação de uma luva de borracha que você está usando há algum tempo. Na verdade, você tem que colocar o traje na frente de um ventilador por algumas horas até que seque.

A próxima coisa a sair: a fralda. O orgulho me impele a declarar que nunca usei a minha, mas aqueles que a usaram ficam particularmente felizes em removê-la. Depois disso, ficamos apenas com nossas roupas de baixo de mangas e pernas compridas — 100% algodão, pois em caso de incêndio, ele chamusca bem, sem derreter ou queimar. A maioria dos astronautas fica em suas ceroulas até o momento de acoplar na ISS, trocando de roupa relutantemente apenas porque sabem que haverá câmeras de TV e olhares de horror de outros membros da equipe se forem cumprimentados por alguém com a roupa de baixo suja. A abordagem da higiene na Soyuz é quase a mesma de um acampamento. Decência é um conceito relativo em um veículo daquele tamanho; por exemplo, não há banheiro, então se precisar usá-lo, seus colegas de tripulação desviarão o olhar educadamente enquanto você pega algo que parece um aspirador portátil com um pequeno funil amarelo acoplado. É fácil de usar: vire o botão para a posição "ligar", confira se o fluxo de ar está mesmo funcionando, então o segure perto o suficiente para não voar xixi para todo lado. Uma secada rápida com um pedaço de gaze e o funil está limpo.

Assim que saí do meu traje Sokhol, tomei meus remédios para enjoo. É inevitável ficar enjoado no primeiro dia no espaço, pois a falta de peso confunde o seu corpo. O nosso ouvido interno não consegue mais distinguir a parte de cima da de baixo, o que desestabiliza o equilíbrio e nos faz sentir náuseas. No passado, alguns astronautas vomitavam durante todos os seus voos; os corpos deles não aceitavam a ausência de gravidade. Eu sabia que o meu no fim das contas se adaptaria, mas não tinha motivo para me sentir mal durante os meus primeiros dias no espaço, então tomei os remédios disponíveis e não comi muito.

Também não passei muito tempo olhando pela janela num primeiro momento. Diferentemente do ônibus espacial, que era impulsionado por células de combustível, a Soyuz é alimentada por energia solar; para manter seus painéis solares apontados para o Sol, o veículo gira como um frango de padaria. Assim, do lado de fora da janela, o que você vê é a Terra rodando e rodando, o que é difícil de olhar sem ficar com o estômago embrulhado. Esperei até que fizéssemos uma queima de ajuste orbital, quando manteríamos uma altitude estável, para admirar a vista.

Na primeira noite, realizamos duas queimas de ajuste orbital, acendendo os motores para subir mais ainda, rumo à ISS. Esta é uma das fases mais críticas dos voos na Soyuz, pois um erro poderia rapidamente colocar o foguete em uma órbita em que jamais alcançaria a Estação. "Não há nada mais importante do que o que você está fazendo agora" é uma frase emblemática dos astronautas que nunca é mais verdadeira do que quando um motor está ligado. Todos nós paramos e olhamos, sem piscar, os painéis que indicavam as medidas para a pressão do combustível, direção e fluxo dos propulsores — qualquer coisa que pudesse nos indicar que um motor estava se comportando mal. Coletivamente, compartilhávamos reflexos rápidos, mas era meu dever apertar os botões corretos imediatamente — eram 24 botões, cobertos por pequenas tampas que evitavam que os apertássemos sem querer — para desligar de modo manual um motor errante e trocar para os propulsores reservas, se necessário. Mas não era. Atrás de nós, um rastro de flocos flamejantes do acendimento brilhava na noite.

Checamos todos os nossos propulsores e testamos os computadores, controles manuais e radares de encontro de que precisaríamos para nos acoplar à ISS. Com apenas algumas horas de viagem, fizemos quase tudo que tínhamos que fazer. Flutuando em frente à tela da Soyuz, percebi que estávamos sobre o oceano Pacífico, próximo da costa do Chile. Pela janela, vi algumas luzes. "Barcos de pesca", pensei. Então, elas se revelaram: era o cruzeiro do sul. Eu estava olhando para uma constelação no céu noturno, não para o mar! Era um prazer estranho estar ao mesmo tempo desconcertado e tranquilo.

Percebi que estava cansado. Muito cansado. Desenrolei meu saco de dormir, verde-claro com uma listra branca, e amarrei frouxamente suas quatro pontas nos anéis de metal nas laterais da Soyuz com os cordões que encontrei no bolso do saco. Eu não queria sair flutuando e esbarrando em tudo durante a noite. Completamente vestido e usando pantufas que iam até os tornozelos, entrei no meu saco de dormir, enfiei meus braços nos buracos laterais, puxei o capuz e o zíper. Flutuando lá dentro, ligeiramente curvado como um bebê no útero, senti sono quase imediatamente, com Tom ao meu lado e Roman a poucos metros, na cápsula de reentrada. Foi a minha primeira noite no espaço desde abril de 2001. A expedição 34/35 tinha começado.

Ir até a ISS de fato não demora muito: daria para ir da Terra até ela em menos de três horas se você precisasse e, recentemente, muitas tripulações fizeram isso, pelo bem da eficiência. Mas ainda tínhamos dois dias para isso, como as tripulações da Soyuz geralmente têm, e eu estava feliz com o tempo dado para diminuir a adrenalina do lançamento e me acostumar com o fato de estar no espaço. Na Estação, faríamos e monitoraríamos experiências científicas, além de realizar a manutenção da própria nave, comunicando-nos constantemente com o controle de missão — a agenda ficaria cheia.

Um dia inteiro no limbo, antes de tudo começar, nos deu a chance de nos adaptar e refletir, quase sem sermos perturbados. Na Soyuz, a não ser que estivéssemos diretamente acima da Rússia, não havia comunicação com o solo. Assim, algumas vezes por dia, dávamos ao controle de missão em Korolev um resumo do status do veículo e eles nos davam qualquer dado necessário para o encontro e o acoplamento na ISS. Em outras palavras: paz e tranquilidade. Estávamos sozinhos.

Acordei às 5:30, horário de Moscou, e calculei: sete horas de sono. Senti-me descansado, apesar de estar com a cara inchada, congestionado — sintomas típicos da adaptação. As minhas articulações doíam um pouco, por ficar tanto tempo sem me mover no lançamento, e eu estava com um pouco de dor de cabeça, mas a principal coisa que me vinha à mente era uma calma sensação de alegria.

Na noite anterior, ao explorar o armário perto de seu assento na cápsula de reentrada, Tom descobriu cartões de nossas esposas. Eu guardei o meu, no bolso esquerdo da minha calça. Agora, o Sol estava nascendo e eu queria lê-lo. Quando abri o envelope, dois coraçõezinhos de papel flutuaram para fora, virando-se lentamente e captando os raios de Sol. Peguei-os com cuidado e segurei-os enquanto lia as palavras de Helene. Decidi que aqueles corações me fariam companhia em meu pequeno leito na ISS nos cinco meses seguintes, lembretes delicados e vívidos da minha vida na Terra.

Nesse momento, Tom também estava acordando, então procuramos remédio para congestionamento e comprimidos para enjoo em uma grande caixa de metal, do tamanho de uma caixa de ferramentas, chamada, de maneira bastante prosaica, contêiner número 1. Roman também estava despertando. Revezamo-nos para fazer xixi e tomamos o café da manhã: pão de queijo em lata, frutas secas e um suco em caixinha. Concordamos que café teria sido bom, mas o teríamos logo, em bolsas plásticas, na ISS.

Roman já se movimentava rapidamente, cheio de energia, de maneira suave e eficiente, como se sua última longa estadia no espaço tivesse sido ontem. Aquela Soyuz era dele, e ele a tratava com cuidado e respeito de dono. Ele logo se aquietou para ver comédias soviéticas dos anos 1960 que a equipe de Energia colocou em seu iPod. Tom era discreto, solícito e estava claramente feliz de estar de volta ao espaço. Ele se movimentava mais deliberada e pacientemente, sempre pronto a ajudar. Senti-me relaxado e preguiçoso, como uma bolha em um riacho tranquilo. Tirei o meu relógio Omega Speedmaster para brincar com ele na ausência de gravidade. Com um empurrãozinho, ele se tornou um peixinho de metal, a pulseira mexendo-se de um lado para o outro como se estivesse viva.

O meu corpo estava começando a se lembrar da gravidade zero, e, quando você se acostuma, é como estar na melhor montanha-russa do parque, só que nunca para. Você pode sacudir, girar e flutuar coisas dentro da nave, e nunca cansa. É apenas uma mudança de regras constante e divertida. E enquanto meu sistema se adaptava durante o nosso dia de descanso, comecei a conseguir olhar pela janela por períodos cada vez mais longos de tempo. O mundo estava se desdobrando sob mim, cada lugar sobre o qual eu já lera ou sonhara em visitar passava abaixo. Havia o Saara, o lago Vitória e o Nilo, serpenteando até o Mediterrâneo. Exploradores deram suas vidas tentando encontrar a foz do Nilo, mas eu podia detectá-la com uma olhadela de relance, sem esforço algum.

O céu noturno também era lindo: vários colares com incontáveis luzinhas vestiam a capa negra que cobria a Terra. Olhando para fora no segundo dia da nossa missão, me conscientizei de que, à distância, havia uma estrela que parecia diferente. Ela se destacava porque, enquanto todas as outras continuavam exatamente do mesmo tamanho e forma, esta ficava cada vez maior quando nos aproximávamos. Em certo momento, ela parou de ser um ponto de luz e começou a se tornar algo tridimensional, transformando-se em uma coisa da forma de um inseto com todo tipo de apêndices. E então, isolado contra o fundo escuro, começou a parecer uma cidade pequena.

Que é o que ela era de fato: um posto avançado construído pelos humanos, longe da Terra. A Estação Espacial Internacional. É um livro de ficção se tornando verdade, o sonho de cada criancinha realizado: uma criação completamente humana, grande e poderosa, em órbita no universo.

E parecia um milagre que logo nos acoplaríamos a ela, e a fase seguinte da nossa expedição iria começar.

9

QUEIRA SER UM ZERO

Uma vez, um amigo meu estava em um elevador lotado no Edifício Quatro Sul do JSC em Houston, quando um astronauta mais velho entrou e ficou lá, visivelmente impaciente, esperando alguém adivinhar que ele precisava ir ao sexto andar e apertar o botão. "Não gastei todos esses anos na universidade para acabar apertando botão de elevador", soltou ele. O mais incrível é que alguém desempenhou a tarefa para ele. Este incidente impressionou tanto o meu amigo que ele acabou me contando, e muitas pessoas devem ter ouvido essa história. Para mim, era mais uma história que alertava sobre as armadilhas sobre pensar em si mesmo como Um Astronauta (ou Um Médico ou Um Sei lá o quê). Para todas as outras pessoas, você só é o cara arrogante no elevador, morrendo de vontade de ser notado.

Com o passar dos anos, percebi que em qualquer situação nova, quer envolvesse um elevador ou um foguete, eu gostaria de ser visto de uma maneira dentre três. Como um negativo: ativamente perigoso; alguém que cria problemas. Ou como um zero: seu impacto é neutro e não afeta o equilíbrio de maneira alguma. Ou como um positivo: alguém que ativamente agrega valor. É claro que todos querem ser um positivo, mas se proclamar um destes quase garante que você será percebido como um negativo, não importam as habilidades que tenha ou como seja sua performance. Isso parece claro, mas pode não ser, já que tanta gente age assim.

Durante a seleção final para cada nova turma de astronautas da Nasa, por exemplo, sempre há pelo menos um indivíduo que é absolutamente focado em fazer propaganda de si mesmo como um positivo. Na verdade, todos os candidatos que chegam aos cem finalistas convidados para vir a Houston por uma semana têm qualificações impressionantes e são positivos — em suas áreas. Mas invariavelmente alguém decide ir mais longe e se comportar como Um Astronauta, alguém que já sabe quase tudo o que há para saber — o significado de cada sigla, o uso de cada válvula em um traje espacial — e que, se pedirem com jeitinho, iria para Marte amanhã. Às vezes, a motivação é mais excesso de vontade do que arrogância, mas o efeito é o mesmo.

A verdade é que muitos candidatos não têm uma ideia nem um pouco realista do que significa ser um astronauta. E como poderiam ter? Nos filmes, astronautas não ficam decorando páginas de vocabulário russo. Eles são super-heróis. Mesmo o mais ponderado entre nós foi influenciado em algum grau pela imagem. Eu fui. Logo, um dos objetivos daquela semana no JSC é desmanchar quaisquer noções de revistas em quadrinhos sobre como é trabalhar na Nasa. E algumas pessoas de fato olham ao redor e saem correndo.

Aqueles que não se assustam entre sessões e passeios de familiarização são colocados em seus lugares. Damos a eles um teste de inteligência e um de aptidão para a manipulação de equipamentos robóticos como o Canadarm2, o que requer a capacidade de visualizar em 3-D (o que é bem complicado). Chegamos a suspender candidatos em simulações de gravidade zero para ter uma noção de sua coordenação entre mãos e olhos. Outros testes, como para descobrir quem joga bem com os outros, são menos formais. Os candidatos certamente sabem durante a socialização com os astronautas do escritório que estão sendo avaliados como colegas de tripulação potenciais, mas provavelmente não sabem quem tem poder. Um astronauta-chefe costumava fazer o reconhecimento telefonando para a recepção da clínica onde os candidatos faziam testes médicos para descobrir quem havia tratado bem a equipe — e quem se comportou mal. As enfermeiras e a equipe médica viram um monte de astronautas ao longo dos anos e reconheciam os que não iriam longe. Uma pessoa com complexo de superioridade poderia, involuntariamente, massacrar suas chances de um dia ir para o espaço.

O que, na verdade, era uma coisa boa, pois qualquer um que se veja como mais importante que "pessoas comuns" não é feito para este trabalho (e provavelmente detestaria fazê-lo). Nenhum astronauta, não importa quanto seja brilhante ou corajoso, age sozinho.

Nosso conhecimento é resultado do treinamento dado por milhares de especialistas de todo o mundo e do suporte dado por milhares de técnicos em cinco agências espaciais diferentes. Nossa segurança depende de dezenas de milhares de pessoas que nunca conheceremos, como os soldadores russos que montaram a Soyuz, e os trabalhadores têxteis norte-americanos que fabricaram nossos trajes espaciais. E nosso emprego depende totalmente de milhões de outras pessoas acreditarem na importância da exploração espacial e quererem bancar a causa com o dinheiro dos seus impostos. Trabalhamos em nome de todos em nosso país, não de apenas alguns poucos escolhidos, então devemos nos comportar da mesma maneira se estivermos encontrando um chefe de estado ou uma turma de ciências da sétima série. Francamente, deve ser assim mesmo se você não for um astronauta. Nunca se sabe quem vai decidir onde você vai parar. Poderia ser o presidente da empresa. Mas pode também ser o recepcionista.

Se você entrar em um novo ambiente querendo explodir os portões, você se arrisca a causar uma devastação. Aprendi isso com meus erros na pós-graduação, quando estávamos em um laboratório desenvolvendo bombas de combustível de baixa pressão. Traçamos o nosso progresso usando tintas diferentes, e no fim do primeiro dia tínhamos vários potes com tinta que sobrara. Com muita eficiência, tomei o controle e despejei-as no ralo no canto da sala. Por que me preocupar em fazer perguntas? Eu já sabia o que precisava ser feito. Bem, o que aconteceu foi que aquele ralo específico fazia parte do sistema de coleta de dados do laboratório e por isso tinha que ser mantido impecavelmente limpo. O professor que dirigia o local não conseguia acreditar que eu havia jogado tinta nele. Todo o sistema teve que ser depurado e esterilizado, o que significava uma montanha de trabalho extra para ele e outras pessoas. Tenho certeza de que se ele ligasse os pontos hoje, diria: "*Aquele* cara virou astronauta? Mas ele é um idiota!"

Quando você possui certas habilidades, mas não compreende totalmente o ambiente, não há como ser um positivo. No melhor dos casos, você pode ser um zero, mas isso não é ruim, pois significa possuir competência o suficiente para não criar problemas e trabalhar mais que os outros. Você tem que ser competente, e provar isso aos outros, antes de ser extraordinário. Infelizmente, não há atalhos.

Mesmo mais tarde, quando você de fato entender o ambiente e puder dar uma contribuição incrível, é consideravelmente sábio praticar a humildade. Se você realmente for um positivo, as pessoas notarão — e serão ainda mais capazes de lhe dar crédito se não esfregar o quanto você é bom na cara delas. No meu segundo curso nacional de liderança em sobrevivência em exteriores, dividi uma barraca com Tom Marshburn, meu colega de tripulação na Expedição 34/35. Tom é o cara dos ambientes externos: um montanhista com ampla experiência, chegou aos pontos mais altos de vários continentes e fez a Trilha do Pacífico — sozinho — do Canadá ao México, cobrindo a distância de mais de uma maratona por dia. Mesmo assim, durante o nosso curso em Utah, ele nunca impôs seu conhecimento a ninguém ou nos disse o que fazer. Em vez disso, ele era competente de um jeito quieto e disposto a ajudar. Se eu precisasse da ajuda dele, ele estaria lá em um instante, mas nunca me passou a perna para mostrar suas habilidades superiores ou me fez sentir diminuído por não saber como fazer algo. Todos em nossa equipe sabíamos que Tom era um positivo. Ele não precisava nos falar.

Então, como se faz para ser um positivo, alguém que agrega valor? Eu não tinha certeza quando estava treinando para a missão STS-74 em 1995, e então, como mencionei anteriormente, observei Jerry Ross, o astronauta mais experiente da nossa tripulação, para ver como ele fazia as coisas. Depois de um tempo, percebi que ele vinha ao escritório uma hora mais cedo e tranquilamente abria a caixa de correio do comandante, tomando conta de todos os detalhes administrativos para que este pudesse se concentrar nas questões importantes. Tenho certeza de que ninguém pedira para Jerry fazer aquilo e ele nunca mencionou a tarefa, muito menos esperou qualquer reconhecimento por ela. Ele estava voluntariamente apertando os botões do elevador para outra pessoa, por assim dizer, sem barulho ou ressentimento. Era um comportamento clássico de expedicionário, colocando as necessidades do grupo em primeiro lugar.

Isso também foi muito do que fez dele um positivo em nossa tripulação. Ele não apenas trouxe a riqueza da experiência e do conhecimento, mas se comportava como se não estivesse desempenhando uma tarefa inferior a ele. Ele agia como se se considerasse um zero: racionalmente competente, mas sem ser melhor que ninguém.

Aquilo me impressionou muito. Especialmente quando estou entrando em uma nova situação e ainda não conheço bem o terreno, penso em como querer ser um zero e tentar contribuir de formas pequenas sem criar problemas. Ao se aproximar da ISS em dezembro de 2012, a nossa tripulação falou sobre isso. Ao deixar a Terra, fomos tratados como heróis conquistadores, mas, quando abríssemos a escotilha e flutuássemos para dentro da ISS, seríamos apenas os caras novos, os que não sabiam o lugar de nada. Nós nos juntaríamos a uma tripulação de três pessoas que estava trabalhando e vivendo na ISS há meses; eles haviam desenvolvido seus próprios atalhos de comunicação, suas próprias maneiras de fazer as coisas, suas próprias rotinas. Provavelmente, eles estariam felizes em nos ver — suprimentos novos! —, mas também um pouco desconfiados. E se colocássemos o lixo no lugar errado ou comêssemos sem querer a última bolsa de doce de pêssego que alguém estava guardando como guloseima?

Também poderíamos criar problemas maiores. Assim que você chega à Estação, depois de alguns dias confinado em uma Soyuz, está desorientado e atrapalhado (também por estar bastante ansioso por arranjar um banheiro mais ou menos privativo). É como ser um filhote de pássaro que ainda não sabe voar direito. Você pode flutuar diante do que parece apenas um monte de lixo na parede, mas na verdade é uma experiência biológica — esbarre nela acidentalmente e anos de ciência (e o trabalho de toda a vida de alguém) podem ser destruídos. Isso de fato aconteceu durante minha segunda missão: alguém da nossa tripulação esbarrou em um experimento quando entramos na ISS, apagando um mês inteiro de dados.

A chegada ideal não é entrar e fazer sua presença ser notada imediatamente. É ingressar sem causar perturbações. A melhor maneira de contribuir para um ambiente totalmente novo não é tentar provar como você é uma adição maravilhosa. É tentar ter um impacto neutro, observar e aprender com aqueles que já estão lá e trabalhar duro sempre que possível.

Um dos benefícios de querer ser um zero: é uma meta atingível. Além do mais, muitas vezes é uma boa maneira de se tornar um positivo. Se realmente observar e tentar aprender em vez de procurar impressionar, você pode ter a chance de fazer algo útil. Por exemplo, antes de eu voar no espaço, estive no simulador de entrada do ônibus espacial com dois astronautas muito experientes. Eu estava no modo aluno, mantendo meus olhos abertos e minha boca fechada, quando o comandante ergueu o braço para ligar algo. Como eu estava observando muito de perto, eu sabia sem sombra de dúvida que ele ia apertar o botão errado. Então eu disse: "Espere, esse não é o certo." Nada de mais. Ele se reajustou, a simulação continuou e nem eu nem ninguém disse nada sobre aquilo. Entretanto, alguns meses depois, aconteceu de estarmos juntos em um almoço, conversando com o chefe do JSC, quando sem qualquer aviso o comandante começou a laurear meus poderes de observação por ter pegado seu erro no simulador. Fui chamado para minha primeira missão pouco depois. Pode ser que uma coisa não esteja ligada à outra, mas uma coisa é certa: querer ser um zero não prejudicou minhas chances.

Ao se aproximar de uma estação espacial, a sua mente se volta para os aspectos técnicos do encontro e do acoplamento. Não é como estacionar um carro. Não é intuitivo, pois mecânica orbital não se parece com nada na Terra. Quando você joga uma bola ou a rola ladeira abaixo, pode prever com boa precisão para onde ela vai, e como a sua trajetória mudaria se você a jogasse com mais ou menos força. Mas no espaço é necessário ir mais rápido para alcançar uma órbita mais alta — e quando se chega lá, você na verdade vai mais devagar. Então, para manobrar a nave e conectá-la a um outro veículo em órbita, deve-se pensar de uma maneira totalmente nova sobre o comportamento dos objetos. Sim, há todo tipo de sensores e lasers para ajudar no cálculo de distâncias e ângulos, mas primeiro é necessário entender o que eles dizem — e o que não dizem — e como utilizá-los.

Meu primeiro voo espacial, em 1995, era todo voltado para encontros e acoplamentos, já que o objetivo da nossa missão era acrescentar um módulo de acoplamento permanente à *Mir* para que os ônibus espaciais pudessem ir e vir regularmente. Apenas alguns anos antes, eu interceptava bombardeiros soviéticos para a Norad, mas agora fazia parte da missão que queria ajudar a criar uma relação mais próxima entre Estados Unidos e Rússia. Quando a União Soviética se dissolveu em 1991, seu programa espacial também correu o mesmo risco enquanto o financiamento estatal evaporava. Os Estados Unidos não queriam que a tecnologia militar russa fosse vendida ou compartilhada com países politicamente instáveis, então a Nasa fez o que pôde para escorar a Roscosmos, seu equivalente russo, gerando fundos para cooperações como visitas regulares à *Mir*. É claro que havia algo que interessava à Nasa: aprender com as pessoas que tinham mais experiência em construir e manter estações espaciais e, nesse processo, criar uma parceria que é absolutamente vital hoje em dia. Agora que os ônibus espaciais não estão mais em serviço, não poderíamos ir até a ISS sem os russos. Em todo caso, foi uma ótima opção para os dois países encontrar uma maneira de trabalhar juntos na exploração espacial.

Mas em novembro de 1995 a ligação entre os dois programas espaciais ainda estava em desenvolvimento. O ônibus espacial havia se acoplado à *Mir* apenas uma vez anteriormente, ainda naquele ano, e para aquilo foi necessário remontar todo um módulo da estação espacial para improvisar um local. Não era uma opção viável ou segura para continuar. Foi aí que entramos: nosso trabalho era construir uma plataforma permanente. O módulo de acoplamento — que parecia muito com uma versão gigante de um botijão de gás, só que laranja — foi montado na Terra e então colocado na parte de carga útil do *Atlantis*. Quando estávamos no espaço, tivemos que amarrar o módulo em segurança na parte de cima da nossa nave, depois nos aproximar lentamente da *Mir* e acoplarmos. O que realmente esperávamos que funcionasse, já que nunca foi experimentado. Como o ônibus espacial voava de maneira estranha, no melhor dos casos, o acoplamento devia parecer um elefante dançando balé.

Meu papel nisso tudo era operar o Canadarm, o braço robótico do ônibus espacial e a joia da Agência Espacial Canadense. Eu sabia que era um tesouro nacional, mas para mim era uma ferramenta, como um martelo ou uma foice. Eu o usaria para alcançar a parte de carga útil, cuidadosamente alçando o módulo de acoplamento no espaço, girando-o para a posição vertical e manobrando-o até alguns centímetros de distância de nosso mecanismo de acoplamento. Para que eles se conectassem, tivemos então que acender todos os propulsores de manobra do ônibus espacial e bater contra o módulo de acoplamento, como dois trens que se juntam. Se fizéssemos aquilo corretamente, ganchos e fechos se reuniriam para formar um selo sólido, sem escape de ar. Senão, bem...

Eu pratiquei levantar, girar e manobrar roboticamente grandes objetos por um ano inteiro anteriormente na Terra, mas é claro que estávamos preocupados — realmente preocupados —, pois o plano A podia não funcionar. Então tínhamos alguns planos B. Se acender os propulsores do ônibus espacial para nos levar até o módulo de acoplamento não funcionasse, tentaríamos bater o módulo em seu lugar usando o Canadarm. Como o aparelho parece um grande par de fórceps, desenhado para posicionar coisas, não enfiá-las, havia uma chance de que ele se quebrasse com essa tentativa, e nesse caso o módulo de cinco toneladas flutuaria serenamente pelo espaço.

Ajudar a perder um módulo de acoplamento em meu primeiro voo espacial me colocaria muito abaixo de um negativo, então eu queria realmente que o plano A funcionasse. Felizmente, ele funcionou. Ao final do segundo dia da nossa missão, tínhamos o que parecia uma enorme torre saindo do teto do ônibus. Agora, deveríamos nos acoplar à *Mir*, que parecia um poste grosso com raios irradiando. Um ponto negativo de nossa nova torre de 4,5 metros de altura, o módulo de acoplamento, é que ela bloqueava qualquer visão de onde precisávamos nos colocar exatamente. Na Terra, usamos um simulador para praticar, é claro, e descobrimos que a câmera no cotovelo do braço robótico teria a mesma altura que o lugar onde precisaríamos nos ligar à *Mir*. Sim, o ângulo seria estranho, mas pelo menos teríamos visibilidade.

O que aconteceu foi que aquela câmera acabou se tornando crucial, pois quando chegou a hora de acoplar, todos os nossos sensores de distância apresentaram problemas. Todos. Basicamente, eles estavam mentindo para nós, dando-nos informações erradas sobre alcance e velocidade, então não tínhamos escolha a não ser tentar acoplá-la pelo olho, através da câmera. Felizmente, tínhamos uma boa ideia de como fazer aquilo, pois nossos instrutores insistiram para que memorizássemos cada marcação dos sensores, do encontro ao acoplamento, o que parecia teoricamente ridículo na época, mas significava que conseguiríamos fazer aquilo manualmente.

No entanto, como você pode imaginar, houve alguns minutos muito tensos enquanto Ken Cameron, nosso comandante, colocava o *Atlantis* em posição. Se chegássemos muito hesitantes, ricochetearíamos e teríamos que esperar 24 horas para tentar novamente, pois precisaríamos tentar acoplar enquanto estivéssemos sobre a Rússia, para que a tripulação na estação pudesse se comunicar com o controle de missão em Korolev (a *Mir* não tinha comunicação contínua com o solo). Durante aquelas 24 horas, estaríamos consumindo combustível e correndo o risco de que algo mais quebrasse, além de enfrentarmos o mesmo problema quando tentássemos de novo — e nesse caso também estaríamos arriscando o fracasso total da missão. No entanto, se chegássemos rápidos e agressivos demais, poderíamos colidir com a estação e provocar a despressurização desta, e todos dentro dela estariam mortos em uma questão de minutos.

Ken optou por controlar nem de mais nem de menos. Ele escolheu ser um zero, confiou em seu treinamento e foi esperto o bastante para não tentar acrescentar nenhum floreio agora que tínhamos um braço gigante pendendo do teto do nosso veículo. Funcionou. Acabamos nos ligando ao módulo de acoplamento apenas três segundos mais cedo. Talvez você consiga imaginar nossa sensação de alívio e expectativa quando finalmente chegou o momento de abrir a escotilha e entrar na *Mir*. Pense na música tema de *Carruagens de fogo*, apropriada a um momento histórico de cooperação internacional.

Só que não conseguíamos abrir a escotilha. Do outro lado, eles a chutavam com toda a força. Mas os engenheiros russos haviam colado, amarrado e selado a escotilha do nosso módulo de acoplamento com um pouco de entusiasmo demais, com várias camadas. Então fizemos algo digno da era espacial: chegamos à *Mir* usando um canivete. Nunca deixe o planeta sem um destes.

Enquanto flutuávamos para a estação para cumprimentar a tripulação que nos esperava — os russos consideram que dá azar apertar as mãos sob o umbral, e queriam que esperássemos até que todos estivessem lá dentro por inteiro —, havia um fraco e mágico badalar de sinos e carrilhões. Levei um tempo para descobrir que aquilo na verdade era o suave tilintar de velhos experimentos que foram presos às laterais da nave de metal, esperando serem descartados ou voltarem à Terra.

Enquanto ainda estávamos em trânsito, decidimos ser bons hóspedes: ajudar com as tarefas domésticas, não ficar no meio do caminho e levar presentes (incluindo um violão dobrável feito especialmente para isso, chamado SoloEtte, que consegui tocar uma noite em um sarau de duas tripulações e três nações). A parte de não ficar no meio do caminho acabou sendo a mais difícil. A estação estava tão cheia de coisas que a navegação requeria cuidado extra; para ir de uma zona a outra, tínhamos que nos impulsionar por tubos estreitos, circuitos, que pareciam dutos de ventilação flexíveis. Era uma sensação estranha, porém amigável, como estar dentro dos intestinos de um robô gigante, e em nossos poucos dias ali, aprendi a fazer aquilo rapidamente, então eu surgiria do outro lado e a corrente de ar faria os experimentos tilintarem novamente.

Quando voltamos à Terra, muita gente nos perguntou se as coisas haviam ocorrido conforme o planejado. A verdade é que nada aconteceu como planejado, mas tudo estava de acordo com o nosso treinamento. Essa foi uma das lições fundamentais da STS-74: não presuma que você sabe tudo e tente estar pronto para qualquer coisa. A outra lição, pelo menos para mim, é que, quando se é um novato, querer ser um zero é uma boa estratégia. Meus objetivos foram modestos — cumprir minhas responsabilidades com o melhor da minha capacidade e não distrair ou causar problemas para mais ninguém da tripulação — e eu os alcancei.

Quando se é a pessoa com menos experiência na sala, não é o momento de se mostrar. Você ainda não sabe o que não sabe — e não importam suas habilidades, sua experiência e seu nível de autoridade, sempre haverá algo que você não sabe.

Em 2001, pouco depois de nos acoplarmos em minha segunda missão — que foi minha primeira visita à ISS —, os computadores principais que controlavam a ISS falharam. Todos tinham uma falha interna e começaram a sobrescrever seus próprios discos rígidos, o que significava que, em todo caso, a estação estava morta: ela não conseguia se controlar, apontar suas antenas, realizar diagnósticos — todas as suas habilidades foram embora e a equipe de solo mal conseguia se comunicar com ela. Se não tivéssemos o ônibus espacial acoplado e pronto para controlar toda a estrutura combinada, teríamos sérios problemas. Felizmente, podíamos utilizar os sistemas de comunicação e propulsão do ônibus e ainda tínhamos oxigênio, comida e água, então a atitude da tripulação foi de apenas tentar resolver o problema.

No entanto, como os computadores estavam quebrados, a maior parte das coisas que tínhamos programado para fazer não era mais tangível e um dia ficamos sem saída. Meu colega de tripulação, Scott Parazynski, e eu éramos novatos na estação e dado nosso conjunto limitado de capacidades, não havia muito o que pudéssemos fazer para ajudar a resolver o problema com os computadores. Então, fomos até Yuri Usachev, o comandante da vez, e perguntamos: "Qual é a coisa mais útil que podemos fazer agora?" Ele disse que gostaria de um inventário do interior de cada armário do bloco russo de cargas. Esse bloco era como um módulo bem grande cheio de armários. Por isso, começamos em uma ponta e passamos por cada um deles, catalogando tudo o que havia. Parecia que estávamos organizando nossos guarda-roupas: algo útil, mas que levava tempo e nenhuma glória. Levamos algumas horas e aquele era claramente o tipo de tarefa que dois membros da tripulação jamais teriam tempo de encaixar na agenda se a ISS estivesse plenamente operacional. Brincamos e tentamos torná-la divertida enquanto a fazíamos e, quando terminamos, sentimos vontade de celebrar. Conseguimos agregar um pouco de valor a um dia, que de outra maneira, não teria sido muito útil.

Mais tarde, naquele mesmo voo, depois que os problemas com os computadores foram resolvidos, tive outra oportunidade similar. Montamos uma câmera para um evento de mídia, mas as imagens não chegavam ao solo. Alguém teria que começar em uma ponta, desemaranhar todos os cabos, e testar cada um deles. Pensei: "Posso fazer isso." Acabou que apesar de termos checado os cabos antes do lançamento, dois de três estavam ruins, então procurei pela estação em busca de outros, montei alguma coisa, apertei um botão e fiz o vídeo funcionar. Pode parecer trivial ser o técnico da televisão, mas fiquei feliz em resolver o problema para podermos fazer o que tínhamos prometido.

De certa maneira, parece errado até mesmo mencionar o caso — o que não fiz na época —, pois todos a bordo também fizeram coisas invisíveis e silenciosas que tanto ajudaram. Todos consertaram o vaso sanitário no espaço (que quebra regularmente). Todos limparam a geleia (que dá um jeito de flutuar da sua torrada e se espalhar por todos os cantos) da parede. Na ISS, tínhamos que estar prontos e com vontade de realizar qualquer trabalho, dos que mais dão visibilidade a religar uma antena — pois ninguém mais quer fazer isso.

Mas, se confiar em suas capacidades e em si mesmo, não importa nem um pouco se está no comando do navio ou remando. Seu ego não é ameaçado por pedirem que você organize um armário ou desembrulhe as meias de alguém. Na verdade, pode gostar de fazer isso se acreditar que tudo o que está fazendo contribui de alguma forma para a missão.

Mas ainda assim, sou humano, gosto de reconhecimento e gosto de sentir que os outros me consideram um positivo. Foi por isso que, quando nos aproximamos da ISS em 21 de dezembro de 2012, lembrei a mim mesmo de querer ser um zero assim que entrássemos. Na Terra, era um grande acontecimento o fato de eu ser o primeiro comandante canadense da ISS. Lá em cima, já havia alguém a postos: Kevin Ford, que continuaria a ser o comandante até ir embora, dez semanas mais tarde, passando-me a posição. Ele e a sua tripulação já estavam completamente acostumados e controlavam com sucesso a ISS havia várias semanas quando chegamos.

A minha estratégia mais inteligente foi simplesmente tentar não estragar nada ou tornar as coisas piores. Eu tinha certeza de que, de vez em quando, eu conseguiria fazer algo bom e tomar uma decisão com autoridade, mas aquilo não precisava acontecer na primeira hora ou mesmo na primeira semana. Se eu chegasse à estação querendo deixar minha marca, provavelmente deixaria — só que não do jeito que eu queria.

Com vinte anos de carreira como astronauta, jamais me senti tão perto de ser um positivo. E eu sabia que minha melhor aposta para fazer a tripulação me enxergar dessa forma foi continuar fazendo o que sempre funcionou para mim: querer ser um zero.

10

VIDA FORA DA TERRA

A Estação Espacial Internacional é uma espaçonave que pesa mais de quatrocentas toneladas e, incluindo suas terminações, cobertas de um acre de painéis solares, é do tamanho de um campo de futebol americano. Do lado de dentro, o espaço é maior que o de uma casa de cinco quartos. É tão grande, com tantos módulos incorporados, que qualquer pessoa poderia passar um dia inteiro sem ver um colega de tripulação. Trata-se de um assombroso projeto internacional, uma cooperativa gigantesca no espaço. Quando chegamos lá, no dia 21 de dezembro de 2012, o humor na nossa humilde nave era de excitação total. Todos os obstáculos potenciais foram superados. Estávamos sem tomar banho e famintos, loucos para desembarcar. Queríamos esticar as pernas e explorar nossa impressionante casa nova.

Mas não poderia ser tão rápido. Abrir a escotilha sempre demora mais do que gostaríamos: duas horas e meia, no nosso caso, pois primeiro fomos obrigados a verificar se a Soyuz não tinha sofrido nenhum dano ao atracar. Ela se chocou contra a Estação com força e velocidade razoáveis. Teríamos que checar todas as vedações para não correr o risco de um vazamento, por menor que fosse. Somente depois de ter certeza de que o veículo estava intacto, trocamos nossas Sokhols por roupas espaciais regulares, azuis, que, como todas as roupas espaciais russas, têm elásticos que passam por baixo dos nossos pés para manter as calças esticadas — o que é de grande ajuda quando a gravidade é zero, quando nada é capaz de garantir que as nossas calças subam muito acima dos nossos joelhos. Finalmente, estávamos prontos.

Os russos encaram a abertura da escotilha, não o lançamento nem a atracação, como o início de uma expedição, e é verdade que, quando entramos flutuando numa estação espacial, inauguramos uma nova fase da vida fora da Terra. Batemos na escotilha do foguete e a tripulação da Estação respondeu com mais batidas — o que era um som reconfortante tão longe do nosso planeta —, mas não poderíamos vê-los até que Roman engatasse a nossa maçaneta destacável no lugar correto, girando-a até que fizesse um clique, depois puxando-a para baixo. A escotilha se abriu como se fosse a porta de uma casa mal-assombrada, e nós os vimos: eram os cosmonautas Oleg Novitskiy e Evgeny Tarelkin e o astronauta Kevin Ford, todos radiantes e muito mais limpos e barbeados que nós.

Seguimos para o Rassvet, uma comprida estrutura em forma de túnel, que saía do segmento russo da Estação Espacial, para encontrar o restante dos membros da Expedição 34. Aquele minimódulo era tão estreito que tínhamos que flutuar um atrás do outro, o que gerou uma ótima foto, enquadrando seis pessoas, enquanto nos movíamos para encarar a câmera que registraria o momento para a posteridade. E os nossos sorrisos, apesar do esforço para sair na foto, não eram forçados. Estávamos maravilhados por termos chegado àquele local remoto. Eu conhecia bem a tripulação, sobretudo Oleg, antigo diretor de operações da Roscosmos em Houston, mas não havia tempo para conversas, tínhamos coisas a fazer.

Saindo do Rassvet, flutuamos em direção ao centro do segmento russo, pois chegou a hora da conferência televisionada que sempre se segue a uma atracação. Aquela seria também nossa primeira oportunidade de conversar com as nossas famílias após o lançamento — um evento privado e público, pois incluía repórteres. Nossos familiares estavam no Controle de Missões de Korolev, sentados num balcão, de frente para os controladores de voo. Eles viam as imagens dos nossos rostos sorrindo para a câmera, mas nós não os víamos. Ainda assim, foi maravilhoso ouvir suas vozes enquanto se revezavam no microfone, todos dizendo que nos amavam. Alguns chegaram a dizer que já sentiam a nossa falta. Aquela intimidade televisiva era ao mesmo tempo coibida e artificial, mas era ótimo poder dizer a eles que estávamos bem. Os filhos pequenos dos meus colegas de tripulação pediram aos pais que demonstrassem saltos em gravidade zero, e Tom e Roman, alegres, ainda que provavelmente um pouco enjoados, acataram a vontade dos filhos. No entanto, a maior risada foi protagonizada por Kyle, meu filho de trinta anos, que pegou o microfone e soltou: "Oi, pai, foi ótimo ver o seu lançamento, mas eu posso comprar um pônei?" Só havia uma resposta possível a essa pergunta, e eu disse: "Pergunte à sua mãe."

Após nossas conversas, recebemos novas instruções superficiais de segurança. Depois, Roman, Tom e eu seguimos os nossos procedimentos. Roman foi quem se saiu melhor, pois já tinha vivido seis meses na Estação Espacial, em 2009. Aliás, as viagens espaciais de longa duração correm no seu sangue, pois o seu pai, Yuri, é um cosmonauta altamente condecorado, um homem que passou 430 dias no espaço, primeiro na *Salyut 6*, depois na *Mir*. Assim como Roman, Tom também já tinha estado na Estação Espacial em 2009, numa missão de 15 dias do ônibus espacial. Nesse meio-tempo, novos módulos foram agregados, mas os dois conheciam a Estação melhor do que eu, pois, quando a visitei, em 2001, aquilo era um mero canteiro de obras, uma espécie de espaçonave em construção.

O que agora é um laboratório imenso, em constante atividade, não passava de um conceito em aberto. É impossível conhecer o interior com uma simples olhada. A estrutura principal é uma comprida série de cilindros e esferas conectadas, embora o espaço interior seja quadrado, não circular. Em certos ângulos, é possível ver claramente de uma ponta a outra, mas, ao longo da estrutura, como se fossem ramificações de uma árvore imensa, estão postos os três módulos russos e os três americanos, além de um módulo europeu e outro japonês. Quando nos aproximamos de um deles, atravessando a sua escotilha, vivemos um momento *Alice no País das Maravilhas* ao pararmos para pensar qual é o lado "para cima" — trata-se de uma questão subjetiva, pois não depende da lei da gravidade, mas sim do que planejamos fazer em seguida. No Node 3, por exemplo, a esteira se projeta da parede, o banheiro e a máquina de exercício estão no chão, e para alcançar a cúpula é preciso flutuar de cabeça para baixo. O módulo é do tamanho de um ônibus de transporte normal e pode abrigar quatro pessoas trabalhando em coisas diferentes ao mesmo tempo, cada uma delas com uma compreensão distinta sobre qual é o teto do módulo.

Ainda que a Estação tenha crescido dramaticamente desde a minha última visita, fiquei surpreso ao perceber, pouco após a atracação, que sabia muito bem onde as coisas estavam — o simulador em terceira dimensão que tínhamos na Terra era muito acurado. E aquele local parecia familiar também por outros aspectos. O cheiro, por exemplo, era imediatamente reconhecível: cheiro de limpeza, como o de um laboratório ordenado, com um leve cheiro de máquinas. No segmento russo, havia algo mais, uma espécie de cheiro sutil de cola e marcenaria. Havia muitos adesivos por lá, pois as paredes estavam quase completamente cobertas de velcro. No espaço, quando não estão presos, objetos como colheres, lápis, tesouras e tubos de ensaio ficam simplesmente flutuando, e às vezes só reaparecem uma semana mais tarde, colados ao filtro dos dutos de ventilação. Por isso, havia velcro no dorso de todos os itens e nas paredes, para que pudessem ficar presos.

Na Estação Espacial Internacional, nunca duvidamos se estamos no Segmento Orbital Norte-Americano (Usos) ou no segmento russo. Este último é menor em diâmetro (esticando os braços é possível tocar os dois lados), e o velcro predomina em vários tons de verde, criando um ambiente parecido com o de um submarino, o que não é nada desagradável. No segmento norte-americano, a sensação é outra. Quando a sua primeira peça, a Node 1 (unidade), foi lançada ao espaço, em 1998, os psiquiatras que aconselham sobre cores favoráveis à saúde mental escolheram... salmão. Por sorte, eles devem ter mudado de ideia ou então pararam de ler revistas de decoração de interiores, pois o restante da Usos é branca. A Nasa enxerga o excesso de velcro como perigo de incêndio, por isso a quantidade é menor, e grande parte em tons terrosos. Ainda que o segmento cilíndrico tenha 4,5m de diâmetro, as prateleiras instaladas para guardar os experimentos e criar espaço de armazenagem reduzem o interior a uma seção quadrada onde, com os braços abertos, não se pode tocar os dois lados. A combinação de luz brilhante, falta de janelas e paredes brancas cria uma atmosfera similar à de um corredor de hospital.

Além disso, é tão barulhento quanto um hospital. Sem gravidade, o calor não sobe, e, portanto, o ar não se move nem se mistura. Os ventiladores e bombas necessários ao conforto e sobrevivência giram, batem e zumbem, numa massa de sons ocasionalmente pontuada por um estalido alto ou pelo estouro de um micrometeorito atingindo a Estação. (A blindagem protege a Estação Internacional dos micrometeoritos e, enquanto dormimos, persianas de metal cobrem as janelas para aumentar a segurança, mas nada disso serviria contra um grande meteorito; tudo o que se poderia fazer, nesse caso, seria correr para a Soyuz e esperar o melhor.)

Naquele primeiro dia, todos estavam se adaptando ao novo horário, que na Estação Espacial Internacional corresponde ao horário de Greenwich, e por volta das 23 horas eu estava pronto para terminar o meu dia. As seis estações para dormir que se espalham entre o Usos e o segmento russo estão longe de ser luxuosas, mas comparadas à experiência de dormir na Soyuz ou no ônibus espacial parecem quartos aconchegantes e, ainda que não isoladas acusticamente, são os pontos mais silenciosos a bordo. São contêineres brancos, acolchoados, totalmente privativos, mais ou menos do tamanho de uma cabine telefônica, e contam com uma porta e um saco de dormir preso a uma das paredes. Nas outras paredes existem alças de elástico (que eu usava para prender um livro, uma muda de roupa e uma pequena nécessaire), além de espaço reservado para dois laptops, um para o trabalho, outro para uso pessoal. O velcro no teto ajuda a prender objetos pequenos como cortadores de unha e canetinhas tipo marcador — o melhor utensílio para escrever em órbita, pois elas funcionam sendo seguradas em qualquer direção.

Na gravidade zero, não precisamos de colchão nem travesseiro, pois nos sentimos deitados numa nuvem, perfeitamente apoiados, sem necessidade de mover o corpo para encontrar a posição ideal. Após vestir meu pijama (russo, com uma calça comprida colada ao corpo), fechei o zíper do saco de dormir, que parecia um casulo com aberturas nas mangas. Dos meus dias no ônibus espacial, eu sabia que um astronauta dormindo é uma cena interessante, pois os seus dois braços ficam flutuando no ar, ao melhor estilo Frankenstein, os cabelos revoltos como uma juba e o rosto com uma expressão de completo contentamento. Desligando a pequena lâmpada, eu estava perfeitamente à vontade naquele lugar inacreditável, sabendo que, em Houston e em Korolev, o pessoal do Controle de Missões continuava atento enquanto girávamos no espaço e dormíamos, em nossa viagem ao redor do mundo.

Ainda que tudo na Estação Espacial Internacional gire em torno da mais moderna tecnologia, viver lá é, de certa maneira, a experiência mais espartana possível. É um lugar remoto, claro, onde não existe água corrente — sem gravidade, a água formaria bolhas, flutuaria e acabaria com o sofisticado equipamento que mantém a Estação em funcionamento.

A qualidade de vida a bordo, com equipamentos rudimentares, improvisados, se parece a uma longa jornada num barco a vela: não há muita privacidade nem frescor, a higiene é básica e grande parte da tripulação passa o tempo fazendo manutenções e consertando a nave. E tem mais uma coisa parecida: demoramos um pouco para conseguir caminhar sem bambear.

A falta de gravidade não é percebida da mesma maneira numa enorme nave, onde podemos passear livremente, e num pequeno foguete sem espaço para nada. Imagine flutuar numa banheira sem água, por exemplo, e ofereça a si mesmo alguns superpoderes: ser capaz de mover objetos pesados com um leve movimento de pulso, ficar dependurado no teto como se fosse um morcego, girar no ar como um ginasta olímpico. Você pode *voar*. E tudo sem fazer esforço.

No entanto, a falta de esforço exige costume. O meu corpo e o meu cérebro estavam tão acostumados a resistir à gravidade que, quando não havia nada para resistir, exagerei na dose, às vezes de maneira cômica. Após duas semanas lá dentro, eu finalmente consegui alcançar momentos de encantamento e já era capaz de passear na Estação como se fosse um macaco pulando de galho em galho. Porém, invariavelmente, quando começava a ficar surpreso com a minha agilidade, não conseguia agarrar um corrimão e acabava me estatelando contra uma parede. Precisei de seis semanas para me sentir um verdadeiro viajante espacial e para que os meus movimentos se tornassem inconscientes. No meio de uma conversa com um colega de tripulação, notei que éramos capazes de flutuar pelo módulo da mesma maneira que flutuamos numa piscina, sem perceber.

A ausência de gravidade altera a textura da vida diária, pois afeta quase tudo o que fazemos. Escovar os dentes, por exemplo: nós somos obrigados a engolir a pasta, pois cuspi-la seria uma péssima ideia sem a força de gravidade nem água corrente para ajudar a empurrar tudo pelo ralo e fazer com que ficasse por lá. Lavar as mãos exige uma bolsa de água previamente misturada com sabão (desses sem necessidade de enxágue) — devemos sugar uma bolha de líquido com um canudo e esfregá-la nas mãos com cuidado, para que o líquido fique preso nos nossos dedos como se fosse gel, e não flutuando no espaço em minúsculas bolhas, e depois secar as mãos com uma toalha. Os banhos quentes e demorados estavam fora de questão, obviamente. De todos os confortos mundanos, os banhos eram do que eu mais sentia falta: limpar-se com um tecido pegajoso não é um bom substituto. Lavar os cabelos exige esfregar a cabeça vigorosamente com xampu sem necessidade de enxágue, depois retirar o produto com muito cuidado, para que os fios molhados não fiquem voando pela espaçonave, pois poderiam obstruir os filtros de ar ou entrar nos olhos e narizes dos tripulantes. O xampu funcionava, mas os meus cabelos e a minha cabeça nunca ficavam limpos como na Terra.

Por outro lado, não existe um sabão de lavar roupa sem necessidade de enxágue, e lavar as nossas roupas, mesmo de forma rudimentar, era impossível. Nós as usávamos repetidas vezes, até ficarem impraticáveis. Aquela era a minha primeira vez numa viagem de longa duração, e admito que fiquei um pouco preocupado, pensando nas questões olfativas. A vida no espaço seria... fedida? Mas a resposta, surpreendentemente, foi que não. É verdade que o meu nariz ficou o tempo inteiro um pouco tapado (pois, sem gravidade, os fluidos se acumulam na nossa cabeça), mas eu nunca senti odor corporal na Estação Espacial Internacional. Imagino que o motivo seja que as roupas nunca estão verdadeiramente em contato com o nosso corpo. Elas meio que flutuam ao nosso redor, soltas. E como fazemos pouco esforço, acho que suamos menos também. Um par de meias me serviu durante uma semana; uma camiseta, durante duas; e minhas bermudas e calças compridas podiam ser usadas durante um mês sem qualquer consequência social desagradável. Quando alguma peça de roupa parecia ter chegado ao fim da linha, eu metia num dos contêineres de lixo destinados ao Progress, o veículo de suprimentos russo que entrega carregamento à Estação e os queima na volta à Terra.

Eu vestia minhas roupas de ginástica mais rápido do que nunca, e as trocava uma vez por semana. Fazer exercícios é obrigatório num voo de longa duração: nós nos consumiríamos se não os fizéssemos. Tínhamos que nos exercitar por duas horas diárias, para manter nossos músculos e ossos fortes o suficiente a fim de conseguirmos superar as exigências físicas extremas de um passeio no espaço, e também para garantir que, quando voltássemos à Terra, seríamos capazes de caminhar com nossos próprios pés.

No entanto, fazer exercícios não é tão fácil num ambiente onde se movimentar não requer esforço. Equipamentos especiais são necessários: uma bicicleta estática onde podemos prender nossos pés, para que eles não saiam voando, e uma esteira com uma geringonça capaz de nos empurrar para baixo, para corrermos no lugar certo, não no ar. Comecei com uma carga de mais ou menos 60% do peso do meu corpo, mas aumentei o peso durante a viagem, pois queria que o exercício fosse cada vez mais desafiador. Não posso dizer que correr seja o meu esporte favorito no espaço: quando nos acostumamos a flutuar em todas as direções, é estranho obrigar nossas pernas a se moverem em direção a lugar nenhum. Ver um jogo de hóquei ou um filme no laptop enquanto corria sempre me ajudava. (Os astronautas que têm o hábito de correr não parecem se importar tanto. Em 2007, Suni Williams correu a maratona de Boston no espaço, e demorou apenas quatro horas e 24 minutos para completar o percurso.)

Também participei de sessões regulares no Aparelho Avançado de Exercícios de Resistência (Advanced Resistive Exercise Device, ou Ared), uma máquina engenhosa que usa cilindros a vácuo para aplicar uma força de até 272 quilos a uma barra ou cabo que deve ser erguido contra a sucção. Tal exercício era algo parecido ao levantamento de peso quanto à sensação e os benefícios físicos, e eu também fiz uso do Ared para realizar exercícios com o calcanhar e agachamentos, exercícios que, em outro contexto, seriam de fácil execução. Todos os equipamentos da Estação Espacial Internacional têm sistemas de isolamento de vibrações, alguns incluem giroscópios estabilizadores, para que ninguém atrapalhe experiências científicas enquanto se exercita.

Também devemos ter cuidado com a transpiração. Quando não há forças puxando o suor para baixo, ele simplesmente se acumula nos nossos corpos como uma camada de líquido que se expande lentamente. Se girarmos a cabeça rapidamente, sem pensar, gotas de suor podem sair voando pelo módulo e atingir o rosto de um colega de tripulação. As regras de etiqueta na Estação Espacial Internacional incluem manter uma toalha sempre presa à nossa roupa ou flutuando ao nosso lado enquanto nos exercitamos, para limparmos o suor. Terminado o exercício, prendemos a toalha com um pregador, para que o suor seja absorvido pelo ar e, como a urina, reciclado como água.

Sim, como água. Água potável, aliás. Até 2010, a água na Estação Espacial Internacional chegava em grandes e compridas bolsas de lona entregues pelo ônibus espacial ou por veículos de suprimento, mas o atual sistema de purificação que existe a bordo permite a reciclagem de seis mil litros de água por ano. Usando filtros e um destilador que gira para criar gravidade artificial e movimentar a água desperdiçada, somos capazes de transformar o suor, a água que usamos para lavar alguma coisa e até o nosso xixi em água potável. Isso pode soar nojento (e admito que eu preferia não pensar no xixi quando tomava um gole de água fria armazenada numa bolsa), mas a água na Estação é mais pura do que a que sai de torneiras de muitos lares norte-americanos. E o gosto é exatamente igual a... água.

Pouco depois de chegarmos à Estação Internacional, comecei a fazer pequenos vídeos sobre os aspectos da vida diária no espaço, que a CSA divulgou em sua página e também no YouTube. Fazer os vídeos foi tarefa fácil para mim, eu simplesmente apertava o "rec" de uma câmera de vídeo HD e demonstrava alguma coisa. Por exemplo: como usar a esteira ou como lavar as mãos. Mais trabalho tinha o editor da CSA na Terra, que incluía grafismos e músicas divertidas, mas o esforço valeu a pena: alguns dos vídeos foram um sucesso, acessados milhares de vezes. A verdade é que as pessoas sentem interesse real pelos revezes de um corte de cabelo no espaço (um membro da tripulação corta o cabelo de outro, com um cortador elétrico, também conhecido como Flowbee, acoplado a um aspirador de pó que suga os menores fios de cabelo).

A CSA reconheceu que tínhamos nas mãos uma grande oportunidade de gerar interesse pelo programa espacial, e por isso fizemos mais de cem vídeos enquanto eu estava em órbita. Expandir a educação é um dos trabalhos dos astronautas, mas para mim era uma paixão. Durante vinte anos, dei palestras sobre o programa espacial em pequenas prefeituras, escolas primárias e Rotary Clubs, estando presente onde quer que me chamassem. Em 2010, montei um programa chamado "Na plataforma de lançamento", no qual eu conversava com crianças em idade escolar via Skype, na hora do meu almoço.

Algumas vezes, era frustrante perceber que poucas pessoas sabem o que o programa espacial faz, e por isso não reconhecem como se beneficiam dele. Muita gente diz que "gastamos dinheiro no espaço", mesmo sem saber exatamente quanto se gasta numa exploração espacial. O orçamento da CSA, por exemplo, é menor do que os canadenses gastam anualmente no Halloween, e grande parte desse dinheiro é aplicado em tarefas como desenvolvimento de satélites de telecomunicações e sistemas de radar para melhorar as informações meteorológicas e estudos de mudança climática. Aliás, o orçamento da Nasa não é gasto no espaço, mas aqui na Terra, onde é investido nos negócios e universidades norte-americanas, e onde também cobre dividendos, criando novos postos de trabalho, novas tecnologias e até indústrias inteiramente novas.

O motivo não poderia ser mais ambicioso: explorar nosso sistema solar, descobrir o que mais existe por lá. O desejo de explorar está em nosso DNA. É isso o que os humanos fazem desde que o primeiro adolescente inquieto saiu da caverna familiar para ver o que havia além da colina vizinha. Grande parte das pessoas acredita que vale a pena descobrir, como descobrimos nos últimos dez anos, que dois mil planetas giram em torno de outras estrelas, na nossa mesma galáxia. Atualmente, existem veículos andando ao redor de outros planetas para descobrir mais coisas sobre eles, satélites giram ao redor de quase todos os planetas do nosso sistema solar, e sondas robóticas expandem o nosso conhecimento e entendimento da atmosfera e do campo magnético que protege a Terra da radiação.

Era esse tipo de coisa que eu explicava quando fazia trabalhos com o público em geral, mas aprendi que, antes de sermos capazes de persuadir as pessoas de que o programa espacial é um bom investimento, devemos atrair sua atenção. De repente, descobri que fazer isso em órbita era muito mais fácil: graças à internet, poderíamos *mostrar* às pessoas como é estar no espaço, em tempo real. Elas não apenas prestavam atenção, mas a nossa expedição também se tornou uma sensação midiática. A razão é simples: as pessoas são inerentemente interessadas em outras pessoas. Elas se preocupam com o quadro geral, claro, mas ficam fascinadas pelo aspecto humano da exploração espacial, com o dia a dia a bordo da Estação Espacial Internacional. Sendo assim, os vídeos mais populares eram os que versavam sobre tarefas cotidianas no espaço.

Por sorte, não há escassez desse tipo de história. Aliás, durante alguns meses, as solas dos meus pés ficaram quase tão suaves quanto as de um bebê, sem nenhum calo, sofrendo apenas quando eu corria. Ao mesmo tempo, o topo do meu pé ficou repleto de calos por roçar contra as barras onde prendíamos os pés para não flutuar durante um experimento ou quando queríamos, por exemplo, tirar uma foto. Também percebi que os meus olhos ardiam levemente, e que isso acontecia porque a umidade carregada pela falta de gravidade simplesmente se alojava em meus globos oculares. Eu tinha que fazer também ao longo do dia a limpeza que costumamos fazer nos olhos ao acordar, algumas vezes por medo de ficar com os olhos colados. Por isso eu piscava muito.

Na minha opinião, um dos motivos que fazem as pessoas gostarem de ouvir essas histórias é que elas ajudam a ver o mundo de uma maneira um pouco diferente, talvez com um leve sentimento de assombro. Na Terra, todo mundo sabe que, colocando um garfo na mesa, ele não sairá do lugar. Porém, removendo apenas uma variável, a gravidade, tudo muda de figura. Os garfos saem voando, as pessoas dormem no ar. Comer, saltar e beber algo de um copo, coisas que fazemos desde pequenos, de repente se tornam mágicas, desafiadoras e incrivelmente divertidas, podendo ser as três coisas ao mesmo tempo. Acho que as pessoas gostam de ser lembradas de que o impossível é possível, e eu ficava feliz de poder demonstrar isso a elas.

O que fazemos no espaço é coisa séria, claro, mas também incrivelmente divertida. Não se trata apenas da EVA épica, de M&M dançando no interior do pacote, colidindo uns contra os outros. A vida é repleta de prazeres pequenos e inesperados, e não apenas no espaço, mas também aqui na Terra, e eu enxergo isso com mais clareza agora do que antes, pois a microgravidade nos fez prestar atenção. A falta de peso é como um brinquedo novo que ganhamos diariamente, dia após dia. E é também uma boa lembrança de que devemos saborear as coisas pequenas, não apenas reclamar quando elas surgem à nossa frente.

Os primeiros exploradores que atravessaram o oceano em barcos a vela não partiram despreocupados, sem pensar nas praticidades e logísticas. Antes de partirem pela primeira vez, tentaram pensar em que tipo de madeira seria a mais resistente à água do mar e que tipo de comida levariam para a longa viagem. Eles tentaram reduzir os riscos e aumentar as chances de êxito ao pensar em cada aspecto da expedição, antes de dar início a ela.

A Estação Espacial Internacional também é um terreno de teste, um local para pensar nas praticidades e logísticas de expedições muito mais ambiciosas. Nós tentamos descobrir duas coisas: como construir uma espaçonave totalmente autossuficiente, para que seja possível viajar mais longe no universo, e também como manter os seres humanos saudáveis durante o trajeto.

Por conta de todo o exercício que fazemos, e também por conta da nossa dieta controlada (nada de alimentos fritos, nada de álcool, nada de bolos ou biscoitos), muitos de nós retornamos à Terra em ótima forma e com uma porcentagem de gordura corporal mais baixa. No entanto, a verdade é que no espaço acontecem coisas ao nosso corpo, e não sabemos se serão boas ou más a longo prazo. Quando fechava os olhos, por exemplo, às vezes eu via certos feixes de luz: raios cósmicos, partículas de alta energia, de um sol distante, que atravessavam o universo e atingiam o meu nervo óptico como um raio personalizado. Tais flashes surgiam quase à margem do meu campo de visão, como se testassem se eu seria capaz de detectá-los. Muitos astronautas percebem isso, o que não é um incômodo, mas sim um lembrete de que não estamos mais na Terra. Porém, claro que está relacionado à exposição radioativa. Na Terra, a atmosfera e o campo magnético oferecem certa proteção frente à radiação do Sol e de bilhões de outras estrelas, mas a Estação Espacial Internacional é constantemente bombardeada por partículas altamente energéticas. Até hoje, não há qualquer evidência de que os astronautas têm risco substancialmente mais alto de desenvolver câncer ou catarata, mas nós claramente absorvemos mais radiação do que se estivéssemos ao nível do mar e devemos tentar descobrir mais fatos sobre isso.

Outras alterações anatômicas associadas aos voos de longa duração no espaço são, sem dúvida, negativas: o sistema imunológico enfraquece, o coração diminui de tamanho por não ter que lutar contra a gravidade, a vista tende a se degradar, e certas vezes de forma notória (embora ninguém saiba exatamente a razão). A coluna se expande porque se expandem as pequenas bolsas de líquido entre as vértebras, e a massa óssea diminui, pois o corpo perde cálcio. Sem a gravidade, não precisamos de músculos e massa óssea para apoiar o nosso próprio peso, e é isso o que faz a vida no espaço queimar tanta caloria, mas também, a longo prazo, ser tão inerentemente nociva ao corpo humano.

Descobrir o que provoca esses tipos de alterações e encontrar maneiras de prevenir e combatê-las será importante para, por exemplo, viajar a Marte (já que uma viagem de ida e volta demoraria, no mínimo, dois anos). Chegar lá e não conseguir ver nada seria um problema. Claro que o melhor lugar para estudar as alterações físicas num voo espacial de longa duração é a própria Estação Espacial Internacional, e este é um foco importante por lá.

Quase metade das experiências científicas feitas por nossa tripulação tinha a ver com investigações sobre o que acontecia com os nossos corpos no espaço. Fizemos todo o tipo de testes para descobrir o quanto os nossos corações diminuíam de tamanho, o que estaria acontecendo com a densidade dos nossos ossos, o que estaria mudando no interior dos nossos olhos, e assim por diante. Em grande parte, éramos apenas técnicos de laboratório: não interpretávamos dados, normalmente os coletávamos. Em uma experiência, por exemplo, eu pingava uma gota em um dos meus olhos, e logo em seguida Tom tamborilava o meu olho dez vezes, com muito cuidado, usando um pequeno calibrador para medir pressão conhecido como tonômetro. Os valores encontrados e as imagens eram enviadas à Terra para que os especialistas descobrissem o que estava acontecendo com a pressão no interior do meu globo ocular. Eu e Tom também fazíamos testes de ultrassom nos olhos um do outro para conseguir imagens acuradas do nervo óptico, das lentes e da córnea (por sorte, fiquei sabendo que os meus olhos estavam perfeitos). Também fizemos várias ultrassonografias da coluna e das mãos um do outro, sendo remotamente guiados por especialistas na Terra, além de ultrassonografias cardíacas, o que era mais complicado.

Eu me senti muito gratificado ao atingir um nível de habilidade capaz de capturar uma boa imagem do coração de Tom e saber que um cientista, aqui na Terra, seria capaz de descobrir o que tal imagem significava, se é que significava algo. Grande parte das experiências biológicas humanas das quais participamos sobreviveu à nossa expedição. Portanto, novos astronautas terão que fazer os mesmos experimentos para conseguirmos amostras científicas razoáveis, e muitos anos se passarão até que sejam divulgados os resultados.

Antes de viajar ao espaço, todos são avisados que seremos usados como porquinhos-da-índia humanos. Com a diferença de que recebemos todo o tipo de informação, ao contrário dos porquinhos-da-índia. Cientistas e médicos vão à Nasa explicar detalhes sobre os testes e experiências que serão aplicados a nós, revelando tudo o que tentam descobrir e por quê. Após essas reuniões, que duram dias, recebemos centenas de páginas com informações e decisões sobre tais experiências, que devemos assinar. Cientistas médicos farão tudo o que a gente permita que façam (na década de 1990, as tripulações viajavam com cateteres no coração e sondas retais), pois eles nunca têm dados suficientes nem grandes amostras de astronautas para estudar. Assinei todos os papéis, menos os que pediam biópsias, pois estava disposto a causar desconforto ao meu corpo e trabalhar duro, mas não a perder pedacinhos da minha carne.

Urina, no entanto, é outra coisa, e passamos um bom tempo na Estação para conseguir coletá-la. O banheiro da Estação Espacial Internacional fica localizado no interior de uma cabine branca e consiste de uma longa mangueira que sai da parede com um funil amarelo onde devemos urinar, como se fosse um minimictório. No banheiro, existem apoios para as mãos e os pés, pois assim não saímos voando. Temos de agarrar a mangueira, presa à parede com um pedaço de velcro, abrir a tampa e esperar que comece a sugar o ar. Trata-se de um ciclo de cerca de 15 segundos, e todos queremos nos certificar de que a sucção funciona perfeitamente, pois caso contrário limpar seria um problema. Mesmo urinando certeiramente no tubo, sempre restarão algumas gotas no funil. Tracy Caldwell Dyson, que por mais de uma década cantou comigo no grupo Max Q, banda formada apenas por astronautas, deixou uma mensagem inspiradora na parede na última vez que esteve na Estação: "Abençoados sejam os que limpam o funil." E temos muito material para fazer essa limpeza: lenços de papel, toalhinhas úmidas de bebê, gaze, toalhinhas russas e toalhas desinfetantes. Após usá-las, colocamos numa bolsa, limpamos as mãos com uma toalhinha úmida de bebê, que guardamos na mesma bolsa, fechamos a tal bolsa, jogamos no lixo e fim de papo.

A menos, claro, que estejamos participando de algum tipo de experiência científica, o que os astronautas fazem durante cerca de 25% do tempo. Nesse caso, temos de carregar certa parafernália ao banheiro. Se o que fazemos é um teste de pH para checar o funcionamento de um órgão e o balanceamento da química corporal, a situação não é tão ruim. Temos de nos armar com uma tabela de dados, uma tabela de cores, cotonetes, uma tira de pH, toalhinhas úmidas e uma pequena bolsa — tudo, claro, sempre a ponto de sair voando (e, por algum motivo, não existe simulador no JSC para aprender a agarrar uma série de objetos pequenos, muito leves, ao mesmo tempo que seguramos uma mangueira e tentamos nos aliviar). É nesse ponto que entra em cena a inventividade nascida de décadas de treinamentos técnicos sofisticados: após alguns dias, eu descobri que poderia prender os itens menores num dos livros do banheiro, criando uma armadilha decente. Depois, ao terminar o serviço, eu usava o cotonete para limpar as gotas restantes no funil, esfregava o cotonete na tira de pH, juntava a tira à tabela de cores para conseguir uma leitura válida, incluía a informação na tabela, e limpava tudo, como sempre. Demorei 15 minutos, na minha primeira vez, mas com a prática consegui baixar o meu tempo para 5 minutos.

Coletar amostras de urina era muito mais complicado e exigia carregar uma caixa de tubos de ensaio, um kit de limpeza especial e uma grande bolsa de plástico que parecia uma bolsa de água quente, com um preservativo numa das pontas e, na outra, um tubo hipodérmico fino e longo, coberto por um diafragma de plástico azul. Dentro da bolsa havia uma mistura química que deveria ser misturada à amostra de urina para que a operação funcionasse bem. Em resumo: não sei exatamente como as mulheres astronautas se resolvem com tudo isso, mas imagino que seja de uma maneira bem diferente da forma usada pelos homens.

Em primeiro lugar, devemos esticar a garrafa de água quente, pois é preciso se certificar que o pequeno septo entre o preservativo e a bolsa esteja aberto ao máximo, pois dessa maneira a força do xixi será capaz de ultrapassar a pequena válvula que só permite que o líquido circule numa direção, enchendo a bolsa de líquido, sem devolvê-lo ao lado de fora, derramando-o em nós mesmos, nas paredes, em todos os lados, entendeu? Quando a bolsa está cheia, nós a guardamos em outra bolsa plástica dessas para congelar alimentos, para prevenir no caso de um vazamento (porque, pelo menos uma vez, vazará), e a sacudimos vigorosamente para que a química se misture à urina.

Nesse momento, com as nossas mãos repletas de bolhas de urina, enquanto outras bolhas vagam pelo banheiro, costumava ser útil nos lembrarmos que estamos fazendo tudo aquilo em nome de uma investigação científica. Reservar um minuto para se limpar, pegar uma toalhinha desinfetante (com a mão livre!) e limpar o teto e as paredes.

Chegou o momento de encher os tubos de ensaio. Dependendo da experiência, é possível ter que encher apenas um tubo, mas normalmente eram cinco. Com um marcador, escrevemos em cada tubo a hora, a data e o nosso nome. Enquanto agitamos para misturar a urina e a química, bolhas se formam no saco, e por isso é preciso girá-lo (com cuidado!) como uma centrífuga, para que as bolhas se reúnam na ponta do preservativo. Depois, através do pequeno diafragma azul, enchemos três quartos dos tubos de ensaio, sempre deixando espaço para a expansão após o congelamento das amostras. Por sorte, os tubos contam com velcros e podem ser presos à parede. Tarefa cumprida, é hora de guardar a bolsa grande dentro de uma bolsa para congelar alimentos, tirar o ar de dentro dessa última bolsa e nos limpar mais uma vez.

Feito isso, era hora de ligar o leitor de código de barras e aplicar um código aos tubos, depois reuni-los numa bolsa de malha e guardá-la num congelador, a menos 140°. Tal congelador é chamado de Melfi. Ele parecia um necrotério, contendo grandes gavetas com caixas longas e retangulares. As caixas também estavam congeladas, por isso usamos luvas brancas especiais para trabalhar com elas e só podemos manter o congelador aberto por sessenta segundos, caso contrário, comprometemos as demais amostras biológicas guardadas lá dentro. E isso é complicado, pois assim que abrimos uma das caixas as demais bolsas com amostras começam a flutuar. Como se fôssemos apicultores, tínhamos que manter todas as bolsas no interior da caixa, com a nova, e fechá-la completamente. Caso a ponta de uma bolsa ficasse presa à tampa, a caixa se abria. Claro que ensaiamos tudo isso em terra, mas na Terra nada fica voando e tentando escapar da caixa. E o momento divertido (e eu estou falando sério): quando empurrávamos a gaveta para fechá-la, ela expelia cristais de gelo que envolviam a parte superior do nosso corpo como uma nuvem gélida.

Hora de tirar as luvas: missão cumprida! E o procedimento completo não durou mais que quarenta minutos, em média. Eis o tempo necessário para fazer xixi nos quatro dias seguintes, período em que normalmente continuamos coletando amostras. Ah, e não devemos esquecer de entrar em acordo com os colegas de tripulação sobre as visitas ao banheiro, pois eles também coletam amostras científicas — E o Melfi só pode ser aberto em intervalos de 45 minutos.

Claro que os testes científicos dos quais participamos não envolviam apenas amostras de urina. A tripulação também estava testando um aparelho chamado Microflow, uma caixa do tamanho de uma torradeira que usa fibra óptica e laser para analisar amostras de sangue e oferecer leituras em menos de dez minutos. Uma maravilha tecnológica que poderia servir como um presente divino em comunidades rurais. Também trabalhamos com o RaDi-N 2, um experimento canadense para detectar e medir os níveis de radiação de nêutrons em diferentes pontos da Estação Espacial Internacional. Eu gostava dessa experiência, que me parecia simples e elegante: tubos de ensaio repletos de gel de polímero eram postos em diferentes locais da Estação, e quando um nêutron entrava num tubo de ensaio, criava uma bolha de gás visível. Em seguida, um leitor analisava os tubos para determinar quais módulos da Estação Espacial Internacional estavam alcançando altos níveis de radiação. (A verdade é que alguns módulos são mais bem-protegidos que outros, ainda que não se conheça exatamente a extensão desse problema nem as implicações à saúde a longo prazo para astronautas e cosmonautas.)

Algumas das minhas experiências favoritas eram as que tentavam responder grandes perguntas como: de que é feito o universo? O Espectrômetro Alfa Magnético, montado do lado de fora da Estação, não para de coletar matéria escura e partículas altamente energéticas para tentar nos oferecer uma resposta. Outra experiência consiste em observar o comportamento de nanopartículas e como elas se fundem sem o peso da gravidade. Grande parte dos 130 experimentos feitos a bordo simplesmente não poderia ser feito na Terra. Somos nós os responsáveis por oferecer aos cientistas na Terra a informação de que precisam.

Trata-se de uma grande responsabilidade e uma honra trabalhar num laboratório orbital tão imenso. As tentativas de descobrir como manter a vida num ambiente hostil geraram muitas dores de cabeça terrenas, pois tivemos que pensar em roupas íntimas reguladoras de temperatura e bombas de coração baseadas na tecnologia de bombeamento de combustível dos ônibus espaciais. Os benefícios concretos e os produtos científicos resultantes do nosso trabalho no espaço alcançaram campos tão distintos quanto a agricultura, a medicina e a robótica. As informações reunidas pelos ônibus espaciais e pela Estação Espacial Internacional ajudaram a aprimorar o Google Maps; experiências com diferentes dietas e protocolos de exercícios revelaram como poderíamos evitar, de forma permanente, um tipo debilitante de osteoporose; a maquinária robótica hoje utilizada no interior de usinas nucleares nocivas ao homem é descendente direta do Canadarm2... E a lista não para por aqui.

Grande parte do que fazemos não é nem um pouco glamorosa, mas tudo bem. O nosso posto de trabalho, afinal de contas, está muito bem-localizado.

Na Estação Espacial Internacional, todas as manhãs, a Nasa nos enviava uma agenda com o que deveríamos fazer, tudo compartimentado em intervalos de cinco minutos. Quase todos os dias, os mesmos três componentes. Em primeiro lugar, uma manutenção básica (checar sistemas, limpar e inspecionar equipamentos que devemos vestir ou deixar de usar, esse tipo de coisa). Algumas vezes tínhamos de fazer consertos, como no sistema de comunicação. Todos os dias, tínhamos também que nos devotar à ciência: eu seria destacado para trabalhar num experimento X durante Y minutos enquanto Tom estaria ocupado com um experimento Y durante X minutos, e assim por diante. Não era raro estarmos em módulos distintos, trabalhando em tarefas completamente diferentes. Por último, havia um tempo de descanso.

A nossa existência era arregimentada, porém era mais fácil em vários aspectos do que na Terra. Eu não estava constantemente viajando. Não treinava incansavelmente para evitar contingências. Havia um pouco de treinamento a bordo (treinamos nossas habilidades robóticas num simulador ou no Canadarm2, participamos de conferências com os instrutores que nos preparavam para futuras reuniões no veículo), mas em geral eles nos exigiam menos, e algumas vezes conseguimos completar certas tarefas mais rápido do que as pessoas na Terra imaginavam que completaríamos.

E o que fazer na Estação Espacial Internacional quando estamos dez minutos adiantados? Podíamos olhar pela janela, e eu enxergava todo o tempo disponível por lá como uma boa oportunidade para apreciar a vista. Eis outra coisa que gostamos de fazer em nosso tempo livre: aproveitar a falta de gravidade. Não é raro ver companheiros de tripulação fazendo piruetas, girando ou flutuando por pura diversão. Também gostamos de brincar com a água. Se alguém, com muito cuidado, deixava escapar uma bolha de água de uma bolsa de água potável, como se estivesse soprando uma bolinha de sabão, flutuávamos atrás dela. Sempre com muito cuidado, claro. Caso não prestássemos atenção, poderíamos estourar a bolha e gerar uma grande bagunça. A força que atrai as bolhas de água para as saídas de ar também é desafiadora, e algumas vezes a única solução para evitar um desastre é engolir a bolha. Algumas vezes, usamos pasta de dente para encurralar e girar uma bolha, sorrindo e perseguindo-a até o momento que a bolha se aproximava de uma parede e tínhamos que detê-la com uma toalha.

Se gostássemos de viver perigosamente, teríamos feito a mesma brincadeira com uma bolha de café ou suco, pois arriscaríamos problemas ainda maiores, mas as cores ficariam ótimas nas fotografias. Também tiramos foto das bolhas de água, tentando capturar nossos reflexos de cabeça para baixo nelas. A pimenta que colocamos em nossa comida é envolta em óleo para que não saia voando e cause espirros, e uma vez, com muito cuidado, coloquei uma pitada de pimenta numa bolha de água, criando uma linda esfera no interior da outra, as duas sempre separadas por conta de sua repulsão natural.

Outra brincadeira foi gerada espontaneamente durante um curto intervalo em nossa agenda de afazeres. A equipe de apoio terrestre utiliza envoltórios em forma de bolha para proteger os itens mais frágeis durante o lançamento, e quando abrimos tais embalagens guardamos os envoltórios numa grande bolsa de lona que fica no ponto mais distante do laboratório japonês, pois assim não estariam sempre no nosso caminho. Regularmente, tínhamos que flutuar até uma das pontas da Estação para nos livrarmos de um envoltório. Atravessar completamente a Estação Espacial Internacional é uma desculpa natural para testar nossa destreza na hora de circularmos pelo espaço (e a "elegância eficiente" é uma verdadeira fonte de orgulho para grande parte dos astronautas, como eu, por exemplo), e rapidamente transformamos isso numa brincadeira: quem seria capaz de flutuar da mesa de jantar da Node 1 à bolsa de envoltórios, guardar um envoltório com segurança e voltar em menos tempo? Pouco depois, começamos a acumular envoltórios para nos divertirmos após o jantar. Observar os demais seguindo em direção ao módulo japonês, com os braços e as pernas soltos no ar, segurando um pequeno envoltório em forma de bolha, e desaparecendo num canto do módulo para depois voltar, segundos mais tarde, sempre com pressa para conseguir o primeiro lugar, era diversão garantida. Um dia, me lembro de ter completado a missão em 42 segundos, o que foi motivo de um orgulho desmesurado.

Também tínhamos tempos livres designados pelas nossas agendas no final da maior parte dos dias, e nos fins de semana as jornadas eram reduzidas. Conhecendo a necessidade de oferecer certas atividades de ócio, as agências espaciais faziam questão de incluir DVDs e livros a bordo. Havia também instrumentos musicais: um teclado, um ukelele, um didgeridoo e um violão. O orgulho nacional me leva a dizer que o violão era um Larrivée, que tem o nome do seu criador, Jean Larrivée, natural de Vancouver. Levar um violão à Estação não é uma tarefa tão fácil quanto entrar na fábrica e comprar um. Tudo o que levávamos ao espaço tinha que ser testado para saber se não emitia muita radiação eletromagnética nem elementos químicos como benzeno, o que poderia ser perigoso caso fosse inalado num local fechado.

Aquele violão também foi uma provação para mim. A falta de gravidade afetava a maneira como eu tocava nas cordas: num primeiro momento, a minha mão não encontrava as marcas, pois antecipava resistência onde ela não existia, e eu perdia a palheta. Demorei para conseguir domá-la. Além disso, eu não precisava de correia, pois o violão simplesmente flutuava à minha frente, e eu não era obrigado a prendê-lo contra o meu corpo para que não caísse. Mas um detalhe não mudou: a música soava exatamente como na Terra, mesmo com todo o barulho e ruído dos ventiladores e propulsores, e com os estalos de metais se expandindo quando entrávamos e saíamos da luz do Sol. Algumas vezes, o barulho de fundo era tão alto que eu me sentia tocando violão nos fundos de um ônibus. No final das contas, descobri que o melhor lugar para tocar era o meu espaço de dormir. Tom e Roman também tocavam violão, e durante várias tardes era possível ouvir melodias vindo de uma ou outra cama, como se estivéssemos num acampamento.

Muita gente pensa que o ambiente na Estação Espacial Internacional pode ser solitário, pois estamos muito longe da Terra. Mas tínhamos à disposição várias ligações com o nosso planeta, de conexões de rádio e ondas de alta frequência a internet. Os nossos laptops estavam conectados a um servidor em Houston, via satélite, e podíamos ficar on-line. Tínhamos essa ligação de dados constante durante quase metade do tempo, e embora fosse uma conexão mais lenta que a discada e carregar vídeos fosse um teste à nossa paciência, para enviar e-mails funcionava bem. Longe de nos sentirmos fora de alcance, nós fazíamos um esforço deliberado para nos mantermos conectados com a realidade. No dia do atentado na Maratona de Boston, por exemplo, eu sabia mais detalhes sobre o ocorrido do que o Capcom que entrou em contato comigo. E sempre havia alguém disponível na Terra para uma conversa: o Controle de Missões era onipresente, e amigos e familiares poderiam ser contatados por telefone.

Aliás, no início da nossa expedição, eu conversava com os meus filhos uma vez por dia, até Kyle dizer: "Pai, por que você não para de ligar? Nós já entendemos que você está bem!" Aparentemente, a emoção de receber ligações do espaço sumiu. Os dois segundos de *delay*, aquele eco irritante, nada disso ajudava. Na Terra, a minha família não tem o costume de falar muito ao telefone, pois os meus filhos moram longe uns dos outros, mas nos comunicamos regularmente via Skype: Kristin está estudando numa universidade irlandesa, Kyle mora na China, e Evan, até pouco tempo, estava numa universidade alemã. Acessar o Skype a bordo não era fácil, por isso criei o hábito de telefonar e enviar e-mails diários a Helene, e também enviava e-mails a Kristin e Evan. Kyle, no entanto, preferia o contato por telefone, pois não é muito assíduo de e-mails. Ele joga pôquer profissionalmente, e conversamos sobre os seus resultados, sobre como era a sua vida na cidade de Wuhan, para onde ele tinha se mudado, e o que costumava fazer quando saía com os amigos. Eu queria saber da vida dele, não falar sobre a minha. Eu já falava muito sobre mim nas videoconferências com escolas e repórteres. Kyle é muito sagaz e nutre uma visão não convencional das coisas, por isso conversar com ele sempre fazia com que eu me sentisse conectado à Terra.

Eu sentia falta dos meus filhos, mas não mais do que sinto aqui na Terra, pois não os vejo com tanta regularidade. E sentia falta de Helene, ainda que conversássemos mais do que conversávamos quando eu estava viajando a trabalho. Mas não me sentia solitário. A solidão, na minha opinião, não tem muito a ver com o local onde estamos. Trata-se de um estado de espírito. No centro das cidades mais agitadas vivem algumas das pessoas mais solitárias do mundo. Nunca me senti assim no espaço. Talvez porque o nosso mundo estivesse sempre presente do lado de fora da janela da espaçonave, eu me sentia ainda mais atento e conectado às sete bilhões de pessoas que chamam aquele mesmo lugar de lar.

E também me sentia conectado aos meus colegas de tripulação. Na Estação Espacial Internacional, os cosmonautas e astronautas trabalham separadamente, e os dois segmentos da espaçonave são separados, por isso somos obrigados a fazer um esforço para nos vermos. E fizemos muito esforço nos nossos cinco meses por lá, algumas vezes simplesmente flutuando na direção dos demais após o jantar, para passarmos uns 15 minutos juntos. As refeições são ocasiões importantes para socializar, sobretudo quando éramos apenas três pessoas a bordo. Após a tripulação de Kevin ter partido, Roman ficou sozinho no segmento russo, e nós o convidamos para que viesse comer conosco sempre que possível. Muitas vezes, Tom, Roman e eu ouvimos música juntos e conversamos. Roman tinha uma surpreendente seleção musical em seu iPod.

Preparar refeições não é tarefa complicada na Estação Espacial. Todos os líquidos, incluindo café e chá, estão em bolsas. Grande parte deles está em pó, e nós simplesmente misturamos com água e bebemos com um canudinho. Boa parte dos alimentos a bordo é desidratada, e apenas injetamos água quente ou fria no interior dos envoltórios, usando uma espécie de agulha, depois abrimos os pacotes e comemos. Há muita coisa grudenta como aveia, pudim de espinafre e espinafre cozido, já que dessa maneira ele fica compacto e é mais fácil agarrá-lo numa colher e levá-lo à boca sem que se espalhe por todos os lados. Tínhamos também frutas e vegetais frescos, mas isso uma vez ao mês, quando um veículo de suprimento ou outra Soyuz atracava na Estação. Uma vez, recebemos uma maçã verde crocante e uma laranja para cada um. Em outro momento, chegaram uma banana, dois tomates e duas laranjas. Em outro dia, uma cebola inteira para cada um!

Mesmo não existindo geladeira, o que é limitador, a comida espacial é, em grande parte, mais saborosa do que se imagina. E temos certa variedade: uma mistura de pratos russos (carne ensopada e salmão a vapor) e outros norte-americanos, além de especialidades de outros países. Eu também recebia itens extras, tipicamente canadenses, como salmão defumado, carne salgada, curada e dessecada, e também um tubo de *maple syrup*, até o café Tim Hortons, a bebida com cafeína preferida a bordo (Roman chamava todos os demais de "cafés substitutos", ou de segunda qualidade).

Muitos astronautas, inclusive eu, depois de um tempo, queriam comer coisas apimentadas, pois a congestão nasal causada pela falta de gravidade fazia com que os alimentos parecessem ter o sabor que sentimos quando estamos resfriados. Tudo parece um pouco sem graça. O meu prato preferido era uma bolsa de coquetel de camarões com molho de raiz-forte, o que não apenas era gostoso, mas também ajudava a aliviar a minha sinusite.

Algumas vezes, a ambição falava mais alto e preparávamos alguma coisa sozinhos, como um sanduíche de pasta de amendoim e geleia.

Não tínhamos pão a bordo, pois as migalhas seriam um grande problema, por isso usávamos tortilhas especialmente embaladas e resistentes. Outras vezes, planejávamos algo especial, como um café da manhã para festejar a EVA russa, no mês de abril. Juntamos waffles e *mape syrup* (o que é um café da manhã bem estranho para os russos), queijo brie, *smoothies* e morangos desidratados. Nós seis nos reunimos por um bom tempo naquela manhã de domingo, flutuando ao redor do que parecia ser uma sala de recreação sem janelas, tomando várias canecas de café de ótima qualidade (o canadense), conversando e sorrindo, e nos sentindo as pessoas mais sortudas da face da Terra.

A verdade é que, no espaço, mesmo os dias mais comuns parecem uma espécie de sonho. De certa maneira, claro, é o caráter improvável de estar por lá que transforma a experiência em algo tão transcendente. Porém, fundamentalmente, a vida longe da Terra, em dois importantes aspectos, não é muito surpreendente. Podemos manter o foco nas surpresas e nos prazeres, ou então nas frustrações. E podemos resolver apreciar as menores experiências, os momentos diários, ou então valorizar os grandes acontecimentos, os mais chamativos. Na verdade, a questão verdadeira é se queremos ser felizes. Eu não precisava sair do nosso planeta para encontrar a resposta certa. Conhecendo a resposta, fui capaz de amar a minha vida fora da Terra. A minha principal fonte de frustrações, na verdade, é que eu precisava dormir. E dormir parecia um desperdício de tempo no espaço, onde temos tanto a fazer e sentir.

11

ASTRONAUTA QUADRADO NUM BURACO REDONDO

Aos dez anos, tudo o que eu queria ganhar no Natal era uma câmera. Eu adorava a *National Geographic* e tinha um plano: se ser astronauta não desse certo, seguiria a carreira de fotógrafo. E fiquei louco quando, ao acordar, naquela manhã de Natal, encontrei uma Kodak Instamatic ao pé da árvore. Não perdi tempo e comecei a fotografar a minha coleção de carrinhos e alguns espelhos, depois enviei os filmes para serem revelados. As fotos estavam escuras e não eram muito inspiradoras. Tirei mais algumas. Porém, após ter gastado quase todas as minhas economias em revelações, pensei: nunca serei um fotógrafo profissional. As minhas fotos eram uma porcaria. Deixei a câmera de lado.

Anos mais tarde, como presente de casamento, eu e Helene ganhamos uma câmera potente, uma Canon 35mm, pesada, tanto que carregá-la era como segurar uma criança no colo. Aprendi a tirar fotos melhores comprando lentes e apetrechos, mas nada do que fazia poderia ser considerado arte. De vez em quando, conseguia uma imagem boa, o que era mais questão de sorte do que de talento.

Porém, no espaço, eu precisava ser capaz de tirar boas fotos. Felizmente, ou não, eu não era o único astronauta com deficiências artísticas, por isso a Nasa contratou fotógrafos profissionais para nos darem algumas aulas, o que foi uma dura batalha. Imagine um instrutor falando liricamente sobre velocidade de diafragmas enquanto um grupo de pilotos de caça retruca: “Me diz logo que botão eu devo apertar.” Era mais ou menos assim o ambiente na sala de aula. São poucos os astronautas com grande talento para a fotografia, como o meu amigo Don Pettit, que sabia o suficiente para pedir câmeras e lentes especiais quando viajou à Estação Espacial Internacional. Sua sequência de fotos da luz do norte criou uma nova maneira de ver o mundo. Mas eu não chegava nem perto desse nível. Quando fui à Estação Espacial, em 2012, era capaz de apontar e disparar, nada mais.

Dois anos antes, a Cúpula, um módulo-observatório construído pela Agência Espacial Europeia, foi instalada na Estação. Do lado de fora, a Cúpula parece uma verruga hexagonal no centro do Node 3. Por dentro, é uma beleza, um domo de 360º com janelas abertas sobre o mundo. Os seis lados são compostos por janelas trapezoidais; e no topo, voltada diretamente à Terra, há uma janela redonda, de quase oitenta centímetros de diâmetro, a maior numa espaçonave. É o verdadeiro "quarto com vista", mas também muito funcional: os seus painéis de comando e de controle permitem que guiemos operações do lado de fora da Estação, incluindo o controle do braço robótico.

Para entrar na Cúpula, é preciso passar pelo banheiro e pela máquina de exercícios, como se estivéssemos mergulhando ao fundo de uma piscina, para depois entrar. De repente, todas as nossas referências são alteradas: quando olhamos para cima, vemos o mundo inteiro. A Cúpula é pequena, com menos de três metros de diâmetro em seu ponto mais largo e, quando estamos lá dentro, os nossos pés ficam para fora do módulo, pois ela tem pouco mais de 1,5m de altura. Mas nada disso importa, pois estamos no interior de um planetário privado. Visualmente, é o mais próximo que podemos chegar de um passeio no espaço. Daquele ponto, é impossível ver a Estação Espacial Internacional. É como se tivéssemos escapado, mentalmente, e terminado envoltos pela grandeza do universo.

Sempre mantemos oito câmeras fotográficas na Cúpula, o que faz dela o paraíso dos fotógrafos, especialmente se comparada às pequenas vigias distribuídas pela Estação. Os tons dourados e brilhantes do Saara, a neblina de fumaça sobre Pequim... Até eu senti vontade de pegar uma câmera e capturar tais imagens. No meu primeiro dia na Estação, escolhi uma câmera de lentes de alcance de 400mm, esperando que alguém a tivesse calibrado, e comecei a tirar fotos. Aquilo era como olhar pelo interior de um canudinho: consegui incluir toda a cidade de Chicago numa foto, mas não todos os Grandes Lagos.

Há dois anos, comecei a postar fotos no Twitter (a maioria delas relacionada aos meus treinamentos anteriores ao voo). E fiz isso porque o meu filho Evan pediu. Ele é o guru das comunicações em nossa família, com conhecimentos sobre os meios em geral e sobre as mídias sociais em particular, e há anos me explica como conseguir utilizá-las para atrair a atenção para o programa espacial. Ele me ajudou a promover eventos em sites como o Reddit, onde as pessoas podem me perguntar qualquer coisa, de questões técnicas sobre máquinas a perguntas gerais como, por exemplo, se os astronautas são religiosos (e eles vão de devotos a ateus; pois, seja qual for o sistema de crenças de cada um, a viagem espacial costuma reforçá-lo), além de questões pessoais sobre o meu maior medo (que algo negativo aconteça a qualquer dos meus filhos).

A especialidade de Evan é o marketing, e ele disse que, quando eu chegasse à Estação Espacial Internacional, deveria fazer marketing da beleza e das maravilhas do espaço. Aquela seria a minha chance de parar de dizer às pessoas quão inspirador é o programa espacial e começar a demonstrar tal fato. Tudo o que eu precisava era postar fotos tiradas na Estação Espacial Internacional. O Twitter tem as virtudes da facilidade, pois não precisamos de muito tempo para digitar as poucas palavras que acompanham uma foto ou resposta em questão, e do seu caráter imediato. Eu podia compartilhar a vista da Cúpula no Twitter poucos momentos após contemplá-la com meus próprios olhos.

No entanto, claro que tudo isso dependeria da minha habilidade na hora de tirar boas fotos. Tratava-se do clássico dilema "astronauta quadrado num buraco redondo": Evan me enxergava como o mensageiro da beleza celestial, mas, quando se tratava de câmeras, eu não passava de um mero piloto de caça. Expliquei isso quando ele veio me visitar em Baikonur, e ele não argumentou. Afinal de contas, ele conhecia o meu trabalho como fotógrafo familiar. Na verdade, segundo ele, a construção das minhas frases no Twitter também precisava ser aprimorada. Elas eram muito formais. Se me lembro bem, ele usou como exemplo o emprego da palavra "robótica". Mas o que fazer? Ele sorriu e pediu que eu só compartilhasse o que sentia no universo.

Tudo bem. Enviei as minhas primeiras fotos feitas na Cúpula no dia 22 de dezembro. Naquele momento, eu tinha vinte mil seguidores, e durante o tempo livre por conta das festas de fim de ano, consegui aprimorar a minha escrita usando 140 caracteres. Cheguei à conclusão de que nunca erraria caso simplesmente desse o nome do que tinha fotografado, e que o mesmo aconteceria se resolvesse fazer alguma analogia, como ligar rios a serpentes, por exemplo. Dois dias mais tarde, tuitei o link para a gravação que fiz de "Jewel in the Night", canção escrita pelo meu irmão, Dave. E foi uma gravação amadora, eu simplesmente apertei o botão "rec" do meu iPad e comecei a tocar, por isso era possível ouvir os típicos ruídos da Estação Espacial Internacional ao fundo.

Evan aprovou, o que foi muito encorajador — tanto que resolveu me fazer um favor e postar o link em várias páginas diferentes, pois queria ver se conseguia atrair atenção em outros lugares. Em seguida, ele se perguntou: por que não gravar os sons da Estação Espacial Internacional como eles são, sem música? Quem nunca esteve lá nunca os ouviu de verdade. Então, fiz algumas gravações, que enviei a ele como arquivos de áudio. Ele as postou no SoundCloud, uma rede social que tem uma pequena interface com o Twitter.

Eu só consigo explicar o que aconteceu em seguida dizendo que o meu filho teve um tempo livre no final do ano. Durante anos, ele foi um ávido jogador de vídeo game, e aquele era um jogo com um objetivo: a educação do público. No meio-tempo, grande parte das pessoas que trabalhavam com comunicações na Nasa e na CSA também estava de folga, e quando elas voltaram aos seus escritórios, no começo do ano, ficaram surpresas e um pouco alarmadas. No dia 2 de janeiro, eu tinha 42.700 seguidores no Twitter. No dia 7, eram quase 115 mil. De repente, surgiram artigos em jornais e revistas, e também na internet, sobre as fotos que eu estava postando no Twitter, com William Shatner, e sobre os fatos interessantes da vida no espaço. O que estava acontecendo?

Aquilo não poderia ser apenas o resultado da melhora da qualidade das minhas fotos, embora elas estivessem melhorando. Eu estava fazendo cem fotos por dia e começava a aprimorar o meu olhar. Aprendi para onde olhar: cores e texturas estranhas, descontinuidades e formas surpreendentes, como as de uma ilha, ao lado da Turquia, que vista do espaço parecia um ponto de exclamação, ou as de um rio brasileiro que tinha a mesma forma do "S" estampado no peito do Super-Homem. As pessoas gostavam de ver o mundo pelos olhos de um astronauta, especialmente quando eu mostrava como enxergava as regiões onde moravam. A principal razão de minha repentina popularidade, no entanto, foi a ajuda de Evan na retaguarda, voltando a postar coisas no YouTube, no Tumblr, no SoundCloud e em outros sites, fazendo com que as fotos, as gravações e os vídeos da CSA fossem ainda mais acessados. Para ele, isso se transformou num desafio: ele enlouqueceria quantas pessoas pelo espaço? Na Irlanda, Kristin, um gênio das análises estatísticas, o ajudava a analisar as, digamos, correlações entre *retweets* e novos seguidores (e não havia nenhuma).

O meu filho trabalhava sozinho, sem ganhar nada por isso, e parecia cada vez mais animado e interessado pelo programa espacial, e de uma maneira que me deixava orgulhoso e agradecido. Durante muitos anos, os meus filhos reviravam os olhos sempre que eu começava um sermão sobre a importância de servir ao público. Mas Evan se revelou: ele era um samaritano disfarçado de cético.

A exposição midiática que conseguíamos parecia incrível, mas a cerimônia de passagem de bastão, no dia 14 de março de 2013, quando tomei o controle formal da Estação Espacial Internacional não foi tocante por ter sido televisionada, mas sim porque Kevin Ford a transformou num momento emotivo. Sem que eu soubesse, ele se empenhou em seu discurso em honra do Canadá e fez com que o hino nacional do país tocasse na Estação, demonstrando um conhecimento do que aquele momento significava para o meu pequeno país.

No dia a dia, ser comandante não mudou muito a minha vida na Estação Espacial Internacional. Se o restante do nosso tempo por lá não trouxesse inconvenientes, talvez eu nunca levantasse uma voz de comando. No entanto, no caso de uma crise, eu seria o principal responsável pela segurança da tripulação e da espaçonave, e saber disso alterou a minha percepção de maneiras sutis, criando um sentimento mais forte de vigilância e de responsabilidade pela felicidade da tripulação. Quanto a isso, aliás, confiei numa estratégia bem conhecida: chocolate. Na manhã de Páscoa, todos acordaram e encontraram uma bolsa repleta de ovos de chocolate de qualidade do lado de fora de seus postos de dormir — um presente de Helene, que os enviou com muita antecedência. Também nutri o hábito de ir ao segmento russo com barras de chocolate, o que foi aprovado por todos, exceto Roman, que ficava olhando de longe, sempre dizendo estar de dieta.

Naquela época, tínhamos três tripulantes novos na Expedição 35: os cosmonautas Pavel Vinogradov e Sasha Misurkin, além do astronauta norte-americano Chris Cassidy. Para Roman, foi ótimo ganhar companhia após duas semanas sozinho no segmento russo; e Chris, ex-Seal da Marinha norte-americana, tão ligado à ética quanto se poderia esperar de alguém com a sua formação, foi muito bem-recebido no segmento norte-americano.

Nós éramos uma tripulação feliz e, não coincidentemente, muito produtiva. Na Expedição 35, que oficialmente começou no dia 15 de março, completamos um número recorde de experiências e ainda assim tínhamos tempo para brincar de perseguir bolhas de água. Para animar o ambiente, de vez em quando, algum de nós tinha direito a uma videoconferência com alguém famoso. Há muitos anos, a Nasa e outras agências espaciais começaram a organizar tais chamadas para conseguir certo *frisson* em voos de longa duração. Muitos meses antes do lançamento, eles perguntaram a cada um de nós com quem gostaríamos de conversar quando estivéssemos no espaço. Eu pedi para falar com vários músicos canadenses, como Bryan Adams e Sarah McLachlan. Tom pediu para conversar com Peter Jackson, diretor da trilogia *O senhor dos anéis*. Conversamos por uma hora com essas pessoas, o que era suficiente para ter uma ideia dos interesses e das vidas uns dos outros.

Gostamos muito dessas conversas, às vezes por serem simplesmente surreais. Eu nunca me esquecerei do dia em que conversei com Neil Young, que estava no banco traseiro do seu Lincoln Continental modelo 1959, recentemente transformado em híbrido. Ambos ficamos curiosos com os estranhos veículos e modos de vida um do outro. Pedi conselhos para escrever letras de música, e ele disse: "Eu nunca escrevo músicas, simplesmente as registro", acrescentando que, se a música não flui pelo nosso corpo por seus próprios acordes, talvez seja uma boa ideia esperar até que isso aconteça. Ele me disse ser muito cuidadoso e só julgar uma música quando ela estiver terminada, "para que não fique envenenada nem atrofiada". Sempre que escrevo uma música nova, penso no conselho de Neil.

Aliás, já no espaço, eu tive a grande oportunidade de tocar uma canção com Ed Robertson, do grupo Barenaked Ladies, que escrevi ainda na Terra, chamada "I.S.S. (Is Someone Singing?")[1] Nós tocamos a música para o Music Monday, evento televisionado organizado pela Coalizão pela Educação Musical. Nele, de modo simultâneo, quase um milhão de crianças de todo o mundo cantavam comigo a

[1] **ISS é também a sigla em inglês para Estação Espacial Internacional (International Space Station). [N.T.]**

minha canção enquanto eu flutuava no laboratório japonês da Estação Espacial Internacional. Coordenar tudo isso exigiu um grande planejamento, mas ter todas aquelas crianças pensando e cantando sobre a Estação Espacial foi inspirador e incentivador, fazendo valer a pena cada minuto do planejamento do evento. Honestamente, ainda fico emocionado quando vejo o vídeo.

Esse foi um dos meus maiores momentos como comandante, em termos de alcance de público, embora tenha participado de vários outros eventos de perguntas e respostas com crianças em idade escolar de todo o mundo. Nunca foi complicado animá-los sobre as possibilidades do espaço. Tudo o que eu precisava fazer era deixar o microfone flutuando por alguns segundos, responder à inevitável pergunta sobre como usamos o banheiro no espaço e eles ficavam loucos.

Outro ponto alto foi o dia 19 de abril, quando Roman e Pavel, que seria o comandante quando eu fosse embora, fizeram uma EVA. Quando eu estava me preparando para ajudá-los, usei o banheiro anteriormente mencionado. Ao começar o processo, tudo parecia no seu devido lugar, com todos os ruídos de sempre... e, de repente: nada. A sucção parou de funcionar e aquilo virou uma bagunça. Não havia ninguém disponível para me ajudar. Tom estava fazendo uma experiência no segmento europeu, e não poderia se afastar nem mesmo falar pelo rádio. Chris e Sasha estavam ocupados trabalhando em algo no interior da Soyuz deles. Por conta da configuração da Estação e pelo fato de todos estarem trabalhando, não poderíamos nem mesmo ir ao banheiro russo.

O problema tinha de ser resolvido, e rápido, com ou sem EVA. Houston bolou um plano de ação: eu teria que extrair a peça central inteira, e tal peça tinha várias conexões elétricas e hidráulicas, além de bombas e químicas que ajudavam a tratar os resíduos. Isso significava que eu teria que usar luvas, óculos de proteção e máscara, e também que seria obrigado a envolver em duas ou três bolsas todas as peças que desmontasse. Quando consegui desconectar tudo, o Controle de Missões, em Korolev, fez um pedido: fechar as escotilhas. Tripulações anteriores tinham se esquecido desse passo na tentativa de acelerar o processo, mas as escotilhas devem estar completamente fechadas; caso contrário, os controladores de pressão falhariam, o que causaria um grande atraso na EVA dos cosmonautas. Eu não queria que Roman e Paven se preocupassem com o que eu estava fazendo, então, removi todas as proteções e desci. Quando todas as escotilhas estavam fechadas, com os astronautas já do lado de fora, voltei ao trabalho no banheiro. E fiquei assim, indo e voltando, por três horas.

O mundo não dependia de mim, mas eu precisava agir com cuidado para que Roman e Pavel saíssem da Estação em segurança, e também tinha que consertar o banheiro, embora não pudesse garantir ser capaz de fazê-lo até tudo estar de volta ao seu devido lugar. Quando finalmente chegou o momento de ligar o interruptor, foi ótimo ouvir um lindo e suave ruído, e só então percebi que o antigo interruptor, que rangia como um caminhão velho, estava quebrado havia séculos. Não gosto de agir sozinho, sem ninguém por perto para me dizer, por exemplo, "não se esqueça disso", mas consegui cumprir as duas tarefas complicadas, e que não tinham nada a ver uma com a outra, sem fazer qualquer confusão. Um sentimento verdadeiro de satisfação nasce quando nos percebemos bons na tarefa de viver no espaço, e também quando sabemos que podemos fazer coisas diferentes com eficiência.

Naquela época, eu também existia num universo paralelo, pois 681 mil pessoas me seguiam no Twitter. No total, mais de um milhão e duzentas mil pessoas acompanhavam a minha viagem através de vários sites e redes sociais. Eram muitos os artigos de jornais e de revistas, os vídeos de televisão e as menções nas rádios para que Evan conseguisse coletar todo o material. Eu estava sendo tratado como um fotógrafo, um poeta, até mesmo como uma celebridade. É óbvio que eu sabia que isso estava acontecendo, mas em órbita nada disso parecia real, nem tinha muito a ver com a minha vida diária de preocupações com pequenas coisas e o conserto de banheiros.

Evan queria que eu fizesse mais uma coisa: o primeiro clipe espacial. Queria que eu cantasse "Space Oddity", de David Bowie. Ele fez tal sugestão pouco após a minha chegada à Estação Espacial Internacional, ao mesmo tempo que reunia tudo o que seria necessário na Terra para realizar tal proeza, como entrar em contato com as pessoas certas e que pudessem me ajudar a editar o material.

Esse vídeo, ele me garantiu, deixaria o mercado enlouquecido. Eu não estava muito convencido, mas uma coisa que aprendi nos últimos meses foi a confiar nos julgamentos do meu filho. Ele sabia que as pessoas estavam interessadas em outras pessoas. Portanto, mostrando o lado humano da Estação Espacial Internacional, eu conseguiria capturar a imaginação popular e levar milhões de pessoas a procurar os vídeos educativos da CSA.

Num primeiro momento, Evan reescreveu alguns versos da canção. Na sua versão, o astronauta está vivo, e a Soyuz e a Estação Espacial são mencionadas. Depois, gravei o áudio usando um microfone e o meu iPad. Na Terra, um amigo músico, Emm Gryner, adicionou o piano sob o meu vocal. Joe Corcoran tocou todos os demais instrumentos e fez a produção. Quando terminaram o trabalho, voltei a gravar a minha voz sobre os instrumentos. Entre janeiro e fevereiro, gravei três vezes, o que exigiu um investimento mínimo do meu tempo.

Só filmei o vídeo quando conseguimos a aprovação de David Bowie, entre o final de abril e o início de maio. Usando uma câmera montada num braço flexível, filmei a mim mesmo flutuando em diferentes partes da Estação, mas a magia verdadeira acontecia na Terra, onde era necessário atentar para vários detalhes. Na CSA, certas pessoas trabalhavam durante as noites e fins de semana, por exemplo, revisando o vídeo e tentando conseguir a aprovação legal.

Eu estava feliz com o clipe, e Evan montou um plano de mestre para o seu lançamento nos meus últimos dias na Estação Espacial Internacional. Porém, quando terminei a minha parte, mal pude pensar nele. Eu tinha algo mais no que pensar: uma crise se formava durante o meu comando.

Mais de um ano antes de irmos para a Estação, temos que decidir, em grupo, quando tiraremos folga no espaço. Isso requer certa negociação, pois as tripulações são sempre multinacionais. Para os russos, por exemplo, 4 de julho é um dia como outro qualquer, mas para grande parte dos astronautas norte-americanos é uma data na qual preferem não trabalhar. Na Expedição 35, nós decidimos, com antecedência, que tiraríamos folga no dia 9 de maio, uma quinta-feira, pois se trata de um importante feriado russo: o Dia da Vitória, que comemora a rendição alemã na Segunda Guerra Mundial. Porém, alguns dias antes, pedi a Houston para que nós, que estávamos no segmento norte-americano, trabalhássemos um pouco nesse dia, pois eu e Tom deixaríamos a Estação no dia 13 de maio, e já teríamos um tempo livre no fim de semana.

Por volta das três e meia do dia 9 de maio de 2013, portanto, eu estava dando uma volta quando Pavel se aproximou e disse: "Tem uma coisa interessante que talvez você queira ver. Pequenas faíscas e fogos de artifício do lado de fora." O inglês de Pavel não é dos melhores, e demorei a entender sobre o que ele estava falando. Mas finalmente entendi: fogos de artifício, Rússia, Dia da Vitória... Fazia sentido, embora fosse surpreendente ele conseguir ver do espaço. Flutuei em direção ao segmento russo e olhei para fora da janela: não, aquilo não estava acontecendo na Terra... Pareciam vaga-lumes surgindo do lado esquerdo da Estação.

Do lado de dentro, não havia indicação de problema, e pensei que pudéssemos ter sido atingidos por um meteorito, que poderia ter nos causado um pequeno dano. Tom tirou algumas fotos usando lentes de alcance e, analisando as imagens, vimos que os vaga-lumes tinham formas diferentes, como se fossem manchas de tinta ou pequenos caroços de alguma coisa. Aquilo era estranho e merecia uma chamada à Terra, embora eu tenha parado um minuto para pensar bem nas minhas palavras. Dizer "Houston, temos pequenos e não identificados objetos voando ao redor da Estação Espacial Internacional" não parecia o mais indicado. Resolvi ser mais circunspecto, contando ao Controle de Missões que estávamos vendo manchas: eles concordaram com a teoria do meteorito, e não viram nada estranho em nossa telemetria. Nós tiramos mais fotos, de diferentes ângulos, e as enviamos à Terra, depois ficamos esperando um bom tempo.

Cerca de quatro horas mais tarde, recebemos uma chamada da Terra: a Estação Espacial estava sofrendo um vazamento de amoníaco a bombordo. Isso era um grande problema. O amoníaco era responsável por esfriar as enormes baterias da Estação e por ativar os sistemas de conversão, bem como os ambientes onde vivíamos, por conta de um corretor de troca de calor. Existem serpentinas independentes de esfriamento, e a que estava vazando esfriava um componente elétrico muito usado; sem ele, a Estação perderia grande parte da sua energia e não poderíamos seguir em frente com todas as experiências, pois isso poderia levar a um potencial superaquecimento ou falta de energia. Rapidamente, comecei a pensar em soluções: deixar o amoníaco vazar e perder uma quantidade importante de energia, deixar o problema nas mãos da tripulação seguinte, atrasar a nossa partida e tentar consertar o problema rapidamente, pois precisaríamos de uma semana para nos prepararmos para um passeio no espaço. Mais tarde, com o passar das horas, surgiram novas e más notícias: a taxa de vazamento estava aumentando. A Estação estava perdendo sua força vital.

Nós, que estávamos lá dentro, não corríamos risco imediato, e sempre teríamos a Soyuz para fugir caso a situação piorasse. Porém, obviamente, a busca da solução para lidarmos com o vazamento de amônia rapidamente se transformou no nosso único assunto. Roman, Tom e eu fomos selecionados para deixar a Estação em menos de quatro dias, mas como poderíamos fazer isso? Uma EVA para tentar identificar a fonte do vazamento era imperativa e, se partíssemos no dia planejado, a inspeção não seria possível até a chegada da nova tripulação, dali a semanas. Pavel e Sasha não poderiam fazer isso. Eles não foram treinados para trabalhar no segmento norte-americano, e a interface dos seus trajes espaciais não funcionaria muito bem se ligada aos sistemas daquela parte da Estação. Por outro lado, Chris Cassidy, astronauta da Nasa, não poderia sair sozinho, pois uma caminhada individual no espaço é algo muito arriscado.

Por volta das onze da noite o Capcom ainda não tinha novidades, mas nos asseguraram que todos no Controle de Missões continuavam pensando no que fazer. Eu disse à tripulação que deveríamos dormir: precisávamos descansar para estarmos prontos para o dia seguinte. Também sugeri que Roman e Tom avisassem às suas esposas sobre a possibilidade de não voltarmos para casa no dia previsto. Liguei para Helene e contei a novidade. Ela respondeu: "Ah... tudo bem... Se você está bem, eu entendo." Tínhamos outra saída?

Na sexta-feira, acordamos às seis da manhã, como sempre, e a primeira coisa que fizemos foi checar nossos laptops para consultar a agenda que a Nasa sempre nos enviava durante a noite. A mensagem dizia: "Bem-vindos à preparação para o dia da EVA!" Eu demorei um pouco para entender a mensagem. Eles não tinham falado nada na noite anterior, e preparar uma EVA em apenas um dia era algo inédito. Normalmente, os passeios no espaço são planejados com anos ou pelo menos meses de antecedência. Mesmo no caso de passeios não planejados, os procedimentos sempre são testados na piscina do JSC.

Mas não havia tempo para isso. A Nasa queria conservar o máximo de amoníaco possível, e o plano era retirar a caixa de controle do lugar e tentar descobrir o que estava acontecendo. Quando vemos água sob uma geladeira, não sabemos se o problema é um vazamento na mangueira, nas paredes ou no interior do aparelho. O primeiro passo é afastá-la da parede. A nossa nova EVA seria guiada pelo mesmo princípio: retirar a caixa do lugar, que ficava na ponta da Estação, arrastando-a o máximo possível sem que ela caísse. Durante a noite, foi decidido que Chris seria o EV1, e Tom, o EV2.

Em outras palavras, eu não sairia. Precisei de alguns momentos para digerir o tamanho do meu desapontamento. Aquele poderia ser o clímax da minha jornada como comandante: ajudar a salvar a Estação Espacial fazendo um passeio emergencial no espaço. Eu nunca mais faria uma EVA e já tinha avisado à CSA que planejava me aposentar pouco tempo após meu retorno à Terra. No entanto, Chris e Tom tinham feito três EVAs anteriormente, duas delas juntos, e na mesma área da Estação onde o amoníaco estava vazando. Eles eram, sem dúvida, as pessoas mais indicadas para o trabalho. Tudo isso passou pela minha cabeça e pelo meu coração por um minuto ou dois, e tomei uma decisão: não revelaria a minha inveja, ou diria, ao menos uma vez, que gostaria de fazer aquela EVA. A decisão tomada foi a mais certa, e eu deveria acatá-la e seguir em frente, para estar focado no ponto central, na única coisa que realmente interessava: resolver o problema. Eu nunca escolheria aquela provação, mas seria uma ótima maneira de verificar a minha capacidade de comando na Estação Espacial Internacional. Ultimamente, o conceito de liderança não tem a ver com atos gloriosos de comando, mas com manter sua equipe focada num objetivo, sempre motivada a fazer o melhor para alcançá-lo, especialmente quando as apostas são altas e as consequências, importantes. Liderança também tem a ver com delegar o trabalho de campo a outros, dar um passo atrás e deixá-los trabalhar.

Para mim, havia chegado a hora de fazer isso: ser um comandante.

Coloquei a cabeça para fora da minha estação de dormir e, quase ao mesmo tempo, Tom e Chris também colocaram as suas; parecíamos três cães farejadores, todos sorrindo. *Vocês viram isso? Vamos fazer uma EVA!* Achamos que era muito provável a EVA ser cancelada, mas tínhamos que nos preparar. Então, seguimos em frente com as experiências científicas que não poderiam ser deixadas de lado e, depois, nos focamos inteiramente na preparação. Em condições normais, teríamos vários dias para isso, mas naquele momento só restava um.

Começamos pela dieta dos dois, pensando no que deveriam comer: eles precisariam de muito carboidrato, que seria queimado mais lentamente pelos seus corpos, e assim teriam energia para o passeio no espaço. Recarregamos as baterias dos trajes espaciais, reunimos todos os apetrechos e equipamentos, dotamos a câmara de ar comprimido de tudo o que precisaríamos para o dia seguinte, preparamos novamente um traje espacial que tinha sido aprontado para a tripulação seguinte, pois Tom precisaria utilizá-lo. E isso era só o começo. Ao mesmo tempo, o Controle de Missões aperfeiçoava o plano. A coreografia foi detalhada ao longo do dia, e o vazamento não dava sinais de trégua. EV1 fará isso; EV2, aquilo; e eles precisarão de tais equipamentos e tais ferramentas. Passei boa parte do dia desenvolvendo algo que parecia um espelho de dentista, só que muito maior, para que eles pudessem inspecionar um local fechado em busca do vazamento. Usando muita fita isolante e laços zip, modifiquei um espelho para transformá-lo numa ferramenta útil ao passeio no espaço.

Enchi as bolsas de bebida, poli os visores, reuni o número exato de garrafas de oxigênio de emergência no interior da câmara de ar comprimido, chequei uma vez, depois voltei a checar tudo. Precisávamos ser metódicos e tentar pensar em tudo o que poderia dar errado. Uma possibilidade seria a contaminação por amoníaco: Tom e Chris deveriam tomar muito cuidado ao retirar a caixa de controle, e depois deveríamos nos certificar de que eles estavam descontaminados quando voltassem à Estação. A descontaminação de amoníaco é um processo raramente utilizado, e não temos muita prática nele, por isso resolvi fazer uma rápida simulação, revisando todos os passos e ensaiando tudo que deveríamos fazer, dependendo do nível de contaminação.

Nesse meio-tempo, pedi à Nasa que negociasse com a Roscosmos para que um cosmonauta nos ajudasse a vestir os astronautas e preparasse o passeio do dia seguinte. O inglês de Sasha era muito bom, mas ele era um novato. Roman fez muitos treinamentos com o traje espacial norte-americano, mas ele estava preparando a Soyuz, o que é uma tarefa importantíssima e demorada, já que a posição de cada item afeta o voo do veículo. A Nasa e a Roscosmos não queriam que Roman interrompesse o trabalho, pois assim poderíamos voltar à Terra na segunda-feira. Eu, particularmente, achava isso uma loucura: não existia a menor possibilidade de deixarmos a Estação Espacial para voltarmos à Terra no dia marcado. Mas as duas agências insistiam que conseguiríamos e chegaram a um acordo: Pavel, que tomaria o controle da Estação quando eu fosse embora, poderia me ajudar.

Na manhã seguinte, logo após o café, começamos a trabalhar. Eu era o membro da tripulação intraveicular (IVA, na sua sigla em inglês) e coreografava o ritual de vestir o traje espacial que eles usariam durante o passeio no espaço, deixando tudo pronto para eles. Essa tarefa acabou se tornando muito mais exigente do que eu imaginava, e ter um par de mãos me auxiliando foi ótimo. Pavel é uma dessas pessoas que, como o meu pai costuma dizer, pensam com as mãos: ele tem um senso natural, inato, de saber como os mecanismos complicados do equipamento espacial funcionam.

Como um IVA, há mais de cinquenta maneiras de estragar tudo sem perceber até o momento em que for tarde demais. Eu poderia, por exemplo, encaixar mal um suporte de câmera no capacete. Eis o momento ideal para desejar ser um zero à esquerda. O meu objetivo não era colocar Tom e Chris do lado de fora em tempo recorde, mas me ater aos procedimentos, coisa que Pavel e eu nunca tínhamos feito antes, juntos ou separados. Aquele era um trabalho sério, meticuloso, e adoro esse tipo de coisa. Eu também precisava cuidar das minhas habilidades linguísticas para me comunicar com Pavel de forma segura e eficiente, passando-lhe as instruções sobre o que ele deveria fazer. Tinha que ter certeza de que a nossa equipe estava sendo preparada da maneira correta para tentar vencer aquele trabalho difícil, perigoso e importante.

Montar os trajes espaciais, fazer com que tudo fosse configurado da maneira correta, instalar o equipamento... É como montar um grande robô de brinquedo, e Tom e Chris não poderiam ajudar muito porque estavam usando máscaras, inalando oxigênio puro. A pressão no interior do traje espacial é muito menor do que na cabine, por isso eles tinham que inalar oxigênio puro, a fim de retirar o nitrogênio dos seus corpos e garantir que não se sentiriam mal por conta da descompressão. Esses procedimentos demoram horas, mas finalmente estávamos prontos para enviar nossos tripulantes, um de cada vez, à câmara de ar comprimido, e depois fechar a escotilha e começar a despressurizá-la.

Eu me senti angustiado. Quando fechamos a escotilha da câmara de ar comprimido, dizemos adeus à possibilidade de revisar qualquer coisa. Eu sabia que tinha sido cuidadoso, mas se tivesse me enganado em algum passo, ou se eles tivessem se esquecido de algum instrumento, poderíamos não nos dar conta até o meio do processo da

EVA. Eu os observei até que estivessem do lado de fora, seguindo em frente sem rodeios, e comecei a checar as rotinas que Houston tinha incluído na minha agenda. Mas não fui capaz de esquecer que os dois estavam lá fora, fazendo algo crucial. Estava atento à vulnerabilidade deles. Só ficaria aliviado quando eles estivessem no interior da Estação novamente.

Nesse meio-tempo, o meu papel era simplesmente apoiar da melhor maneira possível, por isso decidi não fazer nenhum exercício, só naquele dia. Segui os procedimentos que eram feitos por Chris e Tom, pois queria saber como estavam indo, e ouvia a comunicação deles com a Terra. Quando a Estação Espacial Internacional perdia o contato com os satélites que permitem nossa comunicação com Houston, eu lhes passava pelo rádio as informações e os passos seguintes, para que os dois pudessem continuar. Num dado momento, como Chris havia solicitado anteriormente, pedi que ele falasse algumas palavras sobre Marq Gibbs, um antigo mergulhador veterano do Neutral Buoyancy Laboratory que nos ajudava nas simulações de passeios no espaço e que havia morrido na semana anterior, dormindo, de modo inesperado, aos 43 anos. Chris queria homenageá-lo antes de voltar ao interior da Estação, deixando claro que o trabalho de muita gente é necessário para que qualquer EVA seja possível.

Durante aquele passeio de cinco horas e meia, eu me senti mais ou menos como um coreógrafo observando a performance de bailarinos. Havia um sentimento de envolvimento e de responsabilidade, de risco compartilhado e de recompensa, mas também uma necessidade de me afastar e acreditar que eles fariam um bom trabalho. Quando eles estavam em segurança na câmara de ar comprimido e nós usando os sensores de amoníaco, foi ótimo poder dizer: "Vamos fazer o que ensaiamos ontem." A parte desconhecida havia chegado ao fim. Foi ainda melhor quando soubemos que os trajes espaciais deles não estavam infectados e que não precisaríamos repetir inteiramente o complicado ritual que ensaiamos.

O melhor de tudo, porém, foi saber que eles não apenas localizaram o problema, mas o consertaram. Ao retirar a caixa que guarda o módulo de bombeamento, esperando ver uma evidência de vazamento sob a caixa, não encontraram nada. A própria caixa estava em perfeitas condições. Logo, o problema era interno. Eles pegaram um novo módulo, um substituto que ficava guardado ali perto, e substituíram o defeituoso. Quando já estavam novamente dentro da Estação, Houston, com calma, voltou a pressurizar o condutor que faz circular o amoníaco. Não havia mais vazamento.

Quando chegou a hora de pressurizar novamente a câmara de ar comprimido, de Pavel e eu retirarmos as luvas e os capacetes dos nossos companheiros de tripulação, a sensação foi maravilhosa. Tínhamos vencido enormes obstáculos, feito o nosso trabalho perfeitamente e talvez resolvido o problema e salvado a Estação. Além disso: continuávamos no caminho certo para voltar à Terra em menos de 48 horas.

A tripulação se uniu para montar uma EVA em tempo recorde. O sentimento palpável para todos era de orgulho. Eu sentia orgulho da competência de Tom e Chris, da habilidade de Pavel, ainda que tivesse feito tudo aquilo pela primeira vez, e também da predisposição de Sasha em assumir tarefas extras, para que Pavel pudesse me ajudar, e do trabalho duro de Roman, que continuava preparando a Soyuz para que pudéssemos viajar a tempo.

Eu também me sentia orgulhoso por estar à altura da crença da Nasa de que seria capaz de comandar aquela espaçonave mundial. No meu primeiro dia no JSC, eu não parecia um candidato óbvio. Eu era um piloto. Não tinha muita experiência em liderança, para falar a verdade. Pior: eu era um piloto canadense sem muita experiência em liderança. Astronauta quadrado num buraco redondo. No entanto, de alguma maneira, consegui seguir em frente, e aconteceu algo verdadeiramente incrível: ao longo do caminho, me transformei na peça perfeita. O processo demorou apenas 21 anos.

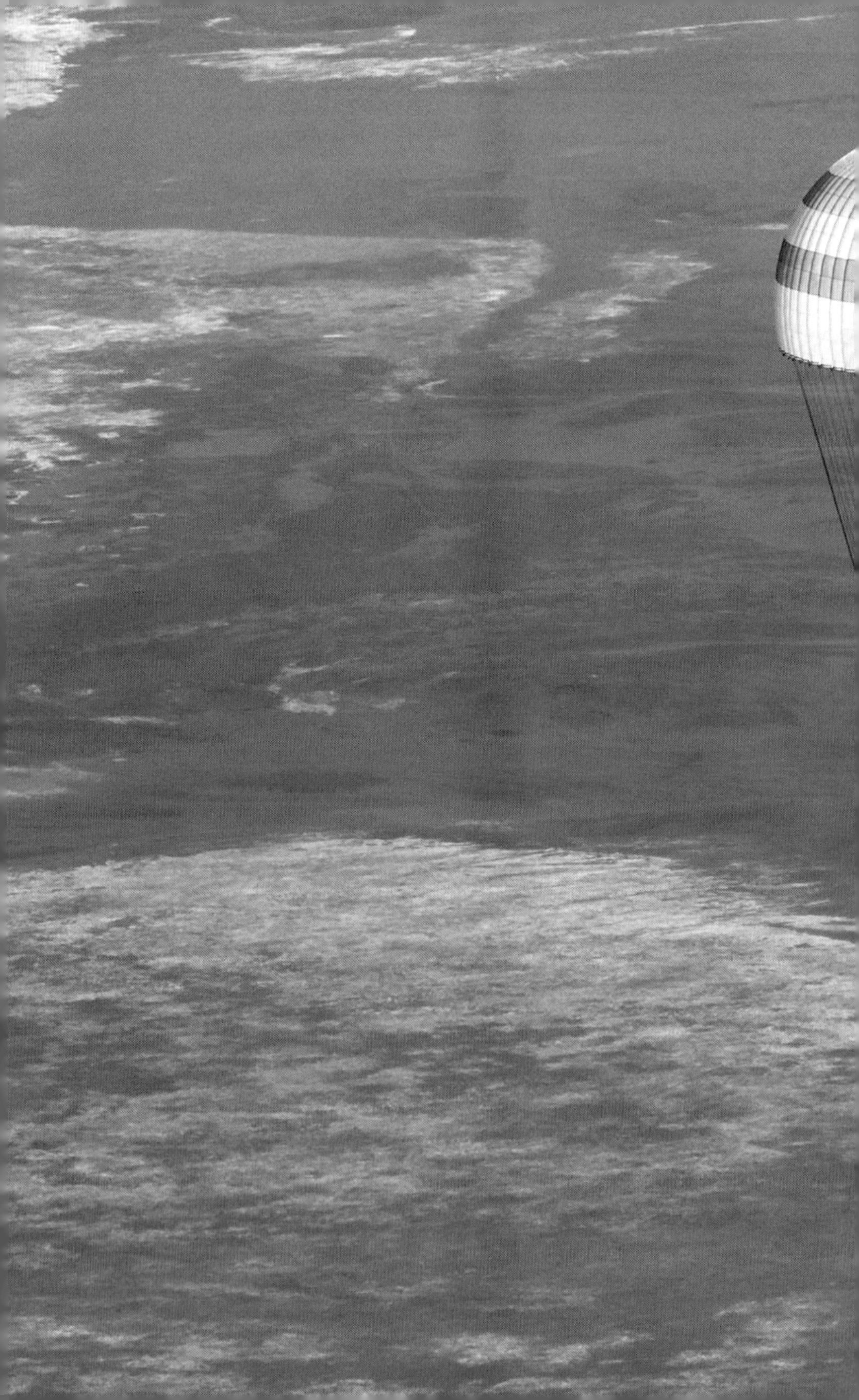

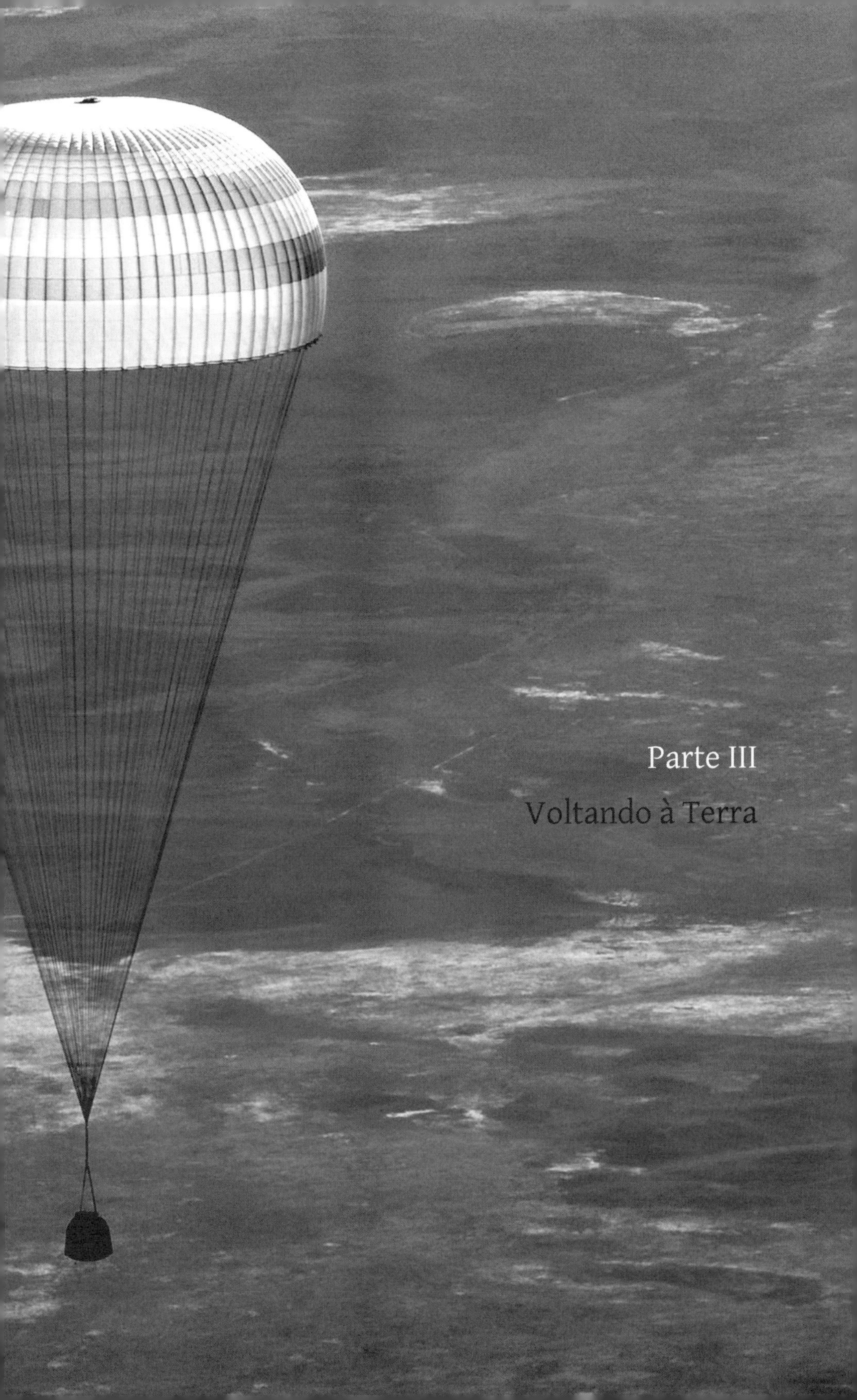

Parte III

Voltando à Terra

12

POUSOS SUAVES

Enquanto nos preparávamos para deixar a *Mir* no fim do meu primeiro voo espacial, em 1995, o ambiente era agradável. Tiramos as últimas fotos da tripulação às pressas, autografamos pilhas de envelopes (uma tradição cosmonauta — os russos, por algum motivo, são ávidos colecionadores de envelopes que foram ao espaço) e checamos duas vezes para ter certeza de que não deixaríamos nenhum aparato do ônibus espacial para trás. Como presente de despedida, oferecemos à tripulação da *Mir* os condimentos que nos restavam, como pacotes com molhos e mostarda, o que sempre ajuda a deixar a comida espacial menos sem graça.

Eu não me sentia triste porque a nossa missão chegava ao fim. Na verdade, sabia que aquela seria uma experiência que ninguém tiraria de mim. Tratava-se de uma experiência passageira, sem dúvida, mas faria parte de mim para sempre, e eu estava 100% pronto para ir embora. Fizemos algo sem precedentes e quase impossível: construímos com sucesso um atracador para futuras visitas de ônibus espaciais. Ao nos prepararmos para a partida, havia um sentimento palpável de triunfo no interior da nossa espaçonave.

Apertei o botão para começar a abrir as escotilhas que conectavam o *Atlantis* à *Mir*. Após alguns minutos, as molas começaram a nos afastar, num distanciamento sem esforço. Enquanto nos movíamos, o rádio que conectava uma espaçonave à outra ganhou vida, e os melancólicos versos de "Those Were the Days", cantados em russo, tomaram conta do ônibus espacial. Cantamos essa mesma música juntos na noite anterior, ainda dentro da *Mir*, com Thomas Reiter e eu tocando violão. No momento da partida, era a canção perfeita para o nosso humor. Os espíritos estavam elevados, como se tivéssemos recebido uma medalha de ouro nos Jogos Olímpicos Cósmicos.

Nós fizemos um voo ao redor da *Mir*, um giro perfeito para completar uma sequência de fotografias do exterior da estação. Estávamos (e ainda estamos) tentando entender os escombros orbitais: com que frequência eles atingem as espaçonaves e quão grandes são as pedras e os grãos de poeira. Pouquíssimos dejetos orbitais são criados pelo homem, grande parte deles é criação do universo, como meteoros e caudas de cometa. As revisões detalhadas desse tipo de fotografia, que seriam ampliadas para que todos os buracos e marcas de impacto pudessem ser contados, nos ofereceriam uma informação importante. Após 360º de uma coreografia digna de balé, com o *Atlantis* se movendo lentamente ao redor da *Mir*, como uma baleia encurralando uma lula gigante, acendemos os mecanismos de manobras orbitais e seguimos, em segurança, para casa. No entanto, mantínhamos o rádio ligado, conversando e tocando um pouco de Tchaikovsky para os nossos amigos da estação, até o momento em que perdemos o contato.

O ônibus espacial era um veículo bem mais complicado que a Soyuz, que é muito automatizada, e pousá-lo era uma tarefa excepcionalmente exigente para os pilotos. Era muito difícil voar com aquele planador hipersônico, por isso a Nasa recrutou ótimos pilotos de teste e depois os treinou durante anos para serem capazes de fazer tudo corretamente. O simples ato de preparar o ônibus espacial para sobreviver à entrada na atmosfera exigia a checagem de múltiplos sistemas e várias reconfigurações. Eis um truque: tínhamos que apontar o ventre da espaçonave para o Sol durante horas a fim de aquecer as rodas de borracha para o pouso, que, em outras palavras, exigia o mesmo nível de foco e preparação que o lançamento.

Pessoalmente, aprendi uma lição: a última coisa que fazemos numa missão é tão importante quanto a primeira — talvez até mais, na verdade, pois nesse momento estamos cansados. É como o último quilômetro de uma maratona: o esforço deve ser mais deliberado e devemos oferecer o máximo de nós mesmos, sem esmorecer, para chegar à linha de chegada. É tentador dizer a si mesmo "só faltam vinte passos", mas se começarmos a pensar na linha de chegada, podemos cometer erros, e tais erros poderiam ser fatais no meu trabalho.

É perigoso pensar na descida como um anticlímax. Em vez de olhar para trás, pensando no que está ficando cada vez mais longe, devemos nos perguntar: "E agora, o que poderia me matar?"

Eu estava no andar de baixo, no middeck, no meu primeiro pouso num ônibus espacial, sendo apenas um passageiro otimista, versado, sem janelas, sem instrumentos, sem controles. A minha principal responsabilidade era garantir que todos no deque estivessem vestidos e seguros. Fiz isso perfeitamente e depois fiquei sozinho no middeck enquanto Jim Halsell, o piloto, colocava o capacete. O seu fio de comunicação flutuava entre o colarinho do capacete e o do traje espacial. Quando as duas peças se conectaram, prenderam o fio, deixando-o incapaz de se comunicar com o nosso comandante ou com o Controle de Missões. Isso é um grande problema em qualquer momento do voo, e principalmente quando estamos querendo voltar à atmosfera.

Eu ainda não tinha vestido o meu traje laranja pressurizado quando Jim gritou: "Venha me ajudar." Ele não conseguia abrir o capacete para soltar o fio de comunicação. No deque de voo, eles faziam todo o tipo de checagens e ligavam os controles, e Jim precisou gritar para ser ouvido através do seu grande e pesado capacete. Flutuei para tentar arrancá-lo da cabeça dele. Nada, o capacete estava completamente preso. Eu precisava fazer mais força, mas Jim estava preso, com cinto de segurança, num assento a poucos centímetros de vários controles muito importantes. Se eu puxasse com muita força e o capacete saísse de repente, eram grandes as possibilidades de eu esbarrar no painel e causar um problema sério. Por isso, puxei com mais vigor, tomando cuidado para não causar um estrago. O capacete não se movia.

Tente imaginar a cena: estávamos entrando na atmosfera, eu era um novato sem o traje interior, o meu estômago começava a se retorcer e eu tentava resolver um problema que ninguém presumiu que pudesse acontecer enquanto todos os demais estavam ocupados tentando garantir que chegaríamos vivos à Terra. Uma ideia: desci, procurei uma chave de fenda grande, com cabo comprido (do tipo que usamos para abrir uma porta), voltei ao andar de cima e tentei soltar o capacete. Ao mesmo tempo, Jim estava focado em ajudar a controlar aquele veículo extremamente complicado, tentando ignorar o fato de que eu envolvia o seu capacete com o meu corpo para que não saísse voando e continuava forçando com a chave de fenda. Eu, sem dúvida, parecia o Pernalonga naquele episódio em que ele fica agarrado à cabeça do Triturador, um monstruoso boxeador.

Por fim, o capacete se soltou e fui impulsionado para o teto, depois endireitei o corpo e soltei o fio de comunicação de Jim, colocando o capacete dele no lugar. E fiz tudo isso a tempo de descer e vestir meu traje laranja pressurizado. No entanto, havia um pouco de gravidade nesse momento, então comecei a quicar no chão e fiquei um pouco enjoado. Aquele traje não foi desenhado para que uma pessoa se vestisse sozinha, mas isso também é possível. Quando finalmente terminei de me vestir, me sentei. Estávamos chegando à atmosfera. Era 12 de março, eu suava por conta do esforço e percebi que, de alguma maneira, fiz algo errado com o *meu* fio de comunicação: eu ouvia o que diziam, mas ninguém me escutava. Mas tudo bem, aquilo não importava, pois o meu foco naquele momento era não vomitar.

Eu poderia jurar que estava sentado havia apenas cinco minutos quando a velocidade começou a diminuir, fazendo uma curva para seguirmos em direção à Flórida. Como eu não tinha janelas, não via nada, mas ouvia o ruído do ar, que parecia um trem frenético, e acompanhava todos os passos do nosso último mergulho em direção à Terra, seguido de um pouso elegante. A nossa velocidade final foi de 300 nós, 195 no momento do pouso, e depois diminuiu, com cuidado, graças ao paraquedas e aos freios das rodas. Quando o movimento cessou por completo, o comandante, pelo rádio, disse: "Rodas paradas, Houston."

No entanto, a missão ainda não tinha acabado. Nós precisávamos mudar de foco e nos prepararmos, física e emocionalmente, para uma última e longa hora de esforços. Havia um procedimento de 150 passos que deveríamos seguir para desligar o ônibus espacial, e cada passo era crucialmente importante para garantir que o veículo estaria pronto para voar novamente em poucos meses. Só quando a equipe em terra liberou os combustíveis tóxicos não usados, que garantiam que o sistema hidráulico e de manutenção da vida funcionassem, e cobriu os bocais de combustível da frente e da traseira do ônibus espacial, estávamos livres para desembarcar, no mínimo trôpegos. Alguns astronautas precisam ser carregados, muitos vomitam, e todos se sentem mal ao se readaptarem à gravidade. Porém, uma hora mais tarde, vestindo nossos trajes de voo azuis, voltamos ao veículo para uma inspeção de danos, cumprimentamos a equipe em terra e fizemos uma rápida coletiva de imprensa.

Só pude relaxar depois de tudo isso. Estava um pouco zonzo, mas também animado. Eu tinha feito a minha parte, e nós, enquanto tripulação, completamos nossa missão.

Quando fomos lançados em Baikonur, a mensagem tradicional enviada em russo pela equipe de terra foi: "*Miakoi posadki!*", que significa "Pousos suaves!" Era um voto sincero, mas também uma brincadeira, pois eles sabiam muito bem que não haveria nada suave em nosso retorno ao Cazaquistão. Voltar à Terra no ônibus espacial era uma experiência muito suave, e os pousos da Soyuz são reconhecidamente difíceis, com direito a altas forças gravitacionais, vibração pesada, giros e saltos, descendo sem parar em direção às imperdoáveis planícies do país.

Trata-se de uma volta selvagem, e todos que participaram dela têm histórias para contar. A minha favorita é a do cosmonauta Yuri Malenchenko, que contou sobre a sua volta em 2008, com a astronauta norte-americana Peggy Whitson e a participante sul-coreana Yi So-Yeon. Quando a Soyuz volta à Terra, explosivos são acionados para que os módulos orbitais e de serviço se desprendam e queimem na atmosfera. Apenas a cápsula que voltará à Terra tem uma camada protetora contra o calor. Quando Yuri e Peggy começavam seu retorno à atmosfera, eles ouviram os explosivos sendo acionados mas, embora não tenham percebido no momento, um dos módulos não se separou da cápsula onde estavam. Ele continuou preso por conta de um ferrolho, e ficava cada vez mais quente, porque com o ar ficando mais espesso, a pressão e a fricção aumentavam. A cápsula de volta à Terra, que não estava preparada para aterrissar com uma bola pesada e em chamas, ficou incontrolável.

Enquanto a Soyuz atravessava o céu como uma bala, a força gravitacional chegou à nave, embora parecesse muito pior para eles, pois a cápsula descia de forma violenta. Em vez de ficarem presos contra os seus assentos, eles foram chacoalhados em todos os sentidos. A tripulação não entendia o que causava aquele problema, mas sabia que algo tinha dado errado e que o veículo não aguentaria aquela punição por muito tempo.

Por sorte, as forças aerodinâmicas eram tão intensas que o ferrolho se soltou, liberando o módulo em chamas. Mas ele passou tanto tempo preso à cápsula, liberando tanto calor, que o topo da Soyuz ficou completamente chamuscado. Yuri, que não se assusta com facilidade, mesmo para os padrões dos cosmonautas, sentiu gotas escorrendo por suas pernas e pensou: "Metal derretido. A Soyuz deve estar derretendo." A sua reação foi ficar mudo, mover ligeiramente as pernas e continuar lutando para controlar o veículo (mais tarde, ele percebeu que as gotas eram água vinda de um painel de oxigênio onde a condensação costuma transformar tudo em gelo durante a aterrissagem). Eles estavam a segundos da morte, literalmente.

Depois, graças ao seu desenho inerentemente bom, o veículo se estabilizou, o paraquedas abriu e a cápsula com os tripulantes se chocou contra a terra, num movimento brusco, mas seguro. No entanto, eles pousaram longe do lugar estabelecido e não havia ninguém por perto para resgatá-los. Ninguém sabia exatamente onde eles estavam, pois a bola de fogo interrompeu a comunicação por vários minutos.

Normalmente, quando uma tripulação passa meses no espaço, seus integrantes se sentem fisicamente debilitados até para abrir uma escotilha, por isso a equipe em terra está sempre presente para retirá-los da Soyuz após a aterrissagem. Porém, de alguma maneira, após alguns segundos, Yuri conseguiu abrir ligeiramente a escotilha (o que foi uma façanha sobre-humana, pois ele estava muito fraco e debilitado). Na hora, ele sentiu cheiro de fumaça, o que era esperado, pois o veículo estava muito quente. No entanto, quando conseguiu abrir um pouco mais a escotilha, viu fogo por todos os lados. A Soyuz havia pousado num campo gramado, incendiando-o. Quando conseguiu fechar novamente a escotilha, as suas mãos estavam queimando. Os três só pensavam em sair lá de dentro — eles sentiam náuseas, estavam péssimos e sentados numa cápsula apertada e repleta de fumaça —, mas o mundo estava em chamas. Para piorar, não tinham condições de sair pulando da cápsula e correr. Por isso, esperaram, mas ninguém apareceu.

Passado um tempo, Yuri resolveu arriscar e voltou a abrir a escotilha. Boas notícias: o fogo estava longe do veículo. De alguma maneira, ele se arrastou para fora, e ao longe parecia haver alguns habitantes locais, homens provavelmente atraídos pela fumaça. Eles olhavam com curiosidade, e o único que falava um pouco de russo perguntou: "De onde você veio?" Yuri tentava explicar quando o tal homem o interrompeu: "E esse bote? De onde ele veio?" O homem não acreditava que aquela coisa tinha vindo do espaço.

Nesse meio-tempo, Peggy e So-Yeon, cujas costas sofreram muito na aterrissagem, tentavam sair da cápsula, e os homens as ajudaram. Yuri queria pegar o seu rádio e fazer contato com os helicópteros de resgate, mas não tinha forças para entrar na Soyuz e recuperá-lo. Tudo bem. O mais baixinho dos homens presentes por ali se voluntariou: entraria no "bote" caído do céu e pegaria o que fosse possível com as próprias mãos. Yuri percebeu que o homem enfiava coisas nos bolsos, mas estava muito fraco para resistir.

Ainda assim, Yuri reclamou verbalmente com o homem, e nesse momento o primeiro helicóptero apareceu, enviando uma mensagem imediata ao Controle de Missões: a cápsula foi localizada, mas nenhum paraquedas era visível. O paraquedas queimou com a grama, mas quem ouviu tal mensagem só pensou uma coisa: a tripulação estava morta. Uma tragédia. Mas isso logo se reverteu, pois do rádio vieram novas e boas notícias: a tripulação havia sobrevivido a uma terrível aterrissagem, a um inferno e também a alguns ladrões amantes de "botes".

Ainda que eu esperasse uma volta menos conturbada, enquanto os nossos dias na Estação chegavam ao fim, sentia uma agitação ao pensar na aterrissagem da Soyuz. Eu treinei exaustivamente para essa manobra, que via como o ponto final da minha carreira de astronauta: uma experiência rara, que beirava o impossível e se aproximava perigosamente, com um sentimento de determinação. Pensei em todos os meus voos como piloto, mas imaginei que aquele seria o mais memorável de todos.

Eu estava certo.

Os últimos dias de uma missão costumam ser um pouco confusos, pois sempre há muito o que fazer. Além das tarefas regulares, somos obrigados a ensaiar procedimentos de pouso num simulador computadorizado e a preparar a nossa Soyuz meticulosamente, pois como e onde cada item é disposto afeta o centro de gravidade do veículo, determinando o controle que exerceremos sobre ele. Normalmente, é no último minuto que conseguimos concretizar o que planejamos fazer por meses: gravar em vídeo um passeio pela Estação, para mostrar a amigos e familiares, tirar fotos com a tripulação em poses bizarras, que só podem ser conseguidas no espaço, além de fazer xixi de cabeça para baixo, simplesmente porque podemos fazer.

Mas a nossa missão não terminou de maneira normal. Tivemos aquela EVA de emergência no dia 11 de maio, uma tarefa que exigiu muito, 48 horas antes da nossa partida, e tudo parecia um pouco desajustado. Até entrarmos na nossa Soyuz, voamos (literalmente) para limpar a Estação, jogando fora roupas velhas e tentando deixar tudo em ordem.

A natureza atribulada da nossa partida acabou não permitindo que a nostalgia criasse raízes. Portanto, a nossa cerimônia de Troca de Comando, no dia 12 de maio, não foi grandiloquente nem repleta de comentários elogiosos. Na verdade, foi alegre e divertida. Passei a responsabilidade pela Estação para o novo comandante, o meu grande amigo Pavel Vinogradov, fazendo um breve discurso e trocando um grande aperto de mão (que não funcionou muito bem sem gravidade, pois os nossos corpos se moviam para cima e para baixo... Não foi um efeito solene), depois voltei à minha lista de afazeres.

Enquanto Roman continuava focado na Soyuz, Tom e eu fizemos algumas experiências de última hora e tentamos ajudar Chris Cassidy. Ele ficaria sozinho no módulo norte-americano, assim como Roman ficou sozinho no segmento russo após a partida da equipe de Kevin Ford. Dissemos que ele deveria almoçar com a equipe russa e fazer um esforço para se socializar e se divertir um pouco, e que não ficasse trabalhando sem parar. Naquela tarde, Tom, Roman e eu colamos nosso distintivo de tripulação na parede dos distintivos. Era o de número 35, numa lista longa e colorida, o que nos ajudou a controlar o sentimentalismo: muitos astronautas e cosmonautas tinham estado ali antes de nós, e vários estavam a caminho.

Às nove horas da noite anterior, eu estava revisando o *checklist* da minha Soyuz quando o vídeo "Space Oddity" foi disponibilizado no YouTube. Eu não estava pensando muito nele, apenas desejando que tudo desse certo, para a felicidade de Evan. A ideia foi dele, era responsabilidade dele, era o seu bebê, e ele era a única pessoa que parecia nervosa pelo vídeo (um bom indicador de que aquilo era sua propriedade). Tudo o que eu fiz foi cantar, dedilhar o violão e começar a gravar. Antes de ir para a cama, dei uma olhada rápida para ver se alguém assistiu e fiquei em choque. Quase um milhão de visualizações.

O meu último dia na Estação Espacial Internacional foi um pouco parecido ao último dia de viagem em qualquer outro lugar. Entre as minhas várias tarefas, passei o aspirador de pó na minha estação de dormir e retirei os últimos objetos pessoais, incluindo o meu saco de dormir. A próxima tripulação traria novos sacos de dormir, e nós levaríamos os nossos para o caso de um problema na partida, o que poderia gerar a necessidade de passar uma ou duas noites na Soyuz. Se isso não acontecesse, os sacos permaneceriam no módulo e seriam queimados quando entrássemos na atmosfera. Tirei as últimas fotos, limpei o laboratório japonês e fiz algumas poucas experiências, revisando as *checklists* da Soyuz mais uma vez, para ter certeza de que não estava me esquecendo de nada.

Porém, apesar da atividade intensa, senti a necessidade de um descanso, queria encontrar uma maneira de ficar sozinho naquele lugar incrível, sozinho física e mentalmente. Quando eu tinha sete anos, a minha família se mudou de Sarnia para uma fazenda em Milton, e senti a mesma coisa. Eu me lembro de ficar andando na rua onde morávamos, a Flamingo Road, para dar uma última olhada, pensando no tempo que vivemos por lá, um tempo que foi parte da minha vida, que me formou, e que chegava ao fim. Na Estação Espacial Internacional, fiz a mesma coisa. Fui à Cúpula e passei um tempo tentando me extasiar pela sensação de estar por lá, internalizando o que sentia e observando o mundo daquela posição privilegiada. Não me senti triste, mas respeitoso. Eu queria desvendar o significado do tempo que passei na Estação, queria pensar no que tinha significado para mim.

Mas o relógio marcou três e meia e, como se fôssemos a Cinderela, saímos de repente de uma realidade e fomos para outra. Nós nos despedimos rapidamente da outra tripulação, loucos de vontade de permanecer um pouco mais ao lado deles, mas sabendo que tínhamos que seguir nossa agenda estritamente. Entramos na Soyuz e fechamos as escotilhas. Eu não voltaria mais à Estação Espacial Internacional, mas tudo bem. É na Terra que moram todas as pessoas que amo.

Na Soyuz, o ritmo caiu ab-ruptamente. Foi uma mudança dramática, e um completo silêncio tomou conta do ar quando a "Quinta Sinfonia" de Beethoven parou de soar a todo volume. Precisávamos fazer checagens meticulosas de pressão antes de confiarmos em nossas escotilhas e deveríamos esperar umas duas horas até a temperatura se regular — num primeiro momento, a Soyuz é muito fria. Além disso, devíamos ter certeza de que estávamos no interior de um ambiente hermeticamente vedado. Na semana anterior, tiramos o veículo de sua hibernação e checamos os propulsores e os sistemas do controle de movimento. Desde então, Roman começou a preparar a espaçonave (sozinho, pois apenas os cosmonautas podem preparar um veículo russo, e sempre sob enorme pressão). Quando Kevin Ford e sua equipe voltaram à Terra, o amortecedor de movimento do assento de Kevin falhou, e ele sentiu uma força gravitacional mais alta, problema que pode ter sido causado por um erro na preparação da Soyuz. Portanto, Roman deveria se certificar de que a nossa espaçonave estava perfeitamente armazenada, e estava.

A cápsula de volta à atmosfera estava repleta de amostras médicas em pacotes congelados, além de equipamentos com defeito que deveriam ser consertados — ela estava tão cheia, na verdade, que fomos obrigados a deixar objetos pessoais na Estação, guardados em bolsas que, teoricamente, voltariam à Terra. Eu tinha enviado algumas coisas de volta em março, mas ainda precisaria de certos itens a bordo (como a minha camiseta preferida e a placa de "gravando" da minha estação de dormir) e tive que deixar tudo isso para trás, com a esperança de que não permaneceriam em órbita para sempre. Algum dia, tudo aquilo poderia voltar do espaço, em outro veículo.

No entanto, eu não deixaria para trás a minha camisa do Toronto Maple Leafs. Após um longo jejum, o meu time de hóquei preferido havia se classificado para os *play-offs* da Stanley Cup, e naquela noite aconteceria o sétimo jogo das quartas de final da conferência Leste. Eu acompanhava tudo avidamente, mesmo que com atraso, enquanto corria na esteira e me exercitava na bicicleta da Estação, aproveitando para ver as gravações de jogos que a Nasa e a CSA me enviavam diariamente. Os torcedores do Maple Leafs são incansáveis e fiéis; alguns diriam irracionais. Não somos como essa gente que acha melhor não usar a camisa do seu time por baixo do traje espacial. Era 13 de maio, o Maple Leafs faria o jogo mais importante daquela temporada até então. O que mais eu poderia fazer? Vesti minha camisa por baixo do traje interior e me acomodei no assento esquerdo. Era ótimo voltar àquele lugar, ao interior de uma nave espacial pequena e repleta de coisas.

Eu não estava mais no comando. Roman, nosso comandante *Soyuza*, era o responsável, e ele já tinha retornado à Terra numa Soyuz antes. Tom e eu voávamos pela primeira vez, e havia cinco meses não entrávamos naquele veículo. Portanto, durante as checagens de pressão, revisamos tudo o que poderia nos matar dali em diante e conversamos sobre o que fazer se, por exemplo, o equipamento de lançamento não funcionasse e sobre o que aconteceria caso não acelerássemos corretamente durante a saída de órbita. Roman é um líder confiante e genial, e ele nos conduziu pelos procedimentos e checagens de modo muito eficiente. Logo depois, começamos a vestir nossos Sokhols.

Os trajes estavam, sem dúvida, mais apertados. Sem a pressão da gravidade, as cartilagens das vértebras da nossa espinha se expandem, e os nossos corpos crescem. Claro que eles pensaram nisso ao fabricar os trajes, mas ainda assim era surpreendente perceber que, aos 53 anos, eu tinha crescido alguns centímetros. Demoramos uns 15 minutos para conseguir encontrar uma maneira de nos acomodarmos em nossos trajes. Depois, fechamos o módulo orbital que, cinco meses antes, nos ofereceu uma amostra da vida no espaço, em nossa viagem à Estação Espacial Internacional. A menos que algo desse errado e ficássemos presos no espaço mais um dia, não precisaríamos dele. A descida duraria meras três horas e meia. O módulo estava repleto de lixo, pronto para ser ejetado.

Por fim, quando estávamos posicionados e firmemente presos em nossos assentos, com os joelhos dobrados sobre o peito, apertei o botão de comando para sermos desatracados da Estação Espacial Internacional. Estávamos a caminho.

Desatracar é um remanso de paz comparado à pompa flamejante do lançamento. Demora uns três minutos até que os ganchos e fechos gigantes se soltem. A nossa Soyuz era uma espécie de pequeno crustáceo pregado a uma nave gigante. Porém, gradualmente, pequenas molas nos afastavam dos nossos amigos, que nos observavam pelas janelas da Estação Espacial Internacional, dando adeus.

Num primeiro momento, a viagem era suave, apenas dez centímetros por segundo. Porém, após três minutos, pressionamos as nossas engrenagens por 15 segundos e começamos a ganhar velocidade. Em seguida, deixamos o veículo em ponto morto, confiando que os mecanismos orbitais nos afastariam da Estação. Precisávamos ganhar uma distância segura da Estação antes de voltar a ligar os motores. Caso contrário, o exaustor e as perdas de combustível atingiriam os enormes painéis solares da Estação, da mesma maneira que uma tempestade arrasa com as velas de um barco.

Isso nos deixou numa trajetória ligeiramente diferente da trajetória da Estação enquanto orbitávamos ao redor da Terra. Moscou recalculou todas as novas informações, como o nosso tempo de saída de órbita, nos enviou e anotamos em nossos *checklists*. Tudo estava calmo naquele momento, mas eu tinha tomado medicamentos para prevenir as náuseas, pois sabia que a tranquilidade seria apenas temporária.

Após duas horas e meia, chegara o momento: giramos a espaçonave 180°, deixando a sua cauda virada para a "frente", e ligamos os motores de saída de órbita, que permanecem acesos durante quatro minutos e vinte segundos. Nesse processo, há um momento crítico, um ponto sem volta: nós desaceleramos tanto que começamos a cair na atmosfera. Passado esse ponto, sentimos que o veículo faz pressão em nossas costas, como se uma enorme mão nos agarrasse. A sensação é de acelerar na direção oposta, mas na verdade estamos reduzindo a velocidade.

O que se segue é uma selvagem queda de 54 minutos em direção à Terra, e a sensação é, mais ou menos, a de 15 explosões e uma batida de carro. A trajetória da Soyuz, antes circular, passa a ser uma elipse. Quando abandonamos o ponto mais baixo chegamos ao início da atmosfera, onde a densidade do ar, de forma instantânea, diminui a nossa velocidade. É como deixar a mão do lado de fora do carro quando estamos viajando em alta velocidade por uma estrada, sentindo o peso do vento. Depois, 28 minutos após os motores terem sido acionados, os explosivos entram em ação, liberando os módulos orbitais e de propulsão, que se queimarão no ar. Naquela hora, pensei em Yuri, Peggy e So-Yeon, esperando que a nossa Soyuz fizesse o seu trabalho. Os sons altos e as explosões pareciam perfeitamente corretos e, pela janela, vi a tela que recobre o veículo de relance. Logo depois, o arraste do ar começou a se estabilizar e percebi que estávamos bem. Ainda havia alguma agitação, mas nenhum módulo relutante continuava colado à nossa cápsula.

O ambiente era cada vez mais quente e úmido, mesmo com a presença de uma pele protetora e de um escudo ablativo. Olhando para fora, eu via chamas amarelo-alaranjadas e um rastro de centelhas em alta velocidade escapando do veículo, e ouvia uma série de estalos. Seria uma falha no escudo protetor ou então um problema real. Eu não disse nada. O que poderia dizer? Se o escudo falhasse, estávamos mortos. Éramos uma bola de fogo atravessando o universo, em direção ao nascer do Sol.

Dois minutos mais tarde, a quatrocentos mil pés, o ar ficou perceptivelmente mais espesso. A temperatura no interior da cápsula continuava aumentando, e a minha camisa do Maple Leafs estava banhada em suor. Seguiram-se mais solavancos, uma indicação de boas-vindas à gravidade, o que nos agitava em nossos assentos. A força gravitacional subia rapidamente para 3,8 vezes o peso da Terra, o que é muito comparado a cinco meses sem sentir a força da gravidade. Eu sentia o peso da pele no meu rosto, sendo empurrada em direção às minhas orelhas. Inspirei rapidamente algumas vezes. Os meus pulmões não queriam lutar contra a gravidade. Os meus braços pareciam pesar uma tonelada e, de repente, era difícil erguê-los, ainda que por meros centímetros, para mover alguma coisa no painel de controle. Ir da falta de gravidade à gravidade máxima para depois voltar à gravidade 1 da Terra é um processo percorrido em apenas dez minutos, mas eles se revelam muito longos.

Quando diminuímos significativamente a velocidade (pense num foguete mergulhando num lago profundo), um paraquedas se abriu para amortecer a taxa de inclinação. A 17 mil pés, o paraquedas principal também se abriu e nós sorrimos, gritamos. A Soyuz girava e dava voltas em si mesma, enlouquecida, agitando-se freneticamente. Tudo era tão rápido que dificultava que sentíssemos enjoo. Mas então, de repente, bum! Ganhamos estabilidade, dependurados sob o paraquedas. Nós nos livramos do escudo termal que garantiu que não nos queimássemos ao voltar à atmosfera; as nossas janelas estavam enegrecidas por conta do calor, mas uma capa extra de proteção se desintegrava, e conseguimos ver o céu azul da manhã. O combustível restante já tinha sido despejado para evitar que entrássemos em chamas ao atingirmos o chão.

Tentávamos controlar as respirações, mas estávamos fracos após a descida desorientadora, o que era pior que os mais violentos brinquedos de parque de diversões. Para completar o efeito, os nossos assentos se ergueram de repente, atingindo o nível máximo de proteção para o impacto, antecipando o que poderia acontecer. A aceleração nos ajudou a ajustar nossos cintos de segurança. Sabíamos que o momento do impacto seria difícil; os assentos foram moldados aos nossos corpos para que as nossas colunas vertebrais não se rompessem.

Pouco antes do impacto, ninguém dizia nada, nem mesmo Roman, que narrou toda a nossa descida, pois deveria, falando segundo a segundo durante todo o caminho, contar à equipe em terra o que estava acontecendo. Nós trincamos os dentes, com cuidado, para não mordermos as nossas línguas.

O nosso pequeno altímetro para medição de raios gama esperava um eco do chão. E então, dois segundos antes do impacto, ele enviou um comando que acionou os denominados (de forma otimista) Foguetes de Pouso Suave — cargas de pólvora que diminuem nossa taxa de queda a cinco pés por segundo. Tal mecanismo transforma um impacto terrível em algo a que podemos sobreviver. Atingimos o solo do Cazaquistão e éramos uma tonelada de ferro, titânio e carne humana. Os ventos eram fortes na estepe, por isso o nosso paraquedas nos arrastava como uma árvore cujo tronco foi cortado, e rolamos várias vezes, até que Roman apertou um botão que liberou o paraquedas e... paramos. A Soyuz ficou parada, de lado. Eu estava de cabeça para baixo, preso pelo cinto de segurança, assustado, perdido, comovido.

A nossa aterrissagem foi normal, certeira. Ouvimos o barulho dos helicópteros de busca e salvamento. Inalamos o cheiro de queimado e acre da nossa espaçonave. Tom apontou para a janela. Onde, momento antes, havia o espaço, podíamos ver uma poeira marrom-clara. Ouvimos uma confusão de vozes: era a equipe em terra russa.

Estávamos de volta à Terra, finalmente.

Logo depois, a escotilha foi aberta e vimos o céu azul, o Sol brilhante, sentimos o cheiro de ar fresco e das coisas vivas, ouvimos uma série de vozes, uma comoção. Braços foram esticados para Roman, arrancando-o da cápsula. Alguém retirou as amostras e experiências, tudo o que precisava ser guardado em geladeiras ou posto imediatamente num avião. Tom foi o próximo a sair. Depois eu. Trabalhei para a Nasa em vários desembarques, por isso o pessoal me conhecia, e o homem que me segurou disse, em russo: “Chris, o vídeo é magnífico, nós ficamos orgulhosos.” Ele estava falando do “Space Oddity”, claro, e disse sentir orgulho do trabalho que nós dois fazíamos, ele e eu. Eis uma ótima maneira de ser recebido quando acabamos de cair do céu.

Eu estava pálido e piscava, pois passei meses sem ver a luz do Sol, e me sentia tão fraco, com os joelhos tão moles, que precisei ser carregado e sentado numa cadeira de lona, ao lado de Tom e Roman, que já estava fazendo piadas sobre a equipe médica e parecia ótimo, pronto para jogar uma partida de golfe. Mas eu não. Os médicos e as enfermeiras limpavam a poeira da minha testa, pois, sem querer, toquei a ponta chamuscada da Soyuz enquanto saía do veículo, depois toquei o meu rosto — parecia ter tomado um banho de carvão. Eles me perguntaram se eu estava bem, foram gentis e me cobriram com uma manta. Os oficiais da Nasa e da CSA, autoridades locais e soldados russos nos rodeavam. É confortante, após estar com, no máximo, cinco seres humanos durante cinco meses, sermos cercados por uma multidão de pessoas bem-intencionadas, especialmente após os excessos físicos do impacto com a Terra.

Pegaram meu capacete e alguém me ofereceu um telefone. Helene. Alguns repórteres se aproximaram para tirar fotografias: "E.T. telefone casa." Ouvi a voz da minha esposa, uma voz clara, firme, aliviada e contente. Eu disse que a amava e depois perguntei: "Os Leafs ganharam o jogo?" "Não", ela respondeu, "eles foram eliminados." E estariam arrasados, assim como eu.

Eu sorria, fazia o melhor possível para fingir não estar me sentindo desorientado e enjoado. Mas os meus braços pesavam tanto que eu mal podia erguê-los, e fiquei parado, tentando reduzir o esforço. Todos os pontos do meu corpo doíam ou estavam machucados, ou as duas coisas ao mesmo tempo. A sensação era mais ou menos como ser um recém-nascido, bombardeado por uma sucessão de barulhos, cores, cheiros e gravidade, após meses flutuando calmamente, num ambiente tranquilo e isolado. Deve ser por isso que os bebês choram quando nascem.

Após permanecer sentado por 15 minutos, entregando meus objetos pessoais a um ajudante que cuidaria para que eles não sumissem misteriosamente (pois tudo o que vai ao espaço vira item de colecionador), fui carregado, posto numa cadeira e levado a uma tenda médica montada ali perto, onde fui colocado numa cama. Naquele momento, eu sentia ânsia de vômito, estava muito mal. A equipe médica me limpou, me ajudou a tirar o Sokhol, a minha camisa do Leafs, banhada em suor, e vesti o traje azul de sempre, depois me injetaram algo na veia, pois eu precisava de líquido para não desmaiar.

Em seguida, com Roman e Tom, fui posto num veículo blindado, uma coisa comprida e com teto baixo que fedia a diesel queimado, e fui levado a um helicóptero, parado a menos de 100m. Uma pessoa com náusea não gostaria nada dessa experiência. Cada um de nós teve direito a um Mi-8 privativo, um helicóptero militar russo com cama, enfermeira, pessoal de apoio e médico. Eu estava interessado, sobretudo, na cama, pois me sentia tonto, e sempre que movia a cabeça era como se girasse no espaço e no tempo. Caí no sono quase que imediatamente.

Cerca de uma hora mais tarde, pousamos no aeroporto de Karaganda. Eu me sentia melhor e fui capaz de autografar a porta do helicóptero (pois um astronauta ou cosmonauta fizera o mesmo anteriormente, num impulso momentâneo que acabou se transformando numa tradição, e é ótimo unir nosso nome aos de pessoas que conhecemos pessoalmente ou admiramos). Tom, Roman e eu fomos levados a um carro e conduzidos a uma cerimônia onde um VIP local nos ofereceu um roupão púrpura e um chapéu preto, dignos de Merlin, e dois violões de duas cordas com formato de abóbora. Jovens mulheres cazaques, usando roupas formais, ofereceram o que sempre se oferece a viajantes: sal, pão e água.

Seguiu-se uma coletiva de imprensa, e a primeira pergunta foi: "Você sabia que o clipe de 'Space Oddity' foi visualizado sete milhões de vezes?" Não, eu não sabia. Aquele número parecia inacreditável, e eu estava me sentindo realmente mal naquele instante, mas precisava explicar que a Expedição 34/35 não se resumia a um vídeo musical. Aliás, a proposta do vídeo era transformar a linda e nada comum experiência de um voo espacial em algo mais acessível. Balbuciei algo em russo, falando sobre a importância de termos seres humanos, e não robôs, no espaço e, então, uma pessoa piedosa me levou ao banheiro, onde eu pude passar mal sem me preocupar com matérias negativas.

Mais tarde, fomos levados de volta ao aeroporto, onde Roman entrou num avião para a Rússia, Tom e eu em outro, da Nasa, um pequeno G3 com duas camas na traseira e espaço para dez passageiros. As despedidas foram rápidas e, naquele momento, nada sentimentais. Não estávamos com ânimo para isso. Tudo o que queríamos era dormir. A viagem para Houston durou vinte horas e, entre cochilos, médicos monitoravam nossos sinais vitais e pediam retirada de sangue e amostras de urina, pois a Nasa tentava conseguir o maior número de dados possível sobre o impacto fisiológico de um voo espacial de longa duração. Quando o jato parou para abastecer, em Prestwick, tomei um banho, sentado numa cadeira. Era ótimo poder lavar meus cabelos, limpá-los verdadeiramente após quase meio ano.

Quando desci do avião, em Houston, cansadíssimo e ainda sem conseguir ficar de pé, um pequeno grupo apareceu para me cumprimentar. Dei um beijo em Helene, abracei-a por alguns instantes. Pude conversar com ela sem o atraso de dois segundos na comunicação, como acontecia no telefone da Estação. Tudo parecia um luxo e um conforto muito familiares. A família e os amigos tinham vindo, pessoas que eu conhecia e amava, e nas quais pensei muito nos últimos cinco meses, por isso passei um tempo com cada um deles. Trata-se de algo agradável e um pouco cansativo, como os cumprimentos após uma cerimônia de casamento, algo inevitável, uma espécie de rito de passagem. Helene me observava, sabendo que eu queria ir embora, e fomos diretamente para o quartel-general.

Eram onze e meia da noite, e isso significava encher 14 frascos de sangue, depois fazer algumas simulações e testes para confirmar nosso equilíbrio e capacidade de concentração! Tom e eu sabíamos que isso seria feito e também sabíamos que era importante, mas claro que, àquela hora e cansados como estávamos, foi um pouco chato, sobretudo quando percebemos que nos saíamos mal nos testes.

Fizemos um teste de coordenação entre mãos e olhos, parecido com o que fiz 21 anos antes, em Ottawa, na seleção de astronautas: usamos, alternadamente, as mãos esquerda e direita, depois as duas, para colocar pregadores em vários buracos de uma parede enquanto avaliavam nossa rapidez e acuidade. Aquilo era mais ou menos como um jogo de tabuleiro. Eu me sentia desastrado após a gravidade zero, e era complicado pegar um dos pregadores sem jogar todos os demais no chão. Depois, fizemos um teste num computador, no qual tínhamos que tentar manter um cursor no interior de um círculo que se movia pela tela, ao mesmo tempo que digitávamos números que apareciam em outra tela. Mas o pior foi o simulador de movimento. Nós nos sentamos num cockpit redondo, pequeno, montado numa plataforma inclinada, e respondemos a imagens de computador que simulavam uma viagem em um T-38 da Nasa, uma viagem de carro numa trilha de montanha cheia de vento e também uma manobra de veículos em Marte. Antes de uma viagem espacial, tais imagens eram instigantes, mas naquele momento a experiência era verdadeiramente enjoativa.

Acho que nunca me senti tão feliz como quando caí na cama naquela noite. Após meses sendo capaz de me manter no ar sem fazer esforço, eu mal podia segurar a minha cabeça. A cama era tudo o que eu queria.

Mas, naquela noite, eu estava feliz por outro motivo: sabia que tínhamos alcançado nossos objetivos, e que eram objetivos complicados. Cientificamente, a Expedição 34/35 foi um sucesso. Eu sabia que nunca voltaria ao espaço e finalmente atingi uma meta à qual devotei grande parte da minha vida. Porém, não me sentia triste por isso. Eu me sentia feliz. Eu havia conseguido! E sabia que tínhamos mais coisas a fazer, mas naquele momento não seria capaz de dizer quais eram essas coisas. Aliás, se ver 16 amanheceres diários e toda a variedade terrestre à minha frente durante cinco meses me ensinou alguma coisa, é que sempre existem mais desafios e oportunidades à nossa espera do que tempo para aproveitá-los.

Sim, atingimos o solo do Cazaquistão de maneira dura. No entanto, eu não encarava aquilo como o fim de nada. Muito pelo contrário, aquilo me parecia um novo começo. Sendo assim, posso dizer que foi um pouso suave.

13
DESCENDO LADEIRA ABAIXO

Quando o ônibus espacial estava em serviço, eu costumava voar num pequeno avião, entre Houston e o Cabo Canaveral, com certa regularidade. Não era uma viagem panorâmica: os aviões civis devem evitar as bases militares, e há muitas delas, em várias partes do mundo. Por isso, na maioria das vezes, eu sobrevoava as linhas das estradas interestaduais. Seguia a I-10 como qualquer um, só que a dez mil pés de altura, e podia ver melhor a faixa cinzenta da estrada atravessando os planos e arenosos estados da costa do Golfo do México. Nada muito animador.

Certa vez, porém, viajando num bimotor Beechcraft Baron com Russ Wilson, amigo e bombeiro, quando estávamos atravessando o Panhandle, algo roçou levemente a minha perna — estávamos usando bermudas, devido ao dia quente de verão. Imaginando ter sido uma descarga elétrica vinda de baixo do meu assento, mudei a perna de posição, afastando-a dele. Pouco depois, no entanto, a sensação se repetiu. Achei estranho. Olhei para baixo e o que vi, erguendo-se do chão, foi uma serpente. Não era uma cobra coral nem uma píton, mas sem dúvida se tratava do maior réptil que eu já tinha visto num cockpit. Instintivamente, coloquei os pés em cima do assento, o que levou Russ a olhar para baixo e ver a cobra. Ficamos paralisados durante vários segundos, sem acreditar naquilo.

Após um voo particularmente desafiador, os pilotos costumam dizer que estiveram "matando cobras e apagando incêndios". Porém, ali estava uma cobra de verdade, e tentar matá-la a dez mil pés parecia uma loucura. Se falhássemos, ela não se demonstraria muito piedosa. Russ não pensou duas vezes: agarrou a prancheta dos nossos *checklists* e pressionou a cobra contra o chão. Depois, segurou o animal da maneira correta, logo abaixo da cabeça, afastando-a do meu assento.

A cobra começou a mover o resto do corpo, tentando escapar, freneticamente. Ao mesmo tempo, eu tentava manter o avião estável, como se nada estivesse acontecendo. E agora, o que deveríamos fazer?

Sem muita discussão, resolvemos abrir a janela do meu lado. Era uma janela pequena, mas ampla o suficiente para deixar que a fumaça saísse do cockpit em caso de incêndio. No entanto, viajávamos a duzentas milhas por hora, logo, parecíamos estar no olho de um furacão. O barulho era ensurdecedor, os nossos ouvidos estalavam por conta da queda de pressão na cabine e uma serpente não parava de se mover para todos os lados. Mas bombeiros são bons em momentos de crise. Com calma, Russ se curvou na minha direção, colocou a mão para fora da janela e, de alguma maneira, conseguiu colocar a cobra também do lado de fora, soltando-a em seguida. Pronto, ela se foi. Fechamos a janela, depois demos uma olhada ao redor: tem mais cobras por aqui? Como ela entrou? Isso realmente aconteceu?

Ainda nervosos, começamos a rir. O episódio parecia inacreditável e tinha ganhado tons de anedota. Eu me perguntei: "Onde estará aquela cobra?" Quando pensei no animal em queda livre, confuso e desorientado, chocando-se contra o para-brisa de um carro, parei de rir, pois percebi como a cobra estaria se sentindo.

Ao voltar à Terra, vindo do espaço, me sentia como um ser que caía do céu, e de repente *bum*! Uma hora antes, eu tinha poderes de super-herói. Podia *voar*. Porém, naquele momento, estava tão fraco que mal conseguia caminhar sozinho. O meu corpo, de volta à gravidade, se rebelava contra ela ferozmente. Eu me senti enjoado e exausto. As minhas pernas estavam bambas; a minha coordenação, falha.

Fiquei um pouco irritado quando, numa coletiva de imprensa logo após a aterrissagem, um repórter perguntou como eu me sentia "agora que tudo tinha terminado". Na verdade, nada havia terminado: todos os voos são seguidos de meses de reabilitação, de exames médicos e de interrogatórios exaustivos, com todo o tipo de gente, dos mais altos administradores da Nasa às pessoas que enviam suprimentos à Estação Espacial Internacional. No entanto, aquela pergunta me chateou por sugerir, implicitamente, que um voo espacial seria a última experiência digna de nota na minha vida, e que, infelizmente, dali em diante, eu iria ladeira abaixo. Mas eu não me enxergava dessa maneira, e muito menos enxergava o mundo dessa maneira. Encaro todas as minhas missões como mais uma camada no tecido da minha vida. Tecido que, espero, não esteja nem perto de ser dado por terminado.

Quando começamos a pensar que, nas nossas vidas, só contam os momentos grandiosos e reluzentes, estamos nos preparando para nos sentirmos uns perdedores durante grande parte do tempo. Pessoalmente, prefiro me sentir bem. Portanto, para mim, tudo conta: os pequenos momentos, os momentos medianos, os sucessos que chegam às páginas dos jornais, mas também os momentos que vivo, que ninguém fica sabendo. O desafio é evitar ser engolido pelos momentos grandiosos, reluzentes, que fazem as pessoas perderem a cabeça. Temos que descobrir, sozinhos, como festejar e aproveitar tais momentos, para depois seguir em frente.

Os astronautas que voltam do espaço recebem muita ajuda da Nasa nesse processo de "seguir em frente". Quando voltamos ao Astronaut Office, no JSC, não há qualquer cerimônia de boas-vindas aos heróis. Na verdade, recebemos um reconhecimento breve ("Bom trabalho"), antes de, sem qualquer cerimônia, sermos afastados do degrau mais alto da organização, pelo menos em termos de visibilidade e prestígio. Os astronautas resgatados das Soyuz são reabsorvidos na equipe de apoio como participantes médios. São pessoas essenciais, mas não glorificadas.

Grande parte dos trabalhos apresenta uma escada, um plano de carreira linear, ascendente, bem-definido, mas os astronautas vivem em constante movimento nos cargos, mudando de papéis e postos. Do ponto de vista organizacional, isso faz sentido, pois mantém o programa espacial forte em todos os níveis e também reforça o comprometimento de todos na perseguição de um objetivo comum (aumentar o escopo da capacidade e do conhecimento humanos). Isso é algo muito maior que as nossas individualidades. Para os astronautas, tal estratégia também faz sentido, pois nos ajuda a manter os pés no chão, focados em nosso trabalho, que é apoiar e promover a exploração humana do espaço. Qualquer inclinação que tenhamos de nos gabarmos é sufocada, pois o nosso status pode ser alterado da noite para o dia, e devemos estar sempre preparados para receber um posto novo e menos visível. Não devemos ficar sentados pensando nos velhos e bons tempos que passamos no espaço.

Na Nasa, todos sabem que a estrela de hoje será o assistente de palco de amanhã, uma pessoa que vagará pelos bastidores, em relativa obscuridade. Peggy Whitson, por exemplo, que foi astronauta-chefe e dirigiu o gabinete de Houston durante três anos, está de volta à linha regular de astronautas, oferecendo apoio aos que estão em órbita e esperando uma nova oportunidade, mas sem maiores chances que qualquer outra pessoa. Um detalhe que torna esse tipo de transição mais fácil é que a fronteira entre ser membro de uma tripulação e ser membro de um gabinete é ainda mais instável do que parece para quem vê de fora. Um Capcom, por exemplo, faz certos treinamentos e participa de simulações com a tripulação, oferece apoio ou está à disposição durante todo o tempo da viagem. Após o voo, deve estar presente nos interrogatórios. Portanto, ele é um verdadeiro integrante dessa tripulação e integra todo o contingente que, de forma direta, oferece apoio a qualquer missão.

Quando formamos parte dessa equipe de apoio, sabemos que o significado e a significância do nosso trabalho não são determinados pela visibilidade que possuem para quem está vendo de fora. Por outro lado, quando estamos no alto da ladeira, sabemos perfeitamente que as pessoas na Terra são de total importância para o sucesso da nossa missão, o que torna mais fácil, sob vários aspectos, apoiar a missão de outros astronautas.

Não vou fingir que uma estrutura organizacional dessa natureza não tem seus revezes nem que abrir mão de nossos sonhos seja uma experiência maravilhosa. A própria Poliana se sentiria um pouco perdida. No entanto, os astronautas ganham tanta prática nas idas e vindas de postos de liderança e apoio que, ao longo do tempo, o processo fica mais fácil.

Mais cedo ou mais tarde, percebemos que é melhor para todos, inclusive para nós mesmos, descer a ladeira com alguma graciosidade. Após ter sido diretor de operações da Nasa na Rússia, ao voltar a Star City para fazer treinamentos, às vezes me surpreendi pensando: "Por que o novo diretor faz isso dessa maneira?" Rapidamente aprendi que, sendo um "ex-qualquer coisa", temos ótimas oportunidades de manter nossas bocas fechadas e que devemos aproveitar todas essas oportunidades. Eu não estava mais no comando. O meu papel se limitava a observar e (apenas quando absolutamente necessário) tentar moldar o processo, mas sempre de forma sutil. Em geral, isso não era necessário, pois o "problema" era simples: o estilo de comando da outra pessoa não era o mesmo que o meu.

Mesmo que fôssemos importantes em certos papéis (sobretudo quando fomos importantes), ao ver que o nosso tempo chegou ao fim, devemos voltar a ser iniciantes. E, retornando do espaço, fazer isso é mais fácil do que se pode imaginar, pois, pelo menos num primeiro momento, estamos tão arrasados fisicamente que o posto de iniciante nos parece um grande passo degrau acima.

Em geral, precisamos de um dia na Terra para nos recuperarmos de cada dia passado no espaço. Senti isso na pele nas minhas duas primeiras experiências. Elas foram relativamente curtas — 8 dias em 1995; 11 em 2001 —, e eu passei por dias difíceis logo após a volta, mas cerca de uma semana depois tinha voltado ao normal.

No entanto, voltar da Expedição 34/35 foi diferente. Após cinco meses no espaço, o meu corpo não apenas se adaptou à gravidade zero, mas desenvolveu uma série de novos hábitos. Eu dava alguns passos e os meus pés, desacostumados ao peso, pareciam recém-saídos de uma pista coberta de carvão em brasa. Sentar não trazia muito alívio, pois os meus pés pareciam ter sido amassados, de repente, com uma marreta. Além do mais, sentado, eu sentia dor no cóccix. Quando estamos acostumados a sentar no ar sem qualquer peso, sentar-se numa cadeira com peso não é nada agradável. Ficar de pé, no entanto, não era uma boa alternativa. Após ter se alongado no espaço, a minha coluna vertebral estava se comprimindo novamente, e a base das minhas costas doía o tempo inteiro. Fiquei surpreso pelo tempo necessário para todas essas dores desaparecerem. Meses mais tarde, os meus pés e as minhas costas continuavam doendo (com frequência e de maneira notável) devido ao peso da gravidade.

O meu coração também desenvolveu novos hábitos no espaço. Quando voltei à Terra, ele já tinha se esquecido como bombear o sangue à minha cabeça, então ficar de pé era uma tarefa extenuante. Após alguns minutos de pé, o meu coração chegava a 130 batimentos. Ao mesmo tempo, a minha pressão caía, e eu ficava tonto. Para ajudar a circulação, passei alguns dias vestindo um traje antigravidade, para manter a pressão estabilizada nas panturrilhas, coxas e vísceras. Fazer isso é como apertar uma parte de uma bola de gás para que o ar suba. O traje antigravidade não machuca, mas a sensação é de que temos algo pressionando o nosso corpo. Ainda assim, me sentia muito tonto quando me levantava rapidamente, o que me deixou com medo de ir a banheiros. Nos primeiros dias após o voo, isso é realmente perigoso, pois podemos cair e bater a cabeça contra um chão de azulejo (conheço um astronauta que desmaiou quando se levantou para urinar). Por isso, numa quarentena pós-voo, existe sempre uma cadeira no chuveiro dos quartos da tripulação. Ainda que a vertigem tenha ficado menos aguda, continuei a senti-la por um bom tempo e aprendi a ficar de pé, parado, após me levantar, para que a tontura passasse, antes de fazer algo brusco, como caminhar até a sala de estar.

Em parte, o problema era o meu aparelho vestibular (o mecanismo no ouvido interno que controla o equilíbrio), que estava completamente fora de sintonia logo após o voo. Na Estação Espacial Internacional, me acostumei a responder apenas às rotações e acelerações do meu corpo, pois o lado de baixo era o de cima, e o de cima era o de baixo. De volta à Terra, no entanto, a gravidade me puxa para o chão, mas o chão me empurra, passando ao meu ouvido interno a sensação de uma aceleração constante, que, de forma inexplicável, era imperceptível aos meus olhos. Sentir tudo isso provoca muita náusea, pior do que todos os brinquedos mais fortes de qualquer parque de diversão. O meu corpo reagia como se os sintomas fossem causados por um veneno neurológico e me obrigava a expurgá-lo e a permanecer deitado, para que fosse metabolizado mais lentamente. Tomei remédios contra náuseas durante quase dez dias após a aterrissagem. Às vezes, me sentia bem; em outras, me sentia bem enjoado.

O meu estômago se recuperou mais rápido que o meu equilíbrio. Num primeiro momento, caminhar era difícil — eu parecia um bêbado —, mas, quando me readaptei, tudo melhorou (era só conseguir manter os olhos bem abertos, claro). Ainda assim, pelo menos na primeira semana, eu exagerei na dose, cambaleando ao girar o corpo, tropeçando em coisas e curvando o corpo para a frente, como se caminhasse contra fortes ventos. Tudo isso significava que eu não poderia dirigir, pelo menos nas duas primeiras semanas, mas tudo bem, pois eu estava profundamente cansado, como se fosse um inválido me recuperando de uma longa doença.

Dormi um sono pesado, em paz, o que foi algo inesperado. Nos primeiros dias após as viagens no ônibus espacial, a sensação era estranha, como se eu flutuasse sobre a cama (pois tinha passado pouco tempo fora e o meu corpo estava confuso). Dessa vez, no entanto, eu não senti nada disso. A cama era o local onde eu me sentia mais confortável fisicamente, e a vontade de dormir era tanta que eu tirava muitos cochilos durante o dia.

Felizmente, a Nasa conta com ótimos personal trainers que trabalham conosco, junto aos médicos, e nos ajudam nos primeiros momentos de recuperação: são os especialistas em Força, Condicionamento e Reabilitação dos Astronautas, os ASCR (sigla em inglês para Astronaut Strength, Conditioning and Rehabilitation). No meu primeiro dia em Houston, eles pediram que eu erguesse os braços acima da cabeça, depois que me deitasse no chão, tentando erguer as pernas. Consegui fazer as duas coisas, mas muito mal. Deitado no colchão, era como se duas pessoas estivessem sentadas em cima de mim, pressionando o meu corpo contra o chão. Após o ambiente espacial, que nos oferece tanto poder, onde eu conseguia mover uma geladeira com um único dedo, aquilo parecia... bem, parecia injusto. Ainda que eu tenha me exercitado duas horas por dia na Estação Espacial Internacional, de volta à Terra eu me sentia um fraco.

Muito do que acontece com o corpo humano no espaço é similar ao que acontece no processo de envelhecimento. Na quarentena que se seguiu ao voo, Tom e eu vagamos como dois inúteis e contemplamos o que a vida poderia nos oferecer caso estivéssemos bem. As nossas veias tinham se espessado. O nosso sistema cardiovascular estava diferente. Tínhamos perdido cálcio e minerais no espaço, por isso os nossos ossos estavam mais fracos. O mesmo aconteceu com os nossos músculos, pois, no espaço, durante 22 horas diárias, eles não encontravam qualquer tipo de resistência.

Por outro lado, com a ajuda de especialistas em reabilitação, conseguimos reverter grande parte do problema, e os médicos puderam evitar, na hora exata, que os nossos corpos sofressem alterações como as relacionadas ao envelhecimento. Nos primeiros meses após uma viagem, os astronautas são pouco mais que ratos de laboratório.

Nós chegamos a percorrer labirintos, ou algo parecido. Os cientistas queriam conhecer melhor os efeitos colaterais das viagens espaciais de longa duração. Por isso, repetiram, várias vezes, os mesmos testes que fizemos na primeira noite de quarentena, além de acrescentarem uns novos. Havia, aliás, uma espécie de amarelinha: uma grande escada feita de cordas, posta no chão, onde eu deveria saltar e pular, seguindo uma dança ao estilo *Embalos de sábado à noite*. Tínhamos também que fazer breves corridas, driblando cones, enquanto íamos para a frente, para trás e para os lados. Eu tinha feito tudo isso antes do voo, e os meus novos resultados puderam ser comparados aos antigos. Como previsto, os resultados quanto à agilidade e à reação foram menos impressionantes após a viagem.

Outros testes eram mais abrangentes. Um deles media o quanto nossa competência foi afetada pelos ritmos circadianos. Dois objetos de plástico, que pareciam ferrolhos, foram presos à minha testa e ao meu peito enquanto um bracelete monitorava meus sinais vitais. Certa noite, tive que sair para comer um hambúrguer com a aparência de um Frankenstein. Para um teste de equilíbrio, colocaram sensores no meu corpo, depois um capacete, e pediram que eu ficasse de pé numa plataforma, olhando para uma foto do horizonte. Os cientistas pediram que eu movesse a cabeça para a frente e para trás enquanto eles moviam a imagem do horizonte ou a pequena plataforma, pois queriam ver se eu perderia o equilíbrio ou vomitaria o meu almoço (o que quase aconteceu).

Entre tantos testes, interrogatórios e coletivas de imprensa, havia muito pouco tempo livre. Eu me sentia isolado e observado, engajado conscientemente em algo que parecia ser um trabalho, estranhamente retirado do mundo. Eu estava de volta à Terra, mas não à minha vida terrestre. No primeiro mês, mais ou menos, passei grande parte do tempo no JSC, incluindo fins de semana. Helene preparava almoços saudáveis, me levava para o JSC e me trazia de volta para casa. Porém, após três semanas, o meu médico concordou que eu poderia voltar a dirigir.

Voltar à vida normal, no entanto, demoraria um pouco mais. Eu passava duas horas por dia com especialistas em reabilitação, que me ajudavam a voltar a fazer exercícios usando equipamentos como uma esteira flutuante. Eu vestia um short de plástico, ligado a um grande balão, também de plástico. Inflando o balão, eles podiam controlar a quantidade de peso corporal que as minhas pernas deviam suportar enquanto eu corria. Comecei com 60% do peso corporal, o que era parecido à força que as cordas elásticas de ombros e cintura exerciam em órbita.

Após dois meses, quando finalmente pude correr ao ar livre, as minhas pernas pareciam pesadas e lentas, e eu continuava sentindo as minhas entranhas se retorcendo enquanto, com cuidado, dava minhas passadas. A resposta cardiovascular também foi desapontadora: os meus pés continuavam sendo a prioridade da minha corrente sanguínea, e minhas esquecidas veias e artérias não pareciam ter pressa em enviar nada aos meus pulmões e à minha cabeça. Percebi que, durante pelo menos seis meses, eu não seria capaz de fazer atividades que envolvessem repentinas exigências cardiovasculares, como esqui aquático ou esportes coletivos. Além disso, os meus ossos não aguentariam tanto estresse e tantos choques. Após voltar da Estação Espacial Internacional, um astronauta sofreu uma queda que o deixou com o quadril quebrado, e eu não queria entrar para tal estatística.

Cerca de três semanas após a aterrissagem, Tom e eu voltamos a Star City para os tradicionais e oficiais interrogatórios e cerimônias russos. Para ele, seria o primeiro passo de uma jornada de vários anos, que incluía a Expedição 34/35. Para mim, seria o meu último passo numa carreira de 21 anos como astronauta. Meses antes, eu avisei à CSA que queria me aposentar, e em pouco tempo seria feito o anúncio público dessa decisão.

A viagem a Star City foi algo familiar, reconfortante e também um pouco estranha. Preparar as malas, voar, ser recebido no aeroporto de Domodedovo, em Moscou, por Ephim, um velho e sorridente amigo, além de motorista da Nasa... Eu tinha feito tudo isso antes, muitas vezes, mas saber que nunca mais voltaria a fazê-lo alterava totalmente a experiência. Após Ephim ter nos deixado nas casas geminadas da Nasa, o meu lar confortável e sem frescuras por tanto tempo, eu me senti... livre. Fazia tempo que não ficava sozinho, com o controle da minha agenda. Anos, talvez. Não havia médicos, família, treinadores, apenas a agradável simplicidade de ser responsável por mim mesmo. Tom e eu conversamos sobre isso e, depois, felizes, deixamos um ao outro em paz. Caminhei ao redor do lago, li, chequei meus e-mails, sem pressa. Eu me sentia... aproveitando a vida.

Ephim me contou que Roman tinha comprado um carro novo, e eu estava preparado quando ele apareceu, na manhã seguinte, num BMW conversível dourado. Sem dúvida, aquele carro era uma recompensa que Roman prometeu a si mesmo, após retornar de uma viagem tão longa, e entendo muito bem esses prazeres terrestres: tenho dois conversíveis, um velho Thunderbird e um Mustang mais novo.

Roman e eu sorrimos um para o outro, dois homens de meia-idade, sem qualquer vergonha de nossas previsibilidades.

Os interrogatórios técnicos naquele mesmo dia foram rápidos e superficiais, pois Roman já havia contado todos os detalhes a Roscosmos. A viagem, na verdade, foi uma oportunidade para que nós três agradecêssemos e nos encontrássemos com velhos amigos (instrutores e treinadores que trabalharam conosco durante anos, ajudando para que estivéssemos preparados) e também para tirarmos algumas fotos. Fomos apresentados à mídia para uma entrevista em russo, depois sorrimos e apertamos várias mãos na frente dos fotógrafos. Havia mais jornalistas que o habitual, pois aquele era um grande dia na história dos voos espaciais. Ao mesmo tempo, também festejamos os cinquenta anos do voo de Valentina Tereshkova, a primeira mulher no espaço. Com meu amigo Alexei Leonov, o primeiro homem a fazer um passeio no espaço, ela se uniu a nós para tirar fotos ao lado da estátua de Yuri Gagarin. Mal pude acreditar que estava comemorando com meus heróis uma parte da minha história recente, por isso resolvi aproveitar o momento e deixar para refletir mais tarde.

A nossa visita culminou com uma cerimônia de entrega de prêmios, e tal cerimônia aconteceu num salão comprido, exageradamente quente, repleto de instrutores, o diretor de operações, os familiares de Roman, os diretores da Nasa, os chefões da Roscosmos e da Energia, os políticos locais e muitos grupos de jovens. Uma a uma, várias pessoas homenagearam a nossa tripulação fazendo discursos breves, apertando nossas mãos e oferecendo presentes: placas, relógios, livros, além de inúmeros e enormes buquês de flores. Tom, Roman e eu tínhamos cada um uma mesa para depositar tudo isso, e no final da noite as mesas estavam abarrotadas. Tom e eu demos as nossas flores às senhoras do escritório do diretor de operações e entregamos os presentes mais caros aos diretores da Nasa, que guardaram tudo, da mesma maneira que faz o presidente quando recebe presentes caros (os empregados do governo não podem aceitar essas coisas, mas podemos ficar com alguns itens pequenos).

Quando terminei de me despedir e nos sentamos na van da Nasa, percebi que nunca mais voltaria a Star City. De repente, eu não queria ir embora. Queria buscar meus amigos e colegas e começar tudo novamente, queria abraçá-los mais uma vez e relembrar nossas experiências. Queria fazer alguma coisa para transformar a minha partida em algo grande, pois, para mim, aquilo era grande. Um capítulo da minha vida chegou ao fim. Porém, em vez de fazer isso, fiquei sentado, quietinho, no interior daquela van, melancólico ao ver que rostos e locais tão familiares se afastavam do alcance da minha vista. No entanto, eu me sentia sobretudo agradecido. A Rússia foi boa comigo.

De volta ao outro lado do oceano, eu estava alegre, com vontade de festejar, agitado. O primeiro-ministro do Canadá me convidou para um encontro. Eu seria o grande marechal da parada Stampede, de Calgary, uma homenagem ao enorme esforço da cidade para se recuperar da terrível enchente a tempo das festas anuais. Participei de festas em Houston e Montreal, sede do quartel-general da CSA. Apertei mãos, concedi inúmeras entrevistas e me senti mais forte a cada novo dia. Limpei a minha mesa no JSC e encaixotei tudo o que havia na minha casa em Houston. Voltamos ao Canadá no meio de uma torrente de artigos elogiosos e homenagens. O clipe "Space Oddity" me abriu as portas do mundo da música, e toquei para multidões, em grandes eventos. Eram tantas as solicitações que fui obrigado a escrever uma carta educada, declinando convites para discursos nas mais variadas cerimônias. Era excitante e exaustivo.

E, como eu já sabia, efêmero.

Quem era vice-presidente há três mandatos? Que filme ganhou o Oscar de melhor filme há cinco anos? Quem ganhou a medalha de ouro em patinação nas últimas Olimpíadas? Eu, um dia, soube todas essas respostas. Quando essas coisas acontecem, são um grande evento, mas logo depois passam a ser lembradas apenas pelos seus protagonistas.

O mesmo acontece com uma missão espacial. A glória que envolve o lançamento e a aterrissagem não dura muito. Os holofotes se deslocam para outras pessoas, e os astronautas também precisam fazer outras coisas. Se não fizermos isso, seremos presas de nossa própria importância ou morreremos de medo de nunca mais participarmos de algo relevante.

Certos astronautas acabam perdidos nas areias movediças da celebridade instantânea, mas eles são exceções. Mais de quinhentas pessoas tiveram a oportunidade de ver o nosso planeta à distância, e para a maior parte delas tal experiência reforçou ou alimentou sua humildade. O show de luzes dançantes dos hemisférios, os maravilhosos azuis dos corais que cercam as Bahamas, a raiva que pode ser enxergada no olho de um furacão... Poder ver o mundo inteiro transforma radicalmente a nossa perspectiva. Não é algo apenas inspirador, mas um acontecimento que nos deixa muito menos arrogantes. Sem dúvida, isso deixou claro como seria uma bobagem dar muita importância aos meus 53 anos no planeta. Eu sentia orgulho do que a nossa tripulação fez enquanto estávamos na Estação Espacial Internacional, sobretudo por conta do recorde de experiências científicas que completamos, e também pelo fato de Tom e Chris Cassidy terem feito aquele passeio emergencial no espaço. Porém, nos anais da exploração espacial, não teríamos direito a mais que uma nota de rodapé, e isso se tivéssemos sorte.

Com isso, não quero dizer que a viagem espacial tenha feito com que eu me sentisse irrelevante. Na verdade, ela fez com que eu me sentisse obrigado a ser um bom administrador do nosso planeta, um homem capaz de educar os demais frente ao que acontecia com a Terra. Do espaço, vemos o desmatamento de Madagascar, vemos como aquela terra vermelha, antes no seu devido lugar por conta da vegetação que a equilibrava, desliza em direção ao mar. Vemos que as margens do mar Aral se afastaram dezenas de quilômetros por conta das águas desviadas para a agricultura. O que antes parecia um lago, hoje é um deserto sombrio. Vemos também a Terra como um local duradouro, absorvente, capaz de se autocorrigir, de oferecer suporte à vida, mas com seus próprios problemas... Problemas naturais, como vulcões cuspindo lava. No entanto, nós fazemos coisas muito piores em nossa administração do planeta. Precisamos dar uma boa olhada no meio ambiente, precisamos tentar aprimorar as coisas ao máximo.

Eu me senti envolvido numa missão frente a tudo isso, algo que nunca senti antes de viajar ao espaço, e as pessoas que me conhecem, certas vezes, consideram tudo isso irritante. Recentemente, um amigo ficou frustrado porque, enquanto dávamos um passeio, eu não parava de recolher lixo nas ruas, o que diminuiu consideravelmente a nossa velocidade. Eis um dos efeitos colaterais de uma viagem espacial: eu não paro de recolher as embalagens de chicletes que encontro pelas ruas.

Entender o meu lugar no grande esquema do universo ajudou a colocar em perspectiva o meu êxito, mas não me transformou numa pessoa tão modesta a ponto de não aguentar elogios. Eu gosto e também adoro a excitação dos lançamentos e aterrissagens. Ainda assim, sei que a maior parte das pessoas, eu inclusive, tende a aplaudir as coisas erradas: os exageros heroicos e espalhafatosos, em vez do trabalho de anos. O aplauso, então, não guarda muita semelhança com a realidade da vida de um astronauta, pois esta nada tem a ver, ou quase não tem nada a ver, com voar pelo espaço.

A vida do astronauta tem a ver com aproveitar ao máximo o nosso tempo aqui na Terra.

Algumas pessoas imaginam que, voltando do espaço, a vida cotidiana na Terra deve parecer mundana, sem graça. Mas, para mim, a vida é o oposto disso. Após o voo, eu me senti como todos se sentem ao voltar de uma viagem interessante, que passamos anos planejando: realizado, energizado e também inspirado a enxergar o mundo de maneiras distintas.

Experiências com grandes motores movidos a gasolina enriquecem as nossas vidas. A menos, é claro, que a gente só seja capaz de aproveitar a alegria e de nos sentir úteis quando estamos no topo da ladeira. Sendo assim, descê-la será um desastre. De repente, desaparecem os aplausos, e passamos a enfrentar a realidade de sermos obrigados a levar o lixo para fora de casa e todas as imperfeições da vida.

O processo de me tornar astronauta me ajudou a entender uma coisa: o que realmente importa não é o valor que alguém designa a uma tarefa, mas sim como eu, pessoalmente, me sinto enquanto a executo. É por isso que, nos 11 anos que passei na Terra, eu adorava a minha vida. Claro que eu queria voltar ao espaço (e quem não gostaria?), mas eu colecionava prazeres e realizações nas pequenas vitórias, como me sair bem numa tarefa do Neutral Buoyancy Laboratory ou descobrir como resolver um problema no meu carro. Se eu definisse o sucesso como um conceito estreito, limitado a picos, a experiências de alta visibilidade, teria me sentido muito frustrado e infeliz naqueles anos. A vida é muito melhor quando nos sentimos colecionando dez vitórias por dia, não uma vitória a cada dez anos.

Uma das conquistas que mais me enchem de orgulho não tem nada a ver com viajar no espaço nem ser astronauta: em 2007, meu vizinho Bob e eu construímos um atracadouro na casa de campo. Dez anos de desavenças com os antigos donos da nossa casa de campo nos legaram dois atracadouros paralelos, dilapidados, separados por bizarros 2,5cm. Tratava-se de uma área interditada, que atraía o meu cachorro de maneira inusitada. Bob e eu nos propusemos a fazer consertos menores, tentando salvar algo do investimento. As nossas queridas esposas franziram as testas, ergueram as sobrancelhas e perguntaram: "Vocês estão brincando?"

Porém, inspirados, decidimos demolir os atracadouros existentes e começar tudo do zero, construindo uma nova superestrutura, de onde seria possível decolar um pequeno avião. Tudo o que tivemos que fazer foi comprar madeira, alugar uma barcaça, contratar um monta-cargas e trabalhar do nascer ao pôr do Sol, durante todo o verão. Como na construção do atracadouro da *Mir*, resolvemos um grande problema, unindo duas estruturas anteriormente problemáticas. A experiência foi recompensadora e satisfatória, e talvez ainda mais importante, pois fizemos tudo sozinhos, e o resultado dependeu apenas da nossa habilidade e da nossa criatividade. Construir um atracadouro parecia o melhor trabalho do mundo, e eu ainda o enxergo como o grande acontecimento daquele ano, quando, aliás, eu era o chefe de operações da Estação Espacial da Nasa, no Astronaut Office.

A verdade é que todos os dias me parecem enriquecedores, na Terra ou fora dela. Eu trabalho com afinco em tudo o que faço, seja consertando uma rachadura no meu barco ou aprendendo a tocar uma canção nova no violão. Encontro satisfação nas pequenas coisas, como jogar palavras cruzadas pela internet com a minha filha Kristin (sempre mantemos uma partida em aberto), ler a carta de um aluno do primeiro ano que quer ser astronauta ou recolher embalagens de chiclete jogadas no chão. Por conta disso, além do fato de a Nasa ter me oferecido tanta experiência para descer a ladeira, eu não tinha medo da aposentadoria.

O fim não precisa ser emocionalmente difícil quando acreditamos ter feito um bom trabalho e estamos preparados para partir. Quando o programa dos ônibus espaciais estava sendo desativado, os repórteres não paravam de me perguntar sobre a minha dor, querendo torná-la pública: "Sabemos que você está triste por conta da interrupção do programa, mas *quão* triste você está?" Eu não estava nem um pouco triste. Estava extremamente orgulhoso. Fui parte integrante de uma equipe que viajou 135 vezes no ônibus espacial, que colocou o telescópio Hubble em órbita, que construiu parte da *Mir*, que ajudou a construir a Estação Espacial Internacional. Ao longo do caminho, nós nos recuperamos de dois acidentes devastadores (do *Challenger* e do *Columbia*). Após o *Columbia*, muitas pessoas disseram que tinha chegado a hora de aposentar o ônibus espacial. Para que voltar ao espaço, arriscando vidas? Porém, de alguma maneira, mesmo enfrentando o foco simplista da imprensa e todas as bobagens ditas por quem não tinha a menor ideia sobre o que falava, nós continuamos, e o ônibus voltou a viajar, de forma segura. A complexidade do projeto que necessitava do ônibus espacial era incrível — o desenho da Estação ainda nem estava pronto quando as primeiras peças foram enviadas ao espaço —, e nós conseguimos. Portanto, não havia motivo para estar triste por conta do fim da era dos ônibus espaciais nem da entrada dessas espaçonaves em museus. Eles foram ótimos cavalos de combate na exploração espacial e serviram ao seu propósito.

Eu enxergo a minha aposentadoria da mesma maneira. Fiz o melhor que pude e servi ao meu propósito, mas chegou o momento de seguir em frente. Ao contrário do ônibus espacial, eu não seria levado a um museu, e a verdade é que isso foi culpa minha. Vários anos atrás, um museu da Colúmbia Britânica quis fazer um molde do meu rosto para colocá-lo em um manequim. Num envelope, com as instruções, eles enviaram um bilhete dizendo: "Não se preocupe, é tarefa fácil, não se trata de ciência aeroespacial." Helene e eu abrimos o envelope. Encontramos uma gosma verde para os meus cabelos, sobrancelhas e bigode, outra gosma rosa para espalhar pelo meu rosto, e tiras de gesso para segurar tudo no seu devido lugar. Porém, mesmo pensando muito bem antes de agir, a experiência foi um desastre. Helene enfiou a gosma nas minhas narinas, o que quase causou uma fatalidade. A gosma endureceu rapidamente e as tiras de gesso não grudaram nela. A máscara desmoronou. Após ter ficado deitado no chão, numa piscina de lama calcária, ganhei uma infecção no ouvido.

Achei melhor não tentar novamente, reconhecendo que aquilo talvez não devesse ser feito. Seja lá como fosse, um manequim sem rosto é, hoje, a melhor representação simbólica de uma das mais importantes lições que aprendi sendo astronauta: valorizar a sabedoria da humildade e também o senso de perspectiva que ela nos dá.

É isso o que me ajuda a ir ladeira abaixo. E não será doloroso caso eu resolva subir outra ladeira, uma ladeira nova.

AGRADECIMENTOS

Este livro foi muito importante para mim. O processo de escrita me ajudou a moldar várias lembranças soltas, vários pensamentos e acontecimentos, e não apenas no papel, mas no meu interior. Ser capaz de abarcar tudo isso com as minhas mãos, como um produto tangível das escolhas que fiz na vida, é mais ou menos como nascer, e parecia um tanto milagroso.

No entanto, o mais importante é que sou grato pela maneira como este projeto reuniu tanta gente, amigos e familiares, que trabalharam juntos, com um único objetivo. Muitos deles nem sabem o quanto contribuíram, pois só foram consultados em minhas lembranças e em reflexões pessoais sobre como ajudaram a moldar as minhas crenças.

É impossível agradecer a todos, pois a multidão ultrapassaria o limite permitido nestas páginas, por isso resolvi escolher os mais importantes e aceitar a inevitabilidade de me esquecer de alguém querido e decisivo.

A minha família me ofereceu um apoio infinito, me guiou e permitiu que eu fizesse este trabalho. Dediquei o livro a Helene, pois não há pessoa que mereça mais nem que seja mais amada do que ela. A Kyle, Evan e Kristin, que cresceram com um pai apaixonado, focado, arregimentado e altamente ausente, o coronel diz muito obrigado. Estou profundamente orgulhoso de todos vocês e digo isso a todo mundo. Os meus pais, Roger e Eleanor, me legaram seus valores e confiaram em mim, sobretudo quando insisti em perseguir o que me levou às viagens espaciais. Os pontos mais altos da minha vida foram baseados em vocês. Dave, meu irmão (que viajou a Baikonur só para que pudéssemos tocar juntos pela última vez, antes do meu lançamento), saiba que a sua música está comigo em todos os lugares, sempre.

Boas pessoas costumam surgir pelo caminho. Rick Broadhead, saiba que a sua alegria, a sua compreensão e a sua tenacidade fazem de você um formidável amigo e agente. Elinor Fillion, agradeço a sua ajuda prática e apoio moral a cada passo do caminho. Kate Fillion, você leu as minhas palavras tantas vezes que, com certeza, e de maneira espantosa, me conhece. Trata-se de uma intimidade que os maestros devem ter com suas peças, vendo e ouvindo o som da música antes da primeira nota ser tocada. Você é incrível.

Anne Collins e John Parsley, a bravura e a confiança de vocês só se comparam com a incansável paciência para que tudo dê certo.

Por fim, agradeço a todos vocês não mencionados, que compartilharam um pedaço desta vida, a todas as pessoas que já partiram há tempos, aos incríveis e preciosos amigos que moldaram e continuam a moldar os meus dias, um abraço e obrigado. Não foi fácil chegar a este ponto. Abraços para todos.

Produção
Thalita Ramalho

Produção editorial
Thiago Braz

Revisão de tradução
Anna Beatriz Seilhe

Revisão
Carolina Rodrigues
Marília Lamas

Diagramação
DTPhoenix Editorial

Este livro foi impresso no Rio de Janeiro, em 2014, pela Edigráfica para a Agir.
O papel do miolo é avena 80g/m² e o da capa é cartão 250g/m².